最新版

ビジネス契約書の見方・つくり方・結び方

弁護士法人L&A
弁護士・公認会計士
横張清威
YOKOHARI KIYOTAKE

同文舘出版

はしがき

　私が弁護士になりたての頃、初めて契約書の作成業務に携わったときのことを今でもはっきりと覚えています。
　とりあえず、事務所に備え置かれている契約書に関する書籍に一通り目を通しました。しかし、契約書の雛形をどのように変化させるべきかわからず、途方に暮れてしまいました。
　そこで、契約書作成に関する書籍を探そうと思い立ち、書店に足を運んでみました。しかし、雛形ばかりを羅列した書籍か、難解な解説書しか見つけることができず、そこでも途方に暮れることになりました。そのため仕方がなく、手元に集まった契約書に関する書籍を駆使して、四苦八苦しながら契約書を作成した覚えがあります。

　このように、駆け出しとはいえ司法試験に合格した弁護士でさえ、契約書の作成・チェックは、相当に骨が折れる作業なのです。ましてや、法律になじみの薄い経営者の方などが、いざ契約書を作成しなければならなくなったとき、途方に暮れてしまうことは想像に難くありません。

　その後年月を経て、膨大な数の契約書を作成・チェックするにつれて、さまざまな契約書の構造や全体像をつかむことができるようになりました。
　そこで、ふと考えました。
　なぜ、以前は契約書の作成にとまどっていたのかと。
　私が考えるところ、契約書の作成を難解にさせている事情として、以下のような理由があげられると思います。

　①雛形に掲げられている条項で必要十分かどうかわからない
　②契約書の各条項の意味や役割がわからない
　③契約書の各条項をどのように変えればいいのかわからない

そこで私は、これらの点を解消すれば、誰でも楽に契約書が作成できるのではないかと考え、本書を執筆しました。
　本書の作成にあたって配慮した点は以下のとおりです。

⑴ 実際の商取引において、需要の高い契約類型を取り上げる
⑵ 実際の商取引に耐え得る、必要十分な条項を盛り込んだ雛形を提示する
⑶ 契約書内の各条項の意味や役割を丁寧に解説する
⑷ 雛形の各条項の変更例を多数提示する
⑸ 各条項の重要度を視覚的に明らかにすることにより、各条項の削除・追加を可能にする

　この結果、本書を活用すれば、誰でも自らの手でそれぞれのニーズに合致した契約書を作成できると考えています。

　本書をもとに、自分に有利、かつトラブルの起きにくい契約書を作成していただきたいと思います。
　本書の初版は、平成19年に出版されました。
　それから約10年の歳月が流れ、契約書にまつわる法令にも変化が生じました。また、契約書を取り巻く商取引の慣例についても変化が生じることになりました。
　この最新版では、これらの法令や商取引の変化を踏まえ、実態に適合するよう改善を図りました。その際には、初版において評価を得ていた本書の利点については、損なうことがないよう十分配慮を行いました。
　また、わが国でもM&Aが盛んに行われるようになったことから、M&A契約として頻繁に用いられる株式譲渡契約を最終章に加筆しました。
　今後も適宜アップデートを行うことで、本書がいつまでも皆様の契約書作成業務にお役立ちできるように努めたいと思います。
　平成31年1月

弁護士　横張清威

最新版　ビジネス契約書の見方・つくり方・結び方　目次

はしがき

1　契約書作成の基本的注意点 ……………… 6
2　動産売買契約書の作成 …………………… 33
3　継続的売買取引基本契約書の作成 ………… 55
4　金銭消費貸借契約書の作成 ……………… 76
5　業務委託契約書の作成 …………………… 91
6　ソフトウェア開発委託契約書の作成 ……… 106
7　代理店契約書の作成 ……………………… 125
8　特約店契約書の作成 ……………………… 143
9　フランチャイズ契約書の作成 …………… 160
10　秘密保持契約書の作成 …………………… 180
11　不動産賃貸借契約書の作成 ……………… 193
12　雇用契約書の作成 ………………………… 210
13　出向契約書の作成 ………………………… 224
14　労働者派遣基本契約書の作成 …………… 239
15　事業譲渡契約書の作成 …………………… 256
16　合併契約書の作成 ………………………… 270
17　株式譲渡契約書の作成 …………………… 282

装丁■大場　君人
本文ＤＴＰ■ISSHIKI

本書の使い方

STEP1

作成したい契約書の「スピードチェック重要ポイント」をご覧下さい。

スピードチェック重要ポイントには、各契約書の雛形と、各条項の注意点が記載されています。また、各条項の重要度も記載されています。

重要度は 重要度★ （なくても良い）、重要度★★ （あった方が良い）、重要度★★★ （必ず必要）の三段階としました。

ここで、契約書の各条項の概要を把握します。

STEP2

さらに理解を深めたい条項については、各条項の解説欄をご覧下さい。各条項の解説や契約書の変更例が記載されています。

ここで、雛形の各条項の取捨選択を行って下さい。

【例】

委託者を有利にするためには

委託者としては、できる限り早い段階でソフトの所有権を取得した方が有利になります。

なお、ソフトが完成した時点（納品前）で所有権の移転を行う場合には、以下のような条項となります。

第○条（所有権）

本件ソフトの所有権は、本件ソフトの完成時に、乙から甲に移転する。

STEP3

　各契約書の最後には、「役に立つその他の条項」として、雛形に追加することができる条項例が記載されています。ここで利用できる条項を見つけたら、それを雛形に盛り込んで下さい。

【例】

> 第○条（遅延損害金）　　　　　　　　　　　　　　　　　重要度★
> 　甲が本契約に基づく金銭債務の支払を遅延したときは、支払期日の翌日から支払済みに至るまで、年14.6％の割合による遅延損害金を支払うものとする。

　これで、あなたのニーズに合った契約書の完成です。

1 契約書作成の基本的注意点

(1) 契約書の構成

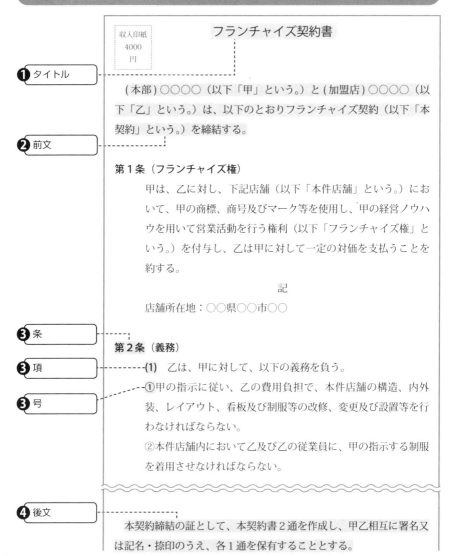

❶ タイトル
❷ 前文
❸ 条
❸ 項
❸ 号
❹ 後文

フランチャイズ契約書

収入印紙 4000円

(本部)○○○○(以下「甲」という。)と(加盟店)○○○○(以下「乙」という。)は、以下のとおりフランチャイズ契約(以下「本契約」という。)を締結する。

第1条(フランチャイズ権)
　甲は、乙に対し、下記店舗(以下「本件店舗」という。)において、甲の商標、商号及びマーク等を使用し、甲の経営ノウハウを用いて営業活動を行う権利(以下「フランチャイズ権」という。)を付与し、乙は甲に対して一定の対価を支払うことを約する。

記
店舗所在地：○○県○○市○○

第2条(義務)
(1)　乙は、甲に対して、以下の義務を負う。
①甲の指示に従い、乙の費用負担で、本件店舗の構造、内外装、レイアウト、看板及び制服等の改修、変更及び設置等を行わなければならない。
②本件店舗内において乙及び乙の従業員に、甲の指示する制服を着用させなければならない。

　本契約締結の証として、本契約書2通を作成し、甲乙相互に署名又は記名・捺印のうえ、各1通を保有することとする。

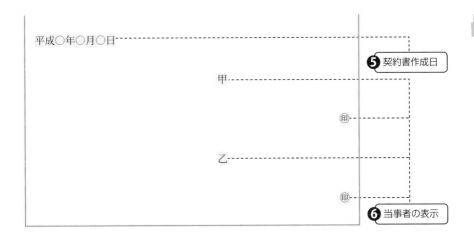

① **タイトル**

契約書のタイトルは、その契約の内容を一目で把握させるために、便宜上設けられています。

通常は、「売買契約書」「雇用契約書」「フランチャイズ契約書」などのように契約の種類を記載していますが、単に「契約書」「覚書」という記載であっても、法的には問題ありません。

様々な契約内容を盛り込んだ契約書のように、どのようなタイトルをつければいいのか悩んだときには、「売買等契約書」というように「等」という言葉を入れるのが一般的です。もっとも、このような場合、単に「契約書」というタイトルを設けても構いません。

なお、印紙税が課税されるか否かは、契約書のタイトルに基づいて決定されるわけではありません。契約の実質的な内容に基づいて、課税文書か否かが定まるので注意が必要です。

② **前文**

前文は、契約当事者や契約内容の特定などのために設けられています。

具体的な契約内容は各条項で定まるため、通常は前文が法的な意味を有することはありません。前文の主要な役割は、当事者や契約内容を明らかにし、「甲」や「乙」などの略語に置き換えることにあるといえるでしょう。ちなみに、当事者が3名以上になる場合は、「丙」「丁」「戊」という順序で

略語に置き換えます。

　もっとも、このように当事者を「甲」「乙」と置き換えなければならないという決まりはありません。「○○会社」というように、当事者の名称をそのまま用いても構いません。何度も、○○会社などと記載することが煩雑であることや、契約当事者の変更があったときに従前の契約書を容易に流用できるようにするために、「甲」「乙」と置き換えているだけです。

　また、前文の時点で「後記売買対象物（以下「本件物品」という。）」「以下のとおり売買契約（以下「本契約」という。）」というように、当事者以外のものを略語に置き換えてもいいでしょう。

　本契約書例では、「(売主)○○○○（以下「甲」という。）と(買主)○○○○（以下「乙」という。）は・・・」というように、当事者の記載欄の前に（売主）（買主）などという記載を行いました。これは、どちらが売主でどちらが買主なのかを一目で把握させるためであり、必ずしも記載しなければならない事項ではありません。そのため、どちらが売主か買主かを把握できれば、削除しても構いません。

③条、項、号

　前文以下には、具体的な契約条項が記載されます。当然のことながら、この具体的な契約条項によって契約内容が確定することになるため、これらの記載は非常に重要な地位を占めます。

　一般的な契約書では、ひとつの○条の中に複数の○項があり、ひとつの○項の中に複数の○号が存在するという構成をとっています。本契約書例では、条については「第1条」、項については「(1)」、号については「①」というように記載していますが、この条、項、号の記載方法は各契約書によって異なります。

　以下のように、第1項については「(1)」と記載しない例も多く見られます。

第○条（義務）

　乙は、甲に対して、以下の義務を負う。

　①甲の指示に従い、乙の費用負担で、本件店舗の構造、内外装、レイアウト、看板及び制服等の改修、変更、設置等を行わなければならない。

・・・(省略)・・・
(2) 甲は、乙に対して、以下の義務を負う。

④後文

後文は、契約書の作成枚数や原本・写し等の作成を明らかにするために設けられます。通常は、契約書の法的効果に影響を与えません。当事者が3名いる場合には、通常、契約書も3通作成することになります。

⑤契約書作成日

契約書作成日は、実際に契約書を作成した日を明らかにするために記載されます。また契約締結日として、契約の内容となることもあります(例「本契約の有効期限は、本契約締結日から1年間とする」)。

厳密にいうと、口約束でも契約締結となるため、契約締結日と契約書作成日が異なることもあります。しかし多くの場合は、契約締結日と契約書作成日は同日となります。

なお、契約書作成日より前に覚書等により契約が締結されている場合には、実際に契約書を作成した日付を契約書作成日の欄に記入し、前文を以下のように変更すればいいでしょう。

・・・以下のとおり、平成○年○月○日に締結された動産売買契約(以下「本契約」という。)につき契約書を作成する。

⑥当事者の表示

契約締結を行う当事者が署名又は記名、押印する箇所です。
前文の甲乙と順序が逆にならないよう注意しましょう。
また、会社が当事者である場合は、契約締結権限者によって締結されたことを明らかにするため、以下のように代表取締役等の名称も記載しましょう。

✗ 　○○株式会社　㊞

○　　　○○株式会社
　　　　　　代表取締役○○○○　㊞

(2) 契約の有効要件

　契約は、一方の当事者の申込みに対して、相手方が承諾することによって成立します。契約自由の原則の下、当事者間の合意は最大限優先されることになります。
　もっとも、どのような合意であっても、契約が有効に成立するわけではありません。例えば、当事者間の合意があるとしても、年利1000％の貸金契約が法律上有効であるとは考えられないでしょう。
　このように、契約には一定の有効要件が存在します。
　契約書を作成する際には、常にこの有効要件に配慮しなければなりません。

(3) 契約当事者に関する有効要件

　契約締結の際には、契約当事者に関する以下の事情に注意して下さい。

■意思能力が存在するか

　意思能力とは、法律関係を発生させる意思を形成し、それを行為の形で外部に発表して、結果を判断、予測できる知的能力をいいます。
　例えば2歳の幼児であれば、「買う」ということの意味を正確に理解していないことがあるため、意思能力がないと判断されることになります。ちなみに、子供であれば6～7歳くらいから意思能力が備わりはじめると考えられています。
　意思能力を欠く人の意思表示は無効となります。

■行為能力が存在するか

　行為能力とは、法律行為を単独で行うことができる法律上の資格をいいま

す。

　未成年者や成年被後見人等の行為能力が存在しない者の意思表示は、取り消される可能性があります。そのため、契約当事者に行為能力が存在するのかについて、注意する必要があります。

　仮に行為能力が存在しないのであれば、その有効要件を満たすように配慮しなければなりません（未成年者であれば法定代理人の同意の取得）。

■意思の欠缺・瑕疵が存在しないか

　契約当事者が契約締結に際し、意思の欠缺（意思が欠けていること）や意思表示の瑕疵（意思表示に欠陥があること）があると、契約が無効となったり取り消されたりします。

　意思の欠缺には以下のものがあり、その効果は無効となります。

- 心裡留保（民法第93条）…意思表示の表意者が、表示行為に対応する真意のないことを知りながらする単独の意思表示
- 虚偽表示（民法第94条）…契約の相手方と通じて行う、真意でない意思表示
- 錯誤（民法第95条）…当事者が認識したこととその認識の対象である客観的な事実とが一致しないこと

　意思表示の瑕疵には、以下のものがあり、その効果は取り消し得るものとされています。

- 詐欺（民法第96条）…人を欺罔して錯誤に陥らせること
- 強迫（民法第96条）…相手に畏怖を生じさせ、それによって意思表示をさせること

■代理権・代表権が存在するか

　代理人や法人の代表者が契約の当事者となるときに、有効な代理権や代表権が存在しなければ、契約当事者の法律行為とみなされないので、当事者に効果が帰属しなくなります。

　そのため、代理人が契約当事者に代わり署名押印するときは、委任状を契約書に添付するなどして、代理権等の存在を明らかにするようにしましょう。

(4) 契約内容に関する有効要件

契約の内容が有効なものとして認められるためには、①確定性、②実現可能性、③適法性、④社会的妥当性の4要件を満たしていることが必要です。

契約書を作成する際には、以下の要件を満たしているか注意して下さい。

■確定性

契約の内容が明確に確定されていないと、無効となることがあります。

例えば、「甲は乙に対し、ある物を売り渡し、乙はこれを買い受ける」という条項が存在した場合、何の売買契約が成立したのかわからないため、確定性が欠けていることを理由に売買契約が無効となることが考えられます。

もっとも、この場合でも他の文書等により、「ある物」が確定しているときには、売買契約が有効となることもあります。

■実現可能性

契約締結時にすでに実現不可能である契約は、無効となります。

例えば、「私の所有している○○の絵を1億円で売りましょう」という売買契約が成立した当時、すでに保管場所において火災によりその絵が焼失していた場合、この売買契約は実現可能性がないものとして無効となります。

なお、これとは異なり、契約締結時に○○の絵が存在していたが引渡時までの間に焼失した場合は、契約の成立を認めたうえで、危険負担（45頁参照）の問題として処理されます。

■適法性

契約当事者は、全ての法律に従わなければならないわけではありません。

当事者間で、法律とは異なる別の合意が存在したとき、その合意が有効となる場合と無効となる場合があるのです。

当事者間の合意が有効となる場合、つまり、法律よりも当事者間の合意が優先される場合の法律の規定を任意規定といいます。

逆に、当事者間の合意よりも法律の規定が優先される場合の法律の規定を強行規定といいます。

例えば、「本契約は、未成年者が当事者であっても取り消すことはできな

い」という条項が契約書に存在していたとしても、未成年者の取消（民法第5条2項）は強行規定なので、契約書の条項が無効となります。

一方で、「相手方が債務を履行しないときは、催告をすることなく解除することができる」という条項が契約書に存在していたとします。これは、催告解除を定める民法第541条に反します。

> **民法第541条（履行遅滞等による解除権）**
> 当事者の一方がその債務を履行しない場合において、相手方が相当の期間を定めてその履行の催告をし、その期間内に履行がないときは、相手方は、契約の解除をすることができる。

しかし、民法第541条は任意規定なので、契約書の条項は有効となります。

このように、法律が任意規定であるのか強行規定であるのかは、契約書の作成に大きな影響を与えます。

しかし、借地借家法のように明文上強行規定である旨が明らかとされているものもありますが、通常は強行規定であるか任意規定であるかは法文上明らかではなく、解釈によって判断されることになります。

例えば、民法では第1編総則、第2編物権、第4編親族及び第5編相続については強行規定が多く、第3編債権の項目には任意規定が多いとされています。

また、社会的弱者を保護するための以下の法律には、強行規定とされるものが多く含まれています。そのため、これらの法律が関連する契約書を作成する際には、専門家のアドバイスを受けた方がいいでしょう。

・借地借家法
・消費者契約法
・特定商取引に関する法律（特定商取引法）
・割賦販売法
・利息制限法
・労働基準法
・労働者派遣事業の適正な運営の確保及び派遣労働者の就業条件の整備等に関する法律（労働者派遣法）

・下請代金支払遅延等防止法（下請法）
・私的独占の禁止及び公正取引の確保に関する法律（独占禁止法）

■社会的妥当性

　契約の効力を認めることがあまりに不当である場合には、社会的妥当性を欠くとして無効とされます。

　無効とする根拠としては、民法第1条2項（信義則）、民法第1条3項（権利濫用）、民法第90条（公序良俗）などの規定が主に用いられます。具体的には、犯罪に関する契約、妾契約及び暴利行為等があげられます。

　契約書を作成する際には、過大な損害賠償額の予定を行う規定（例「契約違反のときには〇〇〇〇万円を支払う」）が社会的妥当性を欠くとして無効となりやすいので注意しましょう。

(5) 契約の当事者

　以下、契約の当事者について注意すべき事項を説明します。

■当事者でない者を拘束していないか

　契約書の作成に慣れていないと起こしがちなミスとして、契約の当事者以外の者を拘束する条項を契約書内に入れることがあります。

　例えば、A社とB社の契約書内に、「B社が債務を支払わないときには、C社がB社の債務を支払わなければならない」との記載があったとします。たとえC社がB社の子会社であっても、この契約書にC社が当事者として記名押印していないのであれば、この契約書がC社を拘束することはありません。この場合にC社を拘束するためには、ABC社の三者間の契約書を作成する必要があります。

　また、法人と法人の代表者は、まったく異なる人格であるということにも注意しましょう。

　例えば、A社がB社に1億円を貸したとします。この場合、借主はB社であって、B社の代表取締役のbが、A社に返済を行う義務は、原則として認められません。そのため、B社の財産がまったくなくなり回収不可能となっ

たとき、bが無担保の土地建物を所有していたとしても、A社はbの財産から回収を図ることができないのです。

この場合にbを拘束するためには、b個人を連帯保証人にしなければなりません。

以上の事柄は、契約締結の際の最も基本的な事項なのですが、忘れがちな点ですので十分に注意するよう心がけて下さい。

■どちらを「甲」「乙」とすべきか

通常、契約書においては、当事者の一方を「甲」として、もう一方を「乙」と置き換えます。その際、自分を甲と乙のどちらに置き換えたらいいのだろうかと悩むことがあるかと思います。

結論からいえば、契約上の実際の力関係は契約書の各条項により定まるため、どちらが甲で、どちらが乙であるかは、さほど問題ではありません。

しかし、一般的に力関係の強い者が「甲」となり、弱い者が「乙」となることが多いので、へり下った立場にあるのなら「乙」としておけばいいでしょう。

本契約書例では、契約当事者の一般的な力関係を考慮して甲乙を配置しました。仮に甲乙を逆転するときには、契約書内で甲乙のズレが生じないよう、十分に注意して下さい。

■主語や相手方の記載を省略していないか

契約書の作成に慣れていないと、主語や相手方の記載を省略してしまうことがあります。

例えば「本契約が終了したときは、速やかに預かっていた資料を返却する」という条項があるとします。契約書を作成している者からすれば、誰が誰に資料を返却するのかは明確なのだと思います（例　乙が甲に資料を返却する）。

しかし、契約書はトラブルを防止するために作成しているのです。

仮に上記条項が存在したとしても、相手方当事者が自分と違う解釈を述べたとすれば（例　甲が乙に資料を返却する）、その条項の解釈を巡りトラブルが生じる可能性があります。

このように、たとえわかり切っていることだとしても、契約書作成におい

ては、主語や相手方という契約の当事者の記載を必ず行うようにしましょう。

■契約締結権限を有しているか

契約の当事者がA株式会社であったとしても、契約書の署名押印欄には、通常、以下のように代表取締役が契約締結権限者として契約を締結することになります。

A株式会社　代表取締役〇〇〇〇　㊞

これとは異なり、以下のように代表取締役の記載が存在しないと、契約締結権限者によって契約が締結されたのか明らかとならないため、トラブルが生じる可能性があります。

✕　A株式会社　㊞

また、会社法第13条本文は、「会社の本店又は支店の事業の主任者であることを示す名称を付した使用人は、当該本店又は支店の事業に関し、一切の裁判外の行為をする権限を有するものとみなす」と規定しているため、支店長等も支店に関する事項については、契約締結権限者となり得ます。

その際の署名押印欄は、以下のようになります。

A株式会社〇〇支店　支店長〇〇〇〇　㊞

代理人が本人に代わって署名押印するときには、契約締結に関する代理権を有しているかどうかを確認するために、委任状の提出を求めるべきです。また、本人が代理人に委任したことを確実にするために、本人の印鑑証明書の提出を求めてもいいでしょう。委任状と印鑑証明書は、契約書と一緒に綴じ込んでおくべきです。

その際の署名押印欄は、以下のようになります。本人の押印は必要ありません。

```
　　A株式会社　代表取締役〇〇〇〇
　　A株式会社代理人　〇〇〇〇　　㊞
```

委任状

平成〇年〇月〇日

　　　　　　　　　　　　住所
　　　　　　　　　　　　氏名　　　　　　　　　㊞

　私は、〇〇〇〇（住所〇〇〇〇）を代理人と定め、下記の権限を委任します。

記

　１．平成〇年〇月〇日付〇〇契約書締結に関する一切の件

以上

■署名、記名押印がなされているか

　署名とは、手書きで自己の名称を記載することをいいます。

　一方、記名とは、署名とは異なる方法により自己の名称を記載することをいいます。ワープロやパソコンで記載する方法、ゴム印で記載する方法、他人に書いてもらう方法等も記名にあたります。

　記名の場合は、押印がなければ真正に成立したとみなされません。一方で、署名の場合は、押印がなくても真正に成立したとみなされます。しかし、わが国では「はんこ」を押したことが「承諾した」ことの表われと一般的に考えられていますので、署名の場合であっても押印を求めるべきです。

●署名・署名押印・記名押印の違い

署名
甲野　一郎

署名押印
甲野　一郎　㊞甲野

記名押印
甲野　一郎　㊞甲野

(6) 契約書の体裁

■契約書をどのように綴じればいいのか

　契約書が数枚となるときは、片端をホッチキスでとめて、各ページの間に契印を押します。この印は、契約書の一体性を証明するために押されています。

　また、契約書が多数枚となるときは、片端をホッチキスでとめたうえで、その端を別紙で糊付けします。そして、契約書の背表紙の別紙と契約書の境目に契印を押します。この場合、契印はその箇所のみで足り、契約書の各ページに契印を押す必要はありません。

　また、同じ契約書を数通作成するときには、それぞれの契約書間で割印を押します。この印は、各契約書の同一性を証明するために押されています。

●契印・割印の押し方

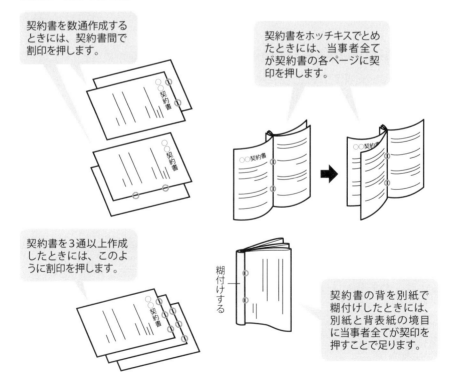

■押印にはどのような種類があるのか

　印鑑には、実印と認印が存在します。

　実印とは、個人の場合は住民登録している市町村役場に印鑑登録をしている印鑑であり、会社の場合は本店所在地の法務局に登録した印鑑をいいます。認印とは、印鑑登録していない印鑑をいいます。

　認印であっても実印であっても、原則として契約書の効力には影響を与えません。しかし、契約締結権限者が本当に契約を行ったのかという点で問題となったときには、公的機関が本人の印と証明する実印の方が有効性を肯定されやすいでしょう。

　そのため、重要な契約書の締結の際には、実印で押印し印鑑証明書を添付するよう求めた方がいいでしょう。

　押印には、その役割によって様々な名称のものが存在します。これらを20 ～ 21 ページの図でまとめて説明します。

(7) 印紙税

　契約書の種類によっては、収入印紙を貼付しなければならないものがあります。

　このような文書を課税文書といいますが、課税文書か否かは契約書のタイトルによって判断されるわけではありません。契約書のタイトルが「覚書」となっていたとしても、内容が借用証書（金銭消費貸借契約）であれば、収入印紙を貼付する必要があります。課税文書か否かが不明なときには、税理士等の専門家におたずね下さい。

　なお、課税文書に収入印紙が貼付されていなかったとしても、契約の効力自体が否定されるわけではありません。ただし、その不備が発覚したときには、納付しなかった印紙税と、この2倍に相当する金額の過怠税が課されることになるため注意が必要です。

　具体的な印紙税額は22 ～ 23 ページの表のとおりです。ただし、印紙税は改訂されることがあるため、国税庁のホームページなどで、現在の印紙税額をご確認下さい（https://www.jftc.go.jp/dk/guideline/unyoukijun/franchise.html）。

● 押印の種類

（消印）収入印紙が貼付されているときには、当事者が押印することで消印を行いましょう（印紙税法第8条2項）。

（捨印）捨印は後に訂正印として用いるために押されます。思いもよらない訂正がなされる危険性がありますので、できる限り捨印は押さないようにしましょう。

（訂正印）契約書の文字を訂正したときには、その上の欄に「削除○字、加入○字」という記載とともに、当事者双方の訂正印を押印しましょう。なお、修正箇所の付近に訂正印を押す方法でも訂正を行うことができます。

収入印紙

金銭消費貸借契約書

(貸主)甲野一郎(以下「甲」という。)及び(借主)乙野二郎(以下「乙」という。)は、本日次のとおり金銭消費貸借契約(以下「本契約」という。)を締結する。

第1条　（貸借）

　甲は、乙に本日、金600万円を貸し渡し、乙はこれを受領した。

第2条　（借入内容）

削除2字　(1)　弁済期
加入2字
　元本については、平成20年1月から平成~~30~~年12月まで
　　　　　　　　　　　　　　　　　　　　　　　　　29
　　毎月末日限り各金5万円（120回払い）

　　利息については、平成20年1月から平成29年12月まで
　　毎月末日限り

(2)　利　息　　　　年8パーセント（年365日日割計算）

(3)　支払方法　　　甲の別途指定する口座に、元利金を振込送金する方法で支払う（振込手数料は乙負担）。

第3条　（期限の利益喪失）

(1)　乙について次の各号の事由が一つでも生じた場合には、甲からの何らの通知催告がなくても乙は期限の利益を失い、直ちに元利金を返済する。

（止め印）金額や数量の欄に余白があるときに、変造されないように余白になされる押印を止め印といいます。

第4条 （遅延損害金）
　乙が本契約に基づく支払を遅延したとき又は期限の利益を喪失したときは、支払期日の翌日から支払済みに至るまで、残元金に対する年14.6％の割合による遅延損害金を支払うものとする。

第5条 （協議解決）
　本契約に定めのない事項、又は本契約の解釈について疑義が生じたときは、甲及び乙は誠意をもって協議のうえ解決する。

第6条 （合意管轄）
　甲及び乙は、本契約に関し裁判上の紛争が生じたときは、東京地方裁判所を専属的合意管轄裁判所とすることに合意する。

　本契約締結の証として、本契約書2通を作成し、甲乙相互に署名又は記名・捺印のうえ、各1通を保有することとする。

平成○年○月○日

　　　　　　　　　甲
　　　　　　　　　東京都○○区○○1丁目2番3号
　　　　　　　　　　　　　　甲野一郎 ㊞
　　　　　　　　　乙
　　　　　　　　　東京都○○区○○4丁目5番6号
　　　　　　　　　　　　　　乙野二郎 ㊞

（契印）契約書が複数頁にわたるとき、その一体性を明らかにするため頁間で契印が押されます（契約書の背を別紙で糊付けしたときは背表紙のみ）。

（記名押印）契約の当事者が契約締結を証明するために、当事者の氏名の脇に押印します。

● 印紙税額一覧表（平成28年5月現在）

印 紙 税 額

平成30年5月現在（平成31年分以降の元号の表示につきましては、便宜上、平成を使用するとともに西暦を併記しております。）

番号	文書の種類（物件名）	印紙税額（1通又は1冊につき）	主な非課税文書
1	1 不動産、鉱業権、無体財産権、船舶若しくは航空機又は営業の譲渡に関する契約書 （注）無体財産権とは、特許権、実用新案権、商標権、意匠権、回路配置利用権、育成者権、商号及び著作権をいいます。 （例）不動産売買契約書、不動産交換契約書、不動産売渡証書など 2 地上権又は土地の賃借権の設定又は譲渡に関する契約書 （例）土地賃貸借契約書、土地賃料変更契約書など 3 消費貸借に関する契約書 （例）金銭借用証書、金銭消費貸借契約書など 4 運送に関する契約書 （注）運送に関する契約書には、用船契約書を含み、乗車券、乗船券、航空券及び運送状は含まれません。 （例）運送契約書、貨物運送引受書など	記載された契約金額が 1万円以上　　10万円以下のもの　　200円 10万円を超え　50万円以下　〃　　　400円 50万円を超え　100万円以下　〃　　1千円 100万円を超え　500万円以下　〃　　2千円 500万円を超え　1千万円以下　〃　　1万円 1千万円を超え　5千万円以下　〃　　2万円 5千万円を超え　1億円以下　〃　　6万円 1億円を超え　5億円以下　〃　　10万円 5億円を超え　10億円以下　〃　　20万円 10億円を超え　50億円以下　〃　　40万円 50億円を超えるもの　　　　　60万円 契約金額の記載のないもの　　　200円	記載された契約金額が1万円未満のもの
1	上記の1に該当する「不動産の譲渡に関する契約書」のうち、平成9年4月1日から平成32年(2020年)3月31日までの間に作成されるものについては、契約書の作成年月日及び記載された契約金額に応じ、右欄のとおり印紙税額が軽減されています。 （注）契約金額の記載のないものの印紙税額は、本則どおり200円となります。	【平成26年4月1日～平成32年(2020年)3月31日】 記載された契約金額が 1万円以上　　50万円以下のもの　　200円 50万円を超え　100万円以下　〃　　　500円 100万円を超え　500万円以下　〃　　1千円 500万円を超え　1千万円以下　〃　　5千円 1千万円を超え　5千万円以下　〃　　1万円 5千万円を超え　1億円以下　〃　　3万円 1億円を超え　5億円以下　〃　　6万円 5億円を超え　10億円以下　〃　　16万円 10億円を超え　50億円以下　〃　　32万円 50億円を超えるもの　　　　　48万円 【平成9年4月1日～平成26年3月31日】 記載された契約金額が 1千万円を超え　5千万円以下のもの　1万5千円 5千万円を超え　1億円以下　〃　　4万5千円 1億円を超え　5億円以下　〃　　8万円 5億円を超え　10億円以下　〃　　18万円 10億円を超え　50億円以下　〃　　36万円 50億円を超えるもの　　　　　54万円	
2	請負に関する契約書 （注）請負には、職業野球の選手、映画（演劇）の俳優（監督・演出家・プロデューサー）、プロボクサー、プロレスラー、音楽家、舞踊家、テレビジョン放送の演技者（演出家、プロデューサー）が、その者としての役務の提供を約することを内容とする契約を含みます。 （例）工事請負契約書、工事注文請書、物品加工注文請書、広告契約書、映画俳優専属契約書、請負金額変更契約書など	記載された契約金額が 1万円以上　　100万円以下のもの　　200円 100万円を超え　200万円以下　〃　　　400円 200万円を超え　300万円以下　〃　　1千円 300万円を超え　500万円以下　〃　　2千円 500万円を超え　1千万円以下　〃　　1万円 1千万円を超え　5千万円以下　〃　　2万円 5千万円を超え　1億円以下　〃　　6万円 1億円を超え　5億円以下　〃　　10万円 5億円を超え　10億円以下　〃　　20万円 10億円を超え　50億円以下　〃　　40万円 50億円を超えるもの　　　　　60万円 契約金額の記載のないもの　　　200円	記載された契約金額が1万円未満のもの
2	上記の「請負に関する契約書」のうち、建設業法第2条第1項に規定する建設工事の請負に係る契約に基づき作成されるもので、平成9年4月1日から平成32年(2020年)3月31日までの間に作成されるものについては、契約書の作成年月日及び記載された契約金額に応じ、右欄のとおり印紙税額が軽減されています。 （注）契約金額の記載のないものの印紙税額は、本則どおり200円となります。	【平成26年4月1日～平成32年(2020年)3月31日】 記載された契約金額が 1万円以上　　200万円以下のもの　　200円 200万円を超え　300万円以下　〃　　　500円 300万円を超え　500万円以下　〃　　1千円 500万円を超え　1千万円以下　〃　　5千円 1千万円を超え　5千万円以下　〃　　1万円 5千万円を超え　1億円以下　〃　　3万円 1億円を超え　5億円以下　〃　　6万円 5億円を超え　10億円以下　〃　　16万円 10億円を超え　50億円以下　〃　　32万円 50億円を超えるもの　　　　　48万円 【平成9年4月1日～平成26年3月31日】 記載された契約金額が 1千万円を超え　5千万円以下のもの　1万5千円 5千万円を超え　1億円以下　〃　　4万5千円 1億円を超え　5億円以下　〃　　8万円 5億円を超え　10億円以下　〃　　18万円 10億円を超え　50億円以下　〃　　36万円 50億円を超えるもの　　　　　54万円	
3	約束手形、為替手形 （注）1　手形金額の記載のない手形は非課税となりますが、金額を補充したときは、その補充をした人がその手形を作成したものとみなされ、納税義務者となります。 2　振出人の署名のない白地手形（手形金額の記載のないものは除きます。）で、引受人やその他の手形当事者の署名のあるものは、引受人やその他の手形当事者がその手形を作成したことになります。	記載された手形金額が 10万円以上　　100万円以下のもの　　200円 100万円を超え　200万円以下　〃　　　400円 200万円を超え　300万円以下　〃　　　600円 300万円を超え　500万円以下　〃　　1千円 500万円を超え　1千万円以下　〃　　2千円 1千万円を超え　2千万円以下　〃　　4千円 2千万円を超え　3千万円以下　〃　　6千円 3千万円を超え　5千万円以下　〃　　1万円 5千万円を超え　1億円以下　〃　　2万円 1億円を超え　2億円以下　〃　　4万円 2億円を超え　3億円以下　〃　　6万円 3億円を超え　5億円以下　〃　　10万円 5億円を超え　10億円以下　〃　　15万円 10億円を超えるもの　　　　　20万円	1　記載された手形金額が10万円未満のもの 2　手形金額の記載のないもの 3　手形の複本又は謄本
3	①一覧払のもの、②金融機関相互間のもの、③外国通貨で金額を表示したもの、④非居住者円表示のもの、⑤円建銀行引受手形	200円	

契約書作成の基本的注意点

一覧表

10万円以下又は10万円以上 …… 10万円は含まれます。
10万円を超え又は10万円未満 …… 10万円は含まれません。

番号	文書の種類（物件名）	印紙税額（1通又は1冊につき）	主な非課税文書
4	株券、出資証券若しくは社債券又は投資信託、貸付信託、特定目的信託若しくは受益証券発行信託の受益証券 （注）1　出資証券には、投資証券を含みます。 2　社債券には、特別の法律により法人の発行する債券及び相互会社の社債券を含むものとする。	記載された券面金額が 500万円以下のもの　　　　　　　　　200円 500万円を超え1千万円以下のもの　　1千円 1千万円を超え5千万円以下　〃　　　2千円 5千万円を超え1億円以下　〃　　　　1万円 1億円を超えるもの　　　　　　　　　2万円 （注）株券、投資証券については、1株（1口）当たりの払込金額に株数（口数）を掛けた金額を券面金額とします。	1　日本銀行その他特定の法人の作成する出資証券 2　譲渡が禁止されている特定の受益証券 3　一定の要件を満たしている額面株式の株券の無効手続に伴い新たに作成する株券
5	合併契約書又は吸収分割契約書若しくは新設分割計画書 （注）1　会社法又は保険業法に規定する合併契約を証する文書に限ります。 2　会社法に規定する吸収分割契約又は新設分割計画を証する文書に限ります。	4万円	
6	定款 （注）株式会社、合名会社、合資会社、合同会社又は相互会社の設立のときに作成される定款の原本に限ります。	4万円	株式会社又は相互会社の定款のうち公証人法の規定により公証人の保存するもの以外のもの
7	継続的取引の基本となる契約書 （注）契約期間が3か月以内で、かつ更新の定めのないものは除きます。 （例）売買取引基本契約書、特約店契約書、代理店契約書、業務委託契約書、銀行取引約定書など	4千円	
8	預金証書、貯金証書	200円	信用金庫その他特定の金融機関の作成するもので記載された預入額が1万円未満のもの
9	貨物引換証、倉庫証券、船荷証券 （注）法定記載事項の一部を欠く証書で類似の効用があるものを含みます。	200円	船荷証券の謄本
10	保険証券	200円	
11	信用状	200円	
12	信託行為に関する契約書 （注）信託証書を含みます。	200円	
13	債務の保証に関する契約書 （注）主たる債務の契約書に併記するものは除きます。	200円	身元保証ニ関スル法律に定める身元保証に関する契約書
14	金銭又は有価証券の寄託に関する契約書	200円	
15	債権譲渡又は債務引受けに関する契約書	記載された契約金額が1万円以上のもの　200円 契約金額の記載のないもの　　　　　　200円	記載された契約金額が1万円未満のもの
16	配当金領収証、配当金振込通知書	記載された配当金額が3千円以上のもの　200円 配当金額の記載のないもの　　　　　　200円	記載された配当金額が3千円未満のもの
17	1　売上代金に係る金銭又は有価証券の受取書 （注）1　売上代金とは、資産を譲渡することによる対価、資産を使用させること（権利を設定することを含みます。）による対価及び役務を提供することによる対価をいい、手付けを含みます。 2　株券等の譲渡代金、保険料、公社債及び預貯金の利子などは売上代金から除かれます。 （例）商品販売代金の受取書、不動産の賃貸料の受取書、請負代金の受取書、広告料の受取書など	記載された受取金額が 100万円以下のもの　　　　　　　　　　200円 100万円を超え　200万円以下のもの　　400円 200万円を超え　300万円以下　〃　　　600円 300万円を超え　500万円以下　〃　　1千円 500万円を超え　1千万円以下　〃　　2千円 1千万円を超え　2千万円以下　〃　　4千円 2千万円を超え　3千万円以下　〃　　6千円 3千万円を超え　5千万円以下　〃　　1万円 5千万円を超え　　1億円以下　〃　　2万円 1億円を超え　　　3億円以下　〃　　4万円 2億円を超え　　　3億円以下　〃　　6万円 3億円を超え　　　5億円以下　〃　　10万円 5億円を超え　　10億円以下　〃　　15万円 10億円を超えるもの　　　　　　　　　20万円 受取金額の記載のないもの　　　　　　200円	次の受取書は非課税 1　記載された受取金額が5万円未満（※）のもの 2　営業に関しないもの 3　有価証券、預貯金証書など特定の文書に追記した受取書 ※　平成26年3月31日までに作成されたものについては、記載された受取金額が3万円未満のものが非課税とされていました。
	2　売上代金以外の金銭又は有価証券の受取書 （例）借入金の受取書、保険金の受取書、損害賠償金の受取書、補償金の受取書、返還金の受取書など	200円	
18	預金通帳、貯金通帳、信託通帳、掛金通帳、保険料通帳	1年ごとに　　　　　　　　　　　　　200円	1　信用業庫など特定の金融機関の作成する預貯金通帳 2　所得税が非課税となる普通預金通帳など 3　納税準備預金通帳
19	消費貸借通帳、請負通帳、有価証券の預り通帳、金銭の受取通帳などの通帳 （注）18に該当する通帳を除きます。	1年ごとに　　　　　　　　　　　　　400円	
20	判取帳	1年ごとに　　　　　　　　　　　　　4千円	

なお、契約書のコピーは、原則として課税文書には該当しません。

そのため、原本を1通作成し、当事者の一方がコピーを保有することにすれば、印紙税を節税することができます。この場合の後文の記載方法は、以下のようになります。

> 本契約締結の証として、本契約書1通を作成し、甲乙相互に署名又は記名・捺印のうえ、甲が原本を保有し、乙が写しを保有することとする。

ただし、以下の①または②にあたる場合は、課税文書に該当するので注意しましょう。
①契約当事者の双方又は一方の署名又は押印があるもの
②正本等と相違ないこと又は写し、副本、謄本等であることの契約当事者の証明（正本等との割印を含む）のあるもの

なお、ここでの「署名又は押印」には、コピー機等で複写された署名又は押印は含まれません。

また、本書執筆時点（平成31年1月）では、電子メール等による電子商取引については、印紙税が課税されないこととされています。そのため、本人確認等に問題がなければ、電子商取引の方法を用いることにより、印紙税を節税することができます。

(8) 公正証書による契約書の効力

公正証書とは、公証人が契約当事者の嘱託により、その面前で陳述した契約内容を録取して作成した証書をいいます。

公正証書の特徴として、以下の事項があげられます。
①通常の私文書と異なり、公文書としての推定を受け（民事訴訟法第228条2項）、強い証拠力を有する
②公正証書に記載された日付は、確定日付の効力（確実にその日に作成されたことの証明）が認められる
③公正証書であれば、原本が公証役場に保管されているので、謄本をなくしても、再度謄本の交付を受けられる

④金銭の一定の額の支払、またはその他の代替物もしくは有価証券の一定の数量の給付を目的とする請求については、判決を得なくてもただちに強制執行を行うことができる

　これらの公正証書の特徴の中でも、④の効果が重要です。相手方が契約違反を起こした後、裁判を起こして判決を得るとすれば、多大な費用と時間を要することになるからです。

　④の効果を得るためには、強制執行を認諾した旨の以下のような条項を記載しなければなりません。

第○条（強制執行認諾）
　乙は、本契約上の金銭債務を履行しないときは、直ちに強制執行を受けるべきことを認諾した。

　もっとも、直ちに強制執行できるものは、金銭等の請求に関するものであり、建物の明渡や移転登記などの請求は対象外であるため、注意が必要です。

(9) 契約用語の意味と用い方

　契約書には、独特の契約用語（法律用語）が用いられます。
　契約用語の意味を誤って理解していると、思いもよらない不利益を被ることになりかねません。
　ここでは、誤りやすい契約用語について解説を行います。

■「及び」と「並びに」

　「及び」も「並びに」も同じく「and」を意味します。
　そして、同じレベルのものを「and」で括るときには、「A及びB」というように「及び」を用います。
　3個以上のものを「and」で括るときには、以下のように「、」を用いた後、最後にだけ「及び」を用います。

> A、B、C及びD

そして、レベルが異なるものをまとめるときに、小さなレベルについては「及び」を用い、大きなレベルについては「並びに」を用いることになります。

例えば、「A株式会社及びA株式会社の代表者、並びにB株式会社及びB株式会社の従業員」というように用います。この場合、以下のような構造になっています。

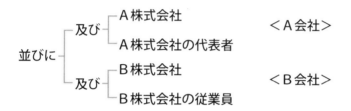

■「又は」と「もしくは」

「又は」も「もしくは」も同じく「or」を意味します。

そして、同じレベルのものを「or」で括るときには、「A又はB」というように「又は」を用います。

3個以上のものを「or」で括るときには、以下のように「、」を用いた後、最後にだけ「又は」を用います。

> A、B、C又はD

そして、レベルが異なるものをまとめるときに、小さなレベルについては「もしくは」を用い、大きなレベルについては「又は」を用いることになります。「及び」と「並びに」とは、役割が逆であることに注意して下さい。

例えば、「3年以下の懲役もしくは禁錮、又は50万円以下の罰金もしくは1万円以下の科料」というように用います。この場合、以下のような構造になっています。

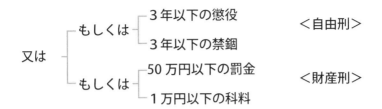

■「前項」、「前2項」と「前各項」

「前項」、「前2項」と「前各項」はすべて異なります。
以下の具体例を用いて説明します。

第○条
(1) ・・・・
(2) ・・・・
(3) ・・・・
(4) ・・・・
(5) ○○記載の事項は・・・・

　第5項に「『前項』記載の事項は」とあれば、それは第4項を意味します。

　そして、第5項に「『前2項』記載の事項は」とあれば、それは第3項と第4項を意味します。「前2項」とは「前の2つの項」を意味しています。

　さらに、第5項に「『前各項』記載の事項は」とあれば、それは第1項から第4項までの全ての項を意味します。「前各項」とは、「前にある全ての項」を意味しています。

　これらの区別は、非常に誤解しやすいため注意して下さい。もっとも、「前2項」や「前各項」という用語は誤解を招く可能性があるため、具体的に「第1項及び第2項」というように特定して記載した方がよいと思います。

　なお、「項」に限らず、「条」でも「号」でも、以上の理屈は同様に当てはまります。

■「以下」と「未満」、「以上」と「超える」

　これらは日常用語でも用いられているため、さほど抵抗感がないかと思われます。
　「1万円以下」といえば、1万円を含んでそれよりも低い金額を意味します。また、「1万円未満」といえば、9999円以下の金額を意味します。
　一方、「30日以上」といえば、30日を含んでそれよりも多い日数を意味します。また、「30日を超えて」といえば、31日以上を意味します。

■「善意」と「悪意」

　法律用語では、「善意」とは、ある事実を知らないことを意味し、「悪意」とは、ある事実を知っていることを意味します。
　道徳的な「善意」「悪意」という意味は、法律用語としては全く含まれていません。
　例えば、「前項の事実につき、甲が善意無過失の場合には、賠償義務を負わない」と記載されていた場合、「甲が前項の事実を知らないか、前項の事実を知らないことにつき過失がない場合には、賠償義務を負わない」という意味になります。

■「無効」と「取消」

　両者とも、契約等が不完全で条件を満たさない場合を意味します。
　もっとも、「無効」とは最初から本来の効力が生じていないことを意味するのに対し、「取消」とは本来有効ではあるが、取消の意思表示を行うことによって、最初から無効になることを意味します。
　例えば、民法第90条には以下のように記載されています。

民法第90条（公序良俗）
　公の秩序又は善良の風俗に反する事項を目的とする法律行為は、無効とする。

　つまり、公序良俗に違反する法律行為は、当初から効力を有しないと定めているのです。
　これに対し、民法第96条1項には以下のように記載されています。

民法第 96 条（詐欺又は強迫）
　詐欺又は強迫による意思表示は、取り消すことができる。

　つまり、詐欺または強迫によって意思表示を行ったとしても、取り消さない限り有効ではあるが、取り消せば当初から無効になると定めているのです。

　ちなみに、「解除」も「取消」と同様に、解除しない限り有効ではあるが、解除すれば当初から無効になることを意味します。「取消」と「解除」の相違点は、「取消」は当初から契約に問題がある場合に認められるのに対し、「解除」は契約自体には問題ないが、後に契約違反などによって無効とする必要が生じたときに解除権が発生するという点で異なっています。

■「直ちに」と「速やかに」

　「直ちに」は、何があっても即座に行わなければならないという場合に用います。

　これに対して「速やかに」は、「できる限り速く」というように訓示的に用いられ、「直ちに」よりも若干遅くてもいい場合に用います。

⑩ 期間の計算方法

　法律に定められている期間の計算方法は、以下の図のようになっています。契約書の作成時等に勘違いしないようにして下さい。

●期間の計算方法

▶初日不算入の原則→ある日から〇日間というときには、原則としてその初日を算入しません。但し、初日が完全に 24 時間存在するときには、初日も 1 日として算入します。

本日より 10 日間…「本日」が 7 月 1 日なら 7 月 11 日が末日

7/1	2	3	4	5	6	7	8	9	10	11	
本日											
不算入											

7月1日（本日ではない）から10日間…7月10日が末日

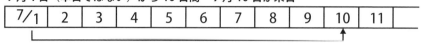

▶日・週単位で期間を定めたとき→起算日から所定の数だけ数え、最後の日が末日

本日から2週間…「本日」が7月1日なら7月15日が末日（初日不算入）

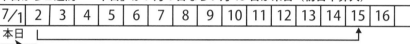

7月1日（本日ではない）から2週間…7月14日が末日

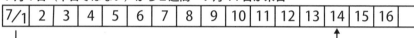

▶月・年単位で期間を定めたとき→最後の月・年において、その起算日に応当する日の前日を末日とする

7月1日から2ヶ月…8月31日が末日（9月1日の前日）

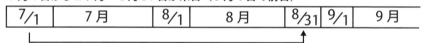

平成19年7月1日から2年間…平成21年6月30日が末日

平成19年		平成20年		平成21年	
7/1		7/1		6/30	7/1

(11) 各条項の順序

　契約書を作成してみると、ある条項を何条に組み入れればいいのか迷うことがあると思います。

　結論からいうと、原則として何条に入れても構いません。契約書の効力は、「何条に存在するから」ではなく、記載された内容によって定められるからです。

　ただし、他の条項が「第〇条の代金については・・・」と他の条項を引用

している場合には、条文を挿入することにより、引用条文にズレが生じないように注意しましょう。

　もっとも、通常は大まかに、以下のように契約の流れに沿って各条項が配置されています。そのため、この流れを参考にして各条項を組み入れていけばいいでしょう。

■一般的な契約書内の各条項の配置

①契約を締結する段階に関する事項（例　条件、個別契約、義務、保証金、加盟金）

②契約を履行している段階に関する事項（例　代金支払、引渡、検査、所有権、報告、通知義務）

③契約履行に問題が生じた段階に関する事項（例　瑕疵担保責任、危険負担、解除、期限の利益喪失、遅延損害金）

④契約が終了する段階に関する事項（例　損害賠償責任、契約終了後の処理）

⑤その他の事項（例　連帯保証人、協議解決、合意管轄、準拠法）

(12) 契約書作成後の最終チェックポイント

　契約書は一度署名押印して作成してしまうと、修正することはたいへん困難です。

　そのため、契約書内に誤りがないか、何度も確認するべきですが、その際には以下の注意事項に配慮しましょう。

□　**引用条文にズレが存在しないか**
　契約書内に「第〇条」「第〇項」という記載があるときには、正しく引用されているかチェックしましょう。

□　**甲乙が逆転している箇所がないか**
　契約書内の当事者の記載である甲と乙が逆転していることがあります。このことにより、思わぬ損害が生じることがあるため、十分に注意しま

しょう。

- [ ] **主語や相手方が存在しない条項がないか**
  主語や相手方が記載されていないと、誰を拘束するのかを解釈によって埋めなければならなくなります。解釈により、一義的に定まればいいのですが、確定しないときはトラブルになりかねないため注意が必要です。

- [ ] **定義していない用語を用いていないか**
  契約書内で（以下「○○」という）というように定義していない用語を用いており、その用語が何を指しているのか不明確だと、その用語の解釈を巡って後々トラブルとなる可能性があります。そのため、独自の用語を用いているときには、きちんと定義されているか注意しましょう。

- [ ] **金額や支払日に誤記がないか**
  金額や支払日に誤記があると、ただちにトラブルとなり得ます。そのため、契約書をチェックする際には、金額や支払日について十分に注意するようにしましょう。

- [ ] **必要な条項が落ちていないか**
  契約書によっては、法律等の規定により必ず記載すべき条項が存在します。これらの必要的な条項が欠落していないか、本契約書例の 重要度★★★ の項目に着目してチェックしましょう。

2 動産売買契約書の作成

STEP1 スピードチェック重要ポイント

動産売買契約書

(売主) ○○○○ (以下「甲」という。) と (買主) ○○○○ (以下「乙」という。) は、後記売買対象物 (以下「本件物品」という。) につき、以下のとおり動産売買契約 (以下「本契約」という。) を締結する。

第1条 (条件)　　　　　　　　　　　　　　重要度★★★

甲は、乙に対して、以下の条件で本件物品を売り渡すことを約し、乙はこれを買い受けた。

① 品　　名
② 数　　量
③ 単　　価　金○○円 (消費税込)
④ 代金総額　金○○円 (消費税込)
⑤ 内　　金　金○○円 (消費税込)
⑥ 引渡期日　平成○年○月○日
⑦ 引渡場所
⑧ 支払期限　内金は、平成○年○月○日
　　　　　　残金は、本件物品の引渡完了後、○日以内
⑨ 支払方法　以下の口座に銀行振込 (振込手数料は乙負担)
　　　　　　○銀行○支店
　　　　　　普通預金
　　　　　　口座番号　○○○○○○
　　　　　　口座名義　○○○○○○

第2条 (引渡)　　　　　　　　　　　　　　重要度★★

甲は、引渡期日に、引渡場所に本件物品を持参して引き渡す。

- この時点で略語に置き換えた方が良いでしょう。
- 動産売買契約書で一番重要な条項です。
- トラブル防止のため、消費税についても記載しておきましょう。
- 内金の制度を用いるときには、内金の支払期限も忘れずに記載しましょう。
- トラブル防止のため振込手数料の負担者についても記載しましょう。

なお、引渡に要する費用は甲の負担とする。

第3条　（検査）　　　　　　　　　　　　　　重要度★

(1) 乙は、本件物品の引渡後、○日以内に本件物品を検査し、甲に対して合格又は不合格の通知を行わなければならない。

(2) 乙は、前項の検査により本件物品につき瑕疵又は数量不足等を発見したときは、直ちに理由を記載した書面をもって甲に不合格の通知をしなければならない。本通知がなされないまま前項の期間が経過したときは、本件物品が検査に合格したものとみなす。

(3) 甲は、検査の結果、不合格になったものについては、甲の費用負担で引き取り、乙の指示する期限までに代品納入を行わなければならない。

(4) 甲は、乙による検査結果に関し、疑義又は異議のあるときは、遅滞なく書面によりその旨を申し出て、甲乙協議のうえ解決する。

第4条　（所有権）　　　　　　　　　　　　　重要度★★

本件物品の所有権は、本件物品の代金完済時に、甲から乙に移転する。

第5条　（瑕疵担保責任）　　　　　　　　　　重要度★★

本件物品の引渡後、引渡後の検査においては容易に発見することができなかった瑕疵が発見されたときは、引渡時から6ヶ月以内に限り、乙は甲に対して、無償の修理又は代金の全部もしくは一部の返還を請求することができる。

第6条　（危険負担）　　　　　　　　　　　　重要度★★

本件物品の乙への引渡前に、乙の責めに帰さない事由により、本件物品に生じた滅失、毀損及び価値減少等の損害は、甲の負担とする。

トラブル防止のため引渡に要する費用の負担者についても記載しましょう。

検査を行う必要があるときには、この条項を設けましょう。

不合格の場合の処理も定めておきましょう。

民法の規定に従うと不都合が生じかねないので、きちんと決めておきましょう。

この条項がないと、民法等の瑕疵担保責任規定の適用を受けるので注意しましょう。

民法の規定に従うと不都合が生じかねないので、きちんと定めておきましょう。

第7条　（解除及び期限の利益喪失）　　　　　　重要度★★

(1) 甲又は乙が以下の各号のいずれかに該当したときは、相手方は催告及び自己の債務の履行の提供をしないで直ちに本契約の全部又は一部を解除することができる。なお、この場合でも損害賠償の請求を妨げない。

①本契約の一つにでも違反したとき

②監督官庁から営業停止又は営業免許もしくは営業登録の取消し等の処分を受けたとき

③差押、仮差押、仮処分、強制執行、担保権の実行としての競売、租税滞納処分その他これらに準じる手続が開始されたとき

④破産、民事再生、会社更生又は特別清算の手続開始決定等の申立がなされたとき

⑤自ら振り出し又は引き受けた手形もしくは小切手が1回でも不渡りとなったとき、又は支払停止状態に至ったとき

⑥合併による消滅、資本の減少、営業の廃止・変更又は解散決議がなされたとき

⑦災害、労働争議等、本契約の履行を困難にする事項が生じたとき

⑧その他、資産、信用又は支払能力に重大な変更を生じたとき

⑨相手方に対する詐術その他の背信的行為があったとき

(2) 乙が前項各号のいずれかに該当した場合、乙は当然に本契約及びその他甲との間で締結した契約から生じる一切の債務について期限の利益を失い、乙は甲に対して、その時点において乙が負担する一切の債務を直ちに一括して弁済しなければならない。

第8条　（任意処分）　　　　　　重要度★★

乙が引渡期日に本件物品を引き取らないなどの契約の不履行が生じたときは、甲は乙に対し書面により相当期間を限り催告したうえで、本件物品を任意に処分し、その売得金をもって乙に対する損害賠償債権を含む一切の債権の弁済に充当することができ、不足額があるときは、更に乙に請求することができる。

分割払いなど支払が長期に及ぶ場合には、設けておいた方が良いでしょう。

無催告かつ自己の債務の履行をしないで、解除できるように規定しています。

本契約のみならず、他の契約の債務についても期限の利益喪失を認めた方が良いでしょう。

民法等の規定によると、煩雑な処理となるため、設けておきましょう。

第9条（損害賠償責任） 重要度★

甲又は乙は、解除、解約又は本契約に違反することにより、相手方に損害を与えたときは、その損害の全て（弁護士費用及びその他の実費を含む）を賠償しなければならない。

> 賠償額を予定すれば、民法等の賠償規定を超えた賠償額を得ることができます。

第10条（遅延損害金） 重要度★★

乙が本契約に基づく金銭債務の支払を遅延したときは、甲に対し、支払期日の翌日から支払済みに至るまで、年14.6％の割合による遅延損害金を支払うものとする。

> 高い利率を設定すれば、履行遅滞を防止する効果を期待できます。

第11条（反社会的勢力の排除） 重要度★★

(1) 甲及び乙は、自己又は自己の役員が、暴力団、暴力団関係企業、総会屋もしくはこれらに準ずる者又はその構成員（以下これらを「反社会的勢力」という。）に該当しないこと、及び次の各号のいずれにも該当しないことを表明し、かつ将来にわたっても該当しないことを相互に確約する。
①反社会的勢力に自己の名義を利用させること
②反社会的勢力が経営に実質的に支配していると認められる関係を有すること
(2) 甲又は乙は、前項の一つにでも違反することが判明したときは、何らの催告を要せず、本契約を解除することができる。
(3) 本条の規定により本契約が解除された場合には、解除された者は、解除により生じる損害について、その相手方に対し一切の請求を行わない。

> 各都道府県の暴力団排除条例により、事業者には暴力団関係者との契約を解除できる規定を規定する努力義務が課せられています。

第12条（協議解決） 重要度★

本契約に定めのない事項、又は本契約の解釈について疑義が生じたときは、甲乙誠意をもって協議のうえ解決する。

> 法的には存在しなくても良い条項ですが、紛争回避に役立つこともあるので設けておいても良いでしょう。

第13条（合意管轄） 重要度★★

甲及び乙は、本契約に関し裁判上の紛争が生じたときは、訴訟額に応じ、東京簡易裁判所又は東京地方裁判所を専属的合意管轄裁判所とすることに合意する。

> 訴訟の際に役立ちますので、自己に有利な管轄の裁判所を設定しておきましょう。

> 専属的という文言を入れるようにしましょう。

本契約締結の証として、本契約書2通を作成し、甲乙相互に署名又は記名・捺印のうえ、各1通を保有することとする。

平成○年○月○日

　　　　　　　　　　　甲
　　　　　　　　　　　　　　　　　　　㊞

　　　　　　　　　　　乙

　　　　　　　　　　　　　　　　　　　㊞

> 契約書作成日は、契約の要素にもなりますので、忘れずに必ず記載しましょう。

STEP2　動産売買契約書の特徴

　動産売買契約は、売主が買主に財産権（商品等）を移転することを約束し、買主がその代金を払うことを約束することによって成立します。
　そのため動産売買契約書では、売買の対象物とその代金に関する記載が重要になります。

■収入印紙

　通常の動産売買契約書には収入印紙を貼付する必要はありません。
　但し、不動産の売買契約書には収入印紙を貼付する必要があります。
　また、契約書の内容が継続的な売買に関するものであるときは、収入印紙が必要となることがあります（55頁参照）。

■タイトル

　契約書のタイトルは、契約の内容を一目で把握させる目的で設けられています。
　タイトルはそれ以上の意味を有していないので、通常、法的な効果は認められません。そのため、単に「覚書」「契約書」「協定書」というタイトルであっても契約書の効力には何も問題ありません。タイトルについては、特に神経質になる必要はないでしょう。
　本件では売買契約であることを明らかにすれば良いため、以下のような記載であれば足ります。

「売買契約書」
「動産売買契約書」
「機械売買契約書」

■前文　　　　　　　　　　　　　　　　　　　　　重要度★★

　前文は、契約当事者の特定、契約内容の特定等のために設けられています。
　具体的な契約内容は各条項で定めるため、通常は前文が法的な意味を有することはありません。前文の主要な役割は、当事者や契約内容を明らかに

し、「甲」や「乙」などの略語に置き換えることにあると言えるでしょう。
　一般的に、力関係の強い者が「甲」となり、弱い者が「乙」とされることが多いですが、実際の力関係は契約書の各条項により定まるため、どちらが甲、乙であるかは、さほど問題ではありません（15頁参照）。
　売買契約書では、本件売買の対象物という言葉を契約書上で何度も用いることになるため、前文や第１条の段階で「本件物品」などと置き換えておいた方が良いでしょう。
　なお、本契約書では、売買対象物を「本件物品」としていますが、「本件機械」「本件商品」であっても構いません。
　ちなみに、売買代金の支払につき、連帯保証人を設定する場合には、前文の記載が以下のようになります。

> （売主）〇〇〇〇（以下「甲」という。）、（買主）〇〇〇〇（以下「乙」という。）及び<u>（連帯保証人）〇〇〇〇（以下「丙」という。）</u>は、後記売買対象物（以下「本件物品」という。）につき、以下のとおり売買契約（以下「本契約」という。）を締結する。

　この場合、丙が連帯保証人であることを示す規定が必要となります（53頁参照）。そして、連帯保証人も契約の当事者となるため、その者の署名又は記名・捺印も忘れずに取得しましょう。

■第１条（条件）　　　　　　　　　　　　　　　重要度★★★

　この条項は、売買対象物や代金等、売買契約の主要な条件を定めています。
　契約書によっては、これらの事項が別々の条項で規定されていることもありますが、契約書の冒頭にまとめておいた方が、契約内容が一目瞭然となります。

■（品名・数量）　　　　　　　　　　　　　　　重要度★★★

　売買対象物が特定されていなければ、何に対する売買契約であるのかが明らかとなりません。また、当事者間で売買対象物の認識が異なった場合、後日トラブルとなる可能性があります。

そのため、できる限り売買対象物を特定しておいた方が良いでしょう。
　型式や製造番号等が存在する商品であるときは、それらも記載した方が良いでしょう。また、異なる等級や品質が存在する商品の場合には、これらの点も特定したうえ記載しておくべきでしょう。
　売買対象物が複数存在する場合や、特定するために詳細な記載が必要となる場合は、これらの内容を記載した別紙を契約書の最後に添付する方法が便利です。
　その場合、品名・数量の記載は、以下のようになります。

---
①品　　名　　別紙のとおり
②数　　量　　別紙のとおり

　この別紙も契約書の一部を構成することになりますので、売買契約書と一緒に綴じ込み契印を行い、売買契約書との一体性を明らかにする必要があります。
　なお、品名・数量に限らず、その他の項目である単価等についても、別紙を用いて記載することができます。

■（単価）　　　　　　　　　　　　　　　　　　　　　重要度★★

　売買対象物が1つでなく複数である場合には、単価の項目を設けておいた方が良いでしょう。数量不足・超過の際に金額調整をスムーズに行うことに役立つからです。
　また、消費税の内税・外税については、後日の当事者間のトラブルを避けるため明示しておいた方が良いでしょう。

■（代金総額）　　　　　　　　　　　　　　　　　　　重要度★★★

　売買契約では代金額が当事者間の最大の関心事であるため、記載ミスがないか、改ざんのおそれのない記載か、十分に注意して下さい。

■（内金）　　　　　　　　　　　　　　　　　　　　　重要度★

　売買代金が高額となるときには、内金として売買代金の一部の先行支払いを求められることがあります。その場合には、内金の項目を設けておく必要

があります。

また、内金の支払期限についても、同様に定めておく必要があります。

なお、「内金」と「手付金」という言葉は、日常生活においてあまり区別せずに用いられているかもしれませんが、法律上は全く別物として扱われています。

内金とは、売買代金の一部として支払われるものであり、内金を放棄するなどして契約を解除することはできません。

これに対して、手付金の場合、買主は手付金を放棄すれば契約を一方的に解除することができます。また、売主も手付金の倍額を売主に支払えば、契約を一方的に解除することができます（民法第557条1項）。

このように、内金ではなく手付金として代金を支払う場合には、契約が解除されやすくなるといえます。そのため、契約の拘束力を強めたいときには、手付金としてではなく、内金と契約書に記載する必要があります。

■（引渡期日・引渡場所）　　　　　　　　　　　重要度★★★

「引渡」という言葉は法律用語ですが、「納品」とさほど異なりません。

引渡期日や引渡場所を口約束で行っていると、後にトラブルとなりかねません。そのため、これらの事項は、契約書上で明確に定めておいた方が良いでしょう。

■（支払期限）　　　　　　　　　　　　　　　　重要度★★★

売買代金の支払期限は、重要事項ですので明確に記載しておいた方が良いでしょう。

本契約書例では一括払いの記載がなされていますが、分割払いのときには以下のような記載になります。

> 平成○年○月から平成○年○月まで、毎月末日限り各金○○万円

なお、内金の支払を定めているときには、内金の支払期日も忘れずに記載しましょう。

■（支払方法）　　　　　　　　　　　　　　　　　重要度★★

　代金の支払方法は、通常、現金交付か銀行振込の場合が多いでしょう。銀行振込の場合には、振込手数料についても定めておいた方がトラブル防止に役立ちます。
　また、約束手形による支払の場合には、何ヶ月サイトの手形を用いるのかという点についても事前に規定しておいた方が良いでしょう。

■第2条（引渡）　　　　　　　　　　　　　　　　　重要度★★

　この条項は、商品の引渡（納品）について定めています。
　引渡期日及び引渡場所については、第1条で定めていますが、トラブル防止のため、誰が誰の費用で引渡場所に商品を持参するのかを明確にしておいた方が良いでしょう。
　なお、引渡費用については、別段の意思表示がないときは、原則として売主の負担となります（民法第485条本文）。そのため、引渡費用を甲（売主）の負担とする条項は、あえて設けなくても良いのです。しかし、民法の各条文を正確に把握している人は少ないので、トラブル防止のために契約書に記載しておいた方が良いでしょう。
　ちなみに、引渡費用を当事者間で折半するときには、以下のような条項となります。

第○条（引渡）

　甲は、引渡期日に、引渡場所に本件物品を持参して引き渡す。引渡に要する費用は、甲及び乙がそれぞれ半額を負担する。

■第3条（検査）　　　　　　　　　　　　　　　　　重要度★

　この条項は、納品された商品の検査の方法、瑕疵が発見された場合の対処について定めています。
　通常の売買の場合、商品の引渡がなされた後、速やかに納品された商品の検査が行われます。その取り決めについては、事前に定めておいた方が良いでしょう。
　なお、商人間の売買の場合には、契約書に検査の規定がなくても、買主は商品を受領した後、遅滞なくその商品の検査を行わなければならず、瑕疵又

は数量不足を発見したときに直ちに売主に通知しなければ、契約解除、代金減額又は損害賠償等の主張がなしえなくなるとされています（商法第526条1項及び2項）。そのため、商人間の売買については、検査の規定がなくても注意が必要です。

売主を有利にするためには

　検査期間が長いと、それだけ売主の地位が不安定となるため、できる限り短期間に検査を行うよう決めておく方が売主に有利です。

買主を有利にするためには

　買主からすれば、できる限り検査期間を長くした方が、それだけ売主に対する責任追及を行いうる機会が広がるため、有利となります。
　また、不合格通知についても、以下のように、特に理由を付けることなく、口頭など簡便な方法によって行いうる方が買主に有利です。

---

(2)　乙は、前項の検査により本件物品につき瑕疵又は数量不足等を発見したときは、甲に不合格の通知をしなければならない。本通知がなされないまま前項の期間が経過したときは、本件物品が検査に合格したものとみなす。

■第4条（所有権）　　　　　　　　　　　　　　　重要度★★

　この条項は、商品の所有権の移転時期について定めています。
　所有権とは、物に対する全面的支配権であり、その物を使用・収益・処分することのできる権利を意味します。
　所有権の移転時期について民法第176条は、当事者の意思表示によって移転することを明らかにしています。この規定によれば、売買契約締結の時点で（代金未払の場合もある）、商品の所有権が買主に移転してしまうという結論になりえます。これでは取引の常識に反することが生じかねません。
　そのため、一般的な売買契約書では、民法によらず、所有権の移転時期を明らかにする規定を設けています。
　一般的に所有権移転時期としては、①売買契約締結時、②引渡時、③検査合格時、④代金完済時が考えられます。

売主を有利にするためには

売主としては、できる限り遅い段階まで商品の所有権を保持していた方が有利となります。

本契約書例では、代金完済時に所有権移転が行われるとしており、売主に有利な条項とされています。

買主を有利にするためには

買主としては、できる限り早い段階で商品の所有権を取得した方が有利になります。

例えば、商品引渡時に所有権移転を行う場合には、以下のような条項となります。

第○条（所有権）
　本件物品の所有権は、本件物品の引渡時に、甲から乙に移転する。

■第5条（瑕疵担保責任）　重要度★★

この条項は、商品に瑕疵（欠陥）があった場合の処理について定めています。

瑕疵担保責任とは、売買の目的物に隠れた瑕疵があったときに、売主が負担する責任を意味します。

つまり、商品に隠れた瑕疵があったときに、買主は瑕疵担保責任を理由として、契約の解除や損害賠償請求等を行うことができるのです。

瑕疵担保責任の規定が契約書上に存在しなくても、民法等の法律により瑕疵担保責任は認められています。しかし、民法では隠れた瑕疵を発見してから1年以内に責任を追及しなければならないと定めています（民法第570条、566条3項）。

また、商人間の売買では、直ちに発見できない瑕疵を6ヶ月以内に発見し、直ちに売主に通知しなければ、瑕疵担保責任を追及できないとされています（商法第526条2項）。

売主を有利にするためには

このように、瑕疵担保責任は買主保護のための規定であるため、売主とし

ては、瑕疵担保責任を負わないことになれば有利になります。もっとも、瑕疵担保責任の規定を削除しただけでは、前述のように、民法等の適用により瑕疵担保責任を負担することになります。

そこで、以下のように、契約書上の規定で明確に売主が瑕疵担保責任を負わないことを明らかにしなければなりません。

> 第○条（瑕疵担保責任）
> 甲は、乙に対して、一切の瑕疵担保責任を負担しない。

民法及び商法の瑕疵担保責任の規定は任意規定であるため、当事者間で自由に変更することができます。しかし、消費者契約法のように全ての瑕疵担保責任を免除する場合には無効となるという規定もあるので注意が必要です。

買主を有利にするためには

買主としては、瑕疵担保責任を追及できる期間が長ければ長いほど、そして、追及できる責任が豊富であればあるほど買主に有利となります。

> 第○条（瑕疵担保責任）
> 本件物品の引渡後、引渡後の検査においては発見することができなかった瑕疵が発見されたときは、引渡時から<u>2年以内</u>に限り、乙は甲に対して、<u>本契約の全部もしくは一部の解除</u>、<u>代替物の請求</u>、無償の修理又は代金の全部もしくは一部の返還を請求することができる。

■第6条（危険負担）　　　　　　　　　　　重要度★★

この条項は、危険負担の処理を定めています。

危険負担とは、一方の債務の履行が不能となって消滅するという危険（例えば商品が洪水等により滅失したとき）を当事者のいずれが負担するのかという問題をいいます。

民法は、特定物の売買契約締結後に、当事者に帰責事由がないのに商品が滅失したときは、その危険を買主が負担すると定めています（民法第534条1項）。

つまり、売買契約が締結された後、商品が当事者の責任ではなく滅失したときでも、買主は売主に代金を支払わなければならないとされているのです。買主としてみれば、商品は入手できないばかりか、代金も支払わなければならないことになり、非常に酷な結果となります。

このように民法の規定をそのまま適用すれば、取引の常識に反することとなりかねないため、通常、売買契約においては、危険負担の時期を商品の引渡時や検査合格時に変更しています。

売主を有利にするためには

売主としては、早い段階から危険が買主に移転すれば、それだけ有利になります。

そのため、以下のように売買締結時に買主に危険が移転することを明確にしておけば、売主に有利になります。

第○条（危険負担）
　本契約締結後に、乙の責めに帰さない事由により、本件物品に生じた滅失、毀損及び価値減少等の損害は、乙の負担とする。

買主を有利にするためには

買主としては、できる限り遅い段階で危険が買主に移転するとすれば、それだけ有利になります。

例えば、以下のように代金完済時に買主に危険が移転するようにしておけば、買主に有利になります。

第○条（危険負担）
　本件物品の売買代金完済前に、乙の責めに帰さない事由により、本件物品に生じた滅失、毀損及び価値減少等の損害は、甲の負担とする。

■第7条（解除及び期限の利益喪失）　　重要度★★

この条項は、本契約の解除事由及び期限の利益喪失事由について定めています。

民法では、相手方が履行を遅滞した（例えば代金を支払わない）際に、相

当の期間を定めて履行の催告（請求）を行い、その期間内に履行がなされないときに初めて解除することができるとされています（民法第541条）。

しかしながら、相手方が経済的破綻状況に陥っているにもかかわらず、悠長に期間を定めて催告などしていれば、他の債権者に遅れをとり、損害が拡大してしまうことにもなりかねません。そのため、緊急時には即座に対応できるよう、無催告であっても解除できるようにしておいた方が良いでしょう。

解除事由として本契約例では、多くの事例をあげていますが、これらのうちで生じる可能性の著しく低いものについては、削除しても構いません。

その他、生じる可能性のある事態については、盛り込んでおいた方が良いでしょう。その際には、できる限り具体的な記載を行い、条件が明確になるよう配慮すべきです。

期限の利益とは、期限が到来するまでは債務の履行を請求されないという利益をいいます。

具体的には、代金の分割払いの約定がなされている場合などにおいて、期限が来るまでは代金を支払わなくて良いメリット（利益）を意味します。

もっとも、売主としては、相手方の財産状況が悪化しているときに、代金支払期限を待っているのでは、解除の場合と同様に他の債権者に遅れをとることになりかねません。

そのため、内金及び残金支払の場合や分割払いの場合のように、相手方に長期の期限の利益を与える場合には、一定の事由が生じたときに期限の利益が喪失される条項を設けておく必要があります。

なお、あまりに一方当事者に酷な内容であるときは、公序良俗違反（民法第90条）などを理由に、その条項が無効とされる場合がありますので注意が必要です。

売主を有利にするためには

本契約書例では、売主又は買主に一定の事項が生じたときに、解除が認められるとしていますが、以下のように売主のみに無催告解除を認めれば、売主は有利な立場を築けます。

> 第○条（解除及び期限の利益喪失）
> （1）乙が以下の各号のいずれかに該当したときは、甲は催告及び自己の債務の履行の提供をしないで直ちに本契約の全部又は一部を解除することができる。なお、この場合でも損害賠償の請求を妨げない。

買主を有利にするためには

　買主としては、売主のときと逆に、買主のみに無催告解除を認めれば、買主は有利な立場を築けます。
　その他、無催告解除ではなく、以下のように解除の要件を厳しくすることによっても、買主を有利にすることができます。

> 第○条（解除及び期限の利益喪失）
> （1）乙が以下の各号のいずれかに該当したときは、甲は、相当の期間を定めて履行の催告をし、その期間内に履行がなされない場合、本契約の全部又は一部を解除することができる。なお、この場合でも損害賠償の請求を妨げない。

　また、期限の利益喪失条項は、売主保護のための規定ですから、削除してしまえば、買主が有利になります。

■第8条（任意処分）　　　　　　　　　　　　重要度★★

　この条項は、買主が商品を引き取らない場合の処理について定めています。
　買主が商品を受け取らない場合、民法等の法律に従うことになれば、供託や競売等の手続を行わなければならず、迅速な対応がとれないことになります。
　そのため、売主としては、このような場合に任意に商品を処分できる規定を設けておく必要が認められます。

売主を有利にするためには

　本契約書例では、書面により相当期間を設け、催告を行うことを任意処分の要件としていますが、この要件を以下のように簡易化すれば売主に有利に

なります。

> **第○条（任意処分）**
> 　乙が引渡期日に本件物品を引き取らないなどの契約の不履行が生じたときは、甲は乙に対し通知を行うことにより、本件物品を任意に処分し、その売得金をもって乙に対する損害賠償債権を含む一切の債権の弁済に充当することができ、不足額があるときは、更に乙に請求することができる。

買主を有利にするためには

　任意処分の規定は、売主保護の規定であるため、削除してしまえば、原則どおり民法等の規定に従うことになるため、買主に有利となります。

■第9条（損害賠償責任）　　　　　　　　　　　　重要度★

　当事者の一方に故意過失が存在し、相手方に損害を生じさせたときに、その損害を賠償しなければならないことは当然のことであり、契約書で規定しなくても民法により損害賠償請求を行うことができます（民法第415条、709条）。そのため、この点については、あえて損害賠償の条項を設ける法的な意味を見出すことはできません。

　もっとも、誰もが法律に詳しいわけではないため、あえて契約書上に損害賠償の規定を設けておくことにより、契約の不履行を防止する効果は期待できます。

　また、具体的に賠償額を定めておく、すなわち賠償額の予定を行うのであれば、その規定を設けることにより新たな法的意味を見出すことができます。

　本契約書例では、「弁護士費用及びその他の実費を含む」と規定し、弁護士費用や訴訟提起の際の印紙代等を損害の範囲に加えている点で、法的意味を見出すことができます。

売主を有利にするためには

　まずは、損害賠償責任を負う対象者を買主のみとします。
　そして、厳しい賠償額の予定を行えば、売主に有利となります。
　もっとも、厳しすぎる賠償額の予定は、公序良俗に違反して無効となる可

能性があるため注意が必要です。

> 第○条（損害賠償責任）
> 　乙は、解除、解約又は本契約に違反することにより、甲に損害を与えたときは、代金総額の20％を賠償しなければならない。

買主を有利にするためには

　売主の説明と逆のことが当てはまります。
　すなわち、賠償対象者を売主のみとし、厳しい賠償額の予定を行うことになります。
　その他、防御的な方法として、以下のように賠償額の上限を定めることにより、自らの賠償責任に限度を設けるという方法もあります。

> 第○条（損害賠償責任）
> 　甲又は乙は、解除、解約又は本契約に違反することにより、相手方に損害を与えたときは、代金総額を限度として賠償しなければならない。

■第10条（遅延損害金）　　　　　　　　　　　重要度★★

　この条項は、債務の支払を遅延した場合のペナルティーについて定めています。
　民法や商法の規定によれば、遅延損害金は年5％や6％にしかなりません（民法第419条1項、404条、商法第514条）。
　仮に、債務者が複数の債務を遅滞していたとすれば、債権額の増大を少しでも防ぐため、遅延損害金の高い債権を優先的に支払う傾向が見られます。そのため、優先的に支払を受けるため、公序良俗や関連法令に反しない限りで、高額な遅延損害金利率を定めておくべきでしょう。
　本契約書例では、消費者契約法の上限利率とされている、年14.6％の利率を採用しています。

売主を有利にするためには

　遅延損害金利率を高額にすれば売主に有利になります。
　しかし、前述したとおり、高額すぎる遅延損害金は公序良俗等に反して無

効となる可能性があるため、注意が必要です。

買主を有利にするためには

　遅延損害金規定を削除すれば、原則どおり民法や商法等の遅延損害金利率となるため、買主に有利になります。

■第11条（反社会的勢力の排除）　　　重要度★★

　各都道府県では、暴力団排除条例により、事業者が事業にかかる契約を書面によって締結する場合には、相手方等が暴力団関係者であることが判明した際に、無催告で契約を解除できる条項を入れるべき努力義務が課せられています。これは努力義務であるため、仮に暴力団排除に関する条項が契約書に存在しなかったとしても罰則等を受けるものではありません。

　しかし、暴力団関係者が取引の相手方と判明した際に契約を解除できることは、自らの身を守る規定となりますので、原則として規定しておくべきでしょう。

■第12条（協議解決）　　　重要度★

　協議解決の規定は、協議により紛争回避を図る可能性を見出すことを目的としています。

　「協議のうえ解決する」と規定していても、解決しなければ訴訟等の方法により解決せざるを得ないため、法的には無意味な規定です。もっとも、この規定を拠り所に協議を持ちかけ、紛争を解決できる可能性も否定できないこと、契約書の体裁を整えることという役割を見出すこともできます。そのため、多くの契約書で協議解決の規定が設けられています。

■第13条（合意管轄）　　　重要度★★

　合意管轄の規定は、訴訟になった場合の管轄裁判所を定めています。

　契約締結当時は、まさか本契約についてトラブルが生じ、訴訟に発展するとは夢にも思わないものです。そのため、合意管轄の規定にさほど重きを置いていない人もいます。

　しかし、いざ訴訟提起しようとしたとき、自らの所在地とかけ離れた裁判所が専属的合意管轄（特定の裁判所のみに管轄を認めること）とされていた

とすれば、訴訟提起を断念することにもなりかねません。なぜなら、遠方の裁判所では、弁護士の日当、証人尋問の際の費用・負担等が重くのしかかるからです。

一方で、相手方当事者の所在地とかけ離れた裁判所が専属的合意管轄とされていれば、相手方が訴訟を断念することにより、話し合いによる解決が図れることもあります。

なお、「～裁判所を合意管轄裁判所とする」という記載であると、それ以外の管轄を認めない専属的合意管轄であることが否定されかねないので、「～裁判所を専属的合意管轄裁判所とする」という記載を用いましょう。

■後文　　　　　　　　　　　　　　　　　　　　　　重要度★★

後文は、契約書の作成枚数や原本・写し等の作成を明らかにするために設けられます。通常は契約書の法的効果に影響を与えません。

当事者が連帯保証人を加えたことなどにより、3名となるときは、原則として3通作成することになります。

契約書の写しには原則として収入印紙を貼付する必要がありません。そのことを利用し、節税を図るときには、後文は以下のようになります（24頁参照）。

> 本契約締結の証として、本契約書1通を作成し、甲乙相互に署名又は記名・捺印のうえ、甲が原本を保有し、乙が写しを保有することとする。

STEP3　その他の役立つ条項

第○条（公正証書）　　　　　　　　　　　　　　　　重要度★

> 乙は、甲の要請があったときは、本契約の債務につき強制執行認諾文言付き公正証書の作成に応じなければならない。

金銭の支払債務については、強制執行認諾文言付き公正証書の作成により、原則として裁判によらずして強制執行を行うことができるようになります（24頁参照）。

そのため、この条項を設けるなどして、実際に強制執行認諾文言付き公正証書を作成すれば、売主の立場が飛躍的に高まります。

> **第○条（品質保証期間）** 重要度★
> 甲は、乙に対して、本件物品につき、引渡日から○年間、仕様書どおりの品質性能を有することを保証し、乙の過失によらない故障につき無償で修理を行う。

品質保証期間を設けておけば、一定期間、無償修理などの要求を行うことができるようになるため、買主に有利に働きます。

> **第○条（連帯保証人）** 重要度★
> 丙は、乙の連帯保証人として、本契約により生ずる乙の甲に対する一切の債務の弁済につき、連帯して保証する。

代金の支払につき、連帯保証人を設定すれば、代金支払の確実性が増すため、売主に有利に働きます。

> **第○条（守秘義務）** 重要度★
> (1) 甲及び乙は、本契約期間中はもとより終了後も、本契約に基づき相手方から開示された情報を守秘し、第三者に開示してはならない。
> (2) 前項の守秘義務は以下のいずれかに該当する場合には適用しない。
> ①公知の事実又は当事者の責めに帰すべき事由によらずして公知となった事実
> ②第三者から適法に取得した事実
> ③開示の時点で保有していた事実
> ④法令、政府機関、裁判所の命令により開示が義務付けられた事実

売買契約の対象物が機密性を有する場合や、売買契約に関連して当事者間で機密情報が交換される場合などには、機密保持の規定を設けておいた方が良いでしょう。

また、機密の程度によっては、秘密保持契約書を別途締結しておいても良

いでしょう（180 頁参照）。

> **第○条（準拠法）**　　　　　　　　　　　　　　　　　重要度★
> 本契約は日本法に準拠し、同法によって解釈されるものとする。

　契約当事者が日本国外の者であるときは、日本法に準拠する旨の規定をしておくべきです。
　海外の法律が適用されるとすれば、契約書が有効に機能しないおそれがあるとともに、トラブルが発生したときに海外の法律に精通した弁護士を探す手間が生じてしまうからです。

3 継続的売買取引基本契約書の作成

STEP1 スピードチェック重要ポイント

<u>収入印紙
4000
円</u>

継続的売買取引基本契約書

(売主)○○○○(以下「甲」という。)と(買主)○○○○(以下「乙」という。)は、甲乙間における以下に定める売買対象物(以下「本件物品」という。)につき、以下のとおり継続的売買取引基本契約(以下「本契約」という。)を締結する。

> この時点で略語に置き換えた方が良いでしょう。

第1条 (売買) 　　　　　　　　　　　　　重要度★★★

　甲は、乙に対して、個別契約に従い本件物品を売り渡し、乙はこれを買い受ける。

> 売買契約であることを明らかにしています。

第2条 (適用範囲) 　　　　　　　　　　　重要度★★

(1) 本契約は、次条以下に規定する全ての個別契約(本契約締結前から存在する個別契約も含む。)に適用する。
(2) 個別契約の内容が、本契約と異なるときは、個別契約が優先される。

> 本契約締結前に個別契約が先行している場合には、この括弧書きを設けておきましょう。

> 優先関係については、トラブル防止のため明確にしておきましょう。

第3条 (個別契約) 　　　　　　　　　　　重要度★★★

(1) 本件物品の品名、数量、単価、代金総額、引渡期日、引渡場所及び発注日等は、甲乙協議のうえ、個別契約で定めるものとする。
(2) 個別契約は、乙が前項の事項等を記載した注文書を甲に交付し、甲が注文請書を乙に交付することにより成立する。

> 継続的取引では、基本契約と個別契約という二層の契約を締結することになります。

第4条 (代金支払) 　　　　　　　　　　　重要度★★★

　乙は、本件物品の代金を引渡期日の属する月の翌月末日まで

| | に、下記振込口座に振り込んで支払う（振込手数料は乙負担）。
トラブル防止のため振込手数料の負担者についても記載しましょう。

〇銀行〇支店
普通預金
口座番号　〇〇〇〇〇〇
口座名義　〇〇〇〇〇〇

第5条　（引渡）　　　　　　　　　　　　　　　　重要度★★

トラブル防止のため引渡に要する費用の負担者についても記載しましょう。

甲は、引渡期日に、引渡場所に本件物品を持参して引き渡す。なお、引渡に要する費用は甲の負担とする。

第6条　（検査）　　　　　　　　　　　　　　　　重要度★

検査を行う必要があるときには、この条項を設けましょう。

(1)　乙は、本件物品の引渡後、〇日以内に本件物品を検査し、甲に対して合格又は不合格の通知を行わなければならない。

(2)　乙は、前項の検査により本件物品につき瑕疵又は数量不足等を発見したときは、直ちに理由を記載した書面をもって甲に不合格の通知をしなければならない。本通知がなされないまま前項の期間が経過したときは、本件物品が検査に合格したものとみなす。

不合格の場合の処理も定めておきましょう。

(3)　甲は、検査の結果、不合格になったものについては、甲の費用負担で引き取り、乙の指示する期限までに代品納入を行わなければならない。

(4)　甲は、乙による検査結果に関し、疑義又は異議のあるときは、遅滞なく書面によりその旨を申し出て、甲乙協議のうえ解決する。

第7条　（所有権）　　　　　　　　　　　　　　　重要度★★

民法の規定に従うと不都合が生じかねないので、きちんと決めておきましょう。

本件物品の所有権は、本件物品の代金完済時に、甲から乙に移転する。

第8条　（瑕疵担保責任）　　　　　　　　　　　　重要度★★

この条項がないと、民法等の瑕疵担保責任規定の適用を受けるので注意しましょう。

本件物品の引渡後、引渡後の検査においては容易に発見することができなかった瑕疵が発見されたときは、引渡時から6ヶ月以内に限り、乙は甲に対して、無償の修理又は代金の全部もし

くは一部の返還を請求することができる。

第9条（危険負担） 重要度★★

本件物品の乙への引渡前に、乙の責めに帰さない事由により、本件物品に生じた滅失、毀損及び価値減少等の損害は、甲の負担とする。

> 民法の規定に従うと不都合が生じかねないので、きちんと定めておきましょう。

第10条（権利の譲渡禁止等） 重要度★

甲及び乙は、あらかじめ相手方の書面による承諾を得ないで、本契約に基づく権利、義務又は財産の全部もしくは一部を第三者に譲渡し、承継させ又は担保に供してはならない。

> 取引関係を複雑化させたくないときに役立つ条項です。

第11条（通知義務） 重要度★

甲及び乙は、次の各号のいずれか一つに該当するときは、相手方に対し、あらかじめその旨を書面により通知しなければならない。

①法人の名称又は商号の変更
②振込先指定口座の変更
③代表者の変更
④本店、主たる事業所の所在地又は住所の変更

> 継続的取引では、ある程度の期間にわたり取引が行われるので、一定の事項には通知義務を課しておいた方が良いでしょう。

第12条（クレーム） 重要度★

(1) 甲は、本件物品の設計上、製造上及び表示上の欠陥がないよう最大限の努力を払うものとする。

(2) 本件物品の欠陥に起因して、本件物品又は本件物品を組み込んだ製品が第三者に対し損害を与えたことにより、当該第三者から乙に対して損害賠償請求がなされ、乙がこれを支払った場合、乙は当該欠陥と相当因果関係のある損害の賠償（弁護士費用及びその他の実費を含む）を甲に請求することができる。但し、本件物品に欠陥が生じたことにつき、甲に過失が存在しない場合はこの限りでない。

> 売買対象物が転売される場合には、規定しておいた方が良いでしょう。

(3) 甲は、**本契約終了後も前項の義務を負う。**

> 本契約終了後にも効力が存続することも規定すべきでしょう。

> 債権回収のリスクを軽減させるための条項です。

第13条（相殺） 重要度★

甲は、本契約又は本契約に限らないその他の契約等に基づき甲が乙に対して負担する債務と、本契約又は本契約に限らないその他の契約等に基づき甲が乙に対し有する債権とを、その債権債務の期限如何にかかわらず、いつでもこれを対等額において相殺することができる。

> 継続的売買取引では、契約期間がある程度長期にわたるため、設けておいた方が良いでしょう。

> 無催告かつ自己の債務の履行をしないで、解除できるように規定しています。

第14条（解除及び期限の利益喪失） 重要度★★

(1) 甲又は乙が以下の各号のいずれかに該当したときは、相手方は催告及び自己の債務の履行の提供をしないで直ちに本契約又は個別契約の全部又は一部を解除することができる。なお、この場合でも損害賠償の請求を妨げない。

①本契約又は個別契約の一つにでも違反したとき
②監督官庁から営業停止又は営業免許もしくは営業登録の取消し等の処分を受けたとき
③差押、仮差押、仮処分、強制執行、担保権の実行としての競売、租税滞納処分その他これらに準じる手続が開始されたとき
④破産、民事再生、会社更生又は特別清算の手続開始決定等の申立がなされたとき
⑤自ら振り出し又は引き受けた手形もしくは小切手が１回でも不渡りとなったとき、又は支払停止状態に至ったとき
⑥合併による消滅、資本の減少、営業の廃止・変更又は解散決議がなされたとき
⑦災害、労働争議等、本契約又は個別契約の履行を困難にする事項が生じたとき
⑧その他、資産、信用又は支払能力に重大な変更を生じたとき
⑨相手方に対する詐術その他の背信的行為があったとき

> 本契約のみならず、他の契約の債務についても期限の利益喪失を認めた方が良いでしょう。

(2) 乙が前項各号のいずれかに該当した場合、乙は当然に本契約及びその他甲との間で締結した契約から生じる一切の債務について期限の利益を失い、乙は甲に対して、その時点において乙が負担する一切の債務を直ちに一括して弁済しなければならない。

第15条（任意処分） 重要度★★

乙が引渡期日に本件物品を引き取らないなどの契約の不履行が生じたときは、甲は乙に対し書面により相当期間を設け催告したうえで、本件物品を任意に処分し、その売得金をもって乙に対する損害賠償債権を含む一切の債権の弁済に充当することができ、不足額があるときは、更に乙に請求することができる。

> 民法等の規定によると、煩雑な処理となるため、設けておきましょう。

第16条（守秘義務） 重要度★

(1) 甲及び乙は、本契約期間中はもとより終了後も、本契約に基づき相手方から開示された情報を守秘し、第三者に開示してはならない。

(2) 前項の守秘義務は以下のいずれかに該当する場合には適用しない。

①公知の事実又は当事者の責めに帰すべき事由によらずして公知となった事実

②第三者から適法に取得した事実

③開示の時点で保有していた事実

④法令、政府機関、裁判所の命令により開示が義務付けられた事実

> 継続的取引では、相手方の企業秘密を知ることがあるため、守秘義務を課しておくべきです。

> 本契約終了後にも効力が存続することも規定すべきでしょう。

第17条（損害賠償責任） 重要度★

甲又は乙は、解除、解約又は本契約に違反することにより、相手方に損害を与えたときは、その損害の全て（弁護士費用及びその他の実費を含む）を賠償しなければならない。

> 賠償額を予定すれば、民法等の賠償規定を超えた賠償額を得ることができます。

第18条（遅延損害金） 重要度★★

乙が本契約又は個別契約に基づく金銭債務の支払を遅延したときは、支払期日の翌日から支払済みに至るまで、年14.6％の割合による遅延損害金を支払うものとする。

> 高い利率を設定すれば、履行遅滞を防止する効果を期待できます。

第19条（契約期間） 重要度★★★

本契約の有効期間は、平成○年○月○日から平成○年○月○日までとし、期間満了の1ヶ月前までに甲乙いずれからも書面に

> 継続的取引においては、その契約期間を定めておくことが必要です。

よる異議がなされないときには、本契約は期間満了の翌日から起算して、同一内容にて更に1年間延長されるものとし、それ以後も同様とする。

第20条（反社会的勢力の排除） 重要度★★

(1) 甲及び乙は、自己又は自己の役員が、暴力団、暴力団関係企業、総会屋もしくはこれらに準ずる者又はその構成員（以下これらを「反社会的勢力」という。）に該当しないこと、及び次の各号のいずれにも該当しないことを表明し、かつ将来にわたっても該当しないことを相互に確約する。
①反社会的勢力に自己の名義を利用させること
②反社会的勢力が経営に実質的に支配していると認められる関係を有すること
(2) 甲又は乙は、前項の一つにでも違反することが判明したときは、何らの催告を要せず、本契約を解除することができる。
(3) 本条の規定により本契約が解除された場合には、解除された者は、解除により生じる損害について、その相手方に対し一切の請求を行わない。

第21条（協議解決） 重要度★

本契約に定めのない事項、又は本契約の解釈について疑義が生じたときは、甲乙誠意をもって協議のうえ解決する。

第22条（合意管轄） 重要度★★

甲及び乙は、本契約又は個別契約に関し裁判上の紛争が生じたときは、訴訟額に応じ、東京簡易裁判所又は東京地方裁判所を専属的合意管轄裁判所とすることに合意する。

本契約締結の証として、本契約書2通を作成し、甲乙相互に署名又は記名・捺印のうえ、各1通を保有することとする。

平成○年○月○日

- 自動延長が規定されています。
- 各都道府県の暴力団排除条例により、事業者には暴力団関係者との契約を解除できる規定を規定する努力義務が課せられています。
- 法的には存在しなくても良い条項ですが、紛争回避に役立つこともあるので設けておいても良いでしょう。
- 訴訟の際に役立ちますので、自己に有利な管轄の裁判所を設定しておきましょう。
- 専属的という文言を入れるようにしましょう。
- 契約書作成日は、契約の要素にもなりますので、忘れずに必ず記載しましょう。

甲　　　　　　　　　㊞

乙　　　　　　　　　㊞

STEP2 継続的売買取引基本契約書の特徴

　継続的売買取引基本契約書は、1回の売買で取引が終了するのではなく、ある程度の期間、複数回にわたり売買が繰り返される場合に締結される契約書です。通常は商取引において用いられる契約形態です。

　継続的売買取引基本契約書は、基本的には売買契約書がベースとなります。そして、販売個数も多くなり、ある程度期間をおいた取引となりますので、その点に配慮した条項も必要となります。

■収入印紙

　継続的売買取引基本契約書には、原則として4000円の収入印紙を貼付しなければなりません。但し、3ヶ月以内の期間で終了する契約（更新の規定があり契約期間が3ヶ月を超える可能性のあるものは除く）については、印紙の貼付は不要となります。

■タイトル

　契約書のタイトルは、その契約の内容を一目で把握させるために設けられています。

　記載例では「継続的売買取引基本契約書」としましたが、以下のような記載でも構いません。タイトルは通常法的意味を有しないので、特に神経質になる必要はありません。

「取引基本契約書」
「売買基本契約書」
「物品売買基本契約書」

■前文　　　　　　　　　　　　　　　　　　　重要度★★

　前文は、契約当事者の特定、契約内容の特定等のために設けられています（詳細については38頁参照）。

■第1条（売買）　　　　　　　　　　　　　　重要度★★★

　継続的売買取引基本契約書では、当事者間において売買の基本的取り決め

を行っておき、具体的な取引については、別に個別契約を締結して行います。

ある程度の期間、複数回にわたり売買が行われるため、本契約書の締結時には、今後どのような個別の売買が行われるのか予測がつかないからです。

なお、第1条では、個別契約に従って甲と乙との間で売買が行われるという、本契約における最も基本的な事項を定めています。

■第2条（適用範囲）　　　　　　　　　　　　　　　　　重要度★★

この条項は、本契約書の適用範囲及び個別契約との優先関係を明らかにした規定です。

本契約締結後の個別契約は、本契約に基づいて契約されたものなので、本契約の適用があることは問題ありません。しかし、本契約締結前に個別契約を締結している場合には、その個別契約に本契約が適用されるか判然としません。そのため、それらの個別契約についても本契約の適用があることを明らかにしておいた方が良いでしょう。

本契約書例では、本契約と個別契約の優先適用の関係につき、個別契約を優先させています。もっとも、通常は本契約が締結された後に、個別契約が締結されることになるため、個別契約の内容が取引基本契約書と異なる場合、個別契約によって本契約書の内容を変更したものと考えるのが自然でしょう。

そのため、個別契約が優先適用されるという本契約書の規定は、注意的なものとなります。

なお、これとは逆に本契約を個別契約よりも優先させる場合には、以下の規定を設ける必要があります。

第○条（適用範囲）
(1) 本契約は、次条以下に規定する全ての個別契約（本契約締結前から存在する個別契約も含む。）に適用する。
(2) 個別契約の内容が、本契約と異なるときは、<u>本契約が優先される</u>。

■第3条（個別契約）　　　　　　　　　　　　　　　　　重要度★★★

この条項は、個別契約の内容について定めています。

本契約書では、当事者間において売買の基本的取り決めを行っておき、具体的な取引については、別に個別契約を締結して行います。

　代金の支払方法や時期等の共通項目については本契約書で定めていますので、個別契約で取り決める事項は、各取引によって変更される可能性のある事項となります。具体的には、品名、数量、単価や代金総額等の事項となるでしょう。

　個別契約は、契約という名称が付されていますが、必ずしも売買契約書を締結する必要はありません。通常は、買主が売主に注文書を交付し、それを受けて売主が買主に注文請書を交付することにより、個別契約が締結されています。

　商慣習上、口頭での個別契約成立を認めている業種もありますが、後日注文内容等につきトラブルとなる可能性がありますので、そのような場合でも、ＦＡＸや電子メール等を用いて証拠化しておいた方が良いでしょう。

　原則として、申込（注文）を受けても、承諾をしなければ契約は成立しません。しかし、継続的取引で売主が商人の場合、注文を受けたときに遅滞なく申込に対する諾否の通知をしなければ、申込を承諾したものとみなされるので注意が必要です（商法第509条）。

　個別契約締結の際に使用される注文書及び注文請書の書式例は次頁以下の通りです。この注文書例では、注文の際に買主が注文書と注文請書の双方を作成し、注文請書に売主が押印して返送する方法を採用しています。

売主を有利にするためには

　個別契約が成立すれば、売主は個別契約の内容に従って商品を引き渡す義務を負うことになります。仮に在庫不足によって、引渡期日までに商品を引き渡せない場合には、債務不履行による損害賠償責任を追及される危険を負うことになります。

　そのため、売主としては、本契約書例のように、注文請書を発行しなければ個別契約が成立しないとして、契約成立に至るプロセスを厳格化した方が有利になるでしょう。

買主を有利にするためには

　買主としては、注文した商品をできる限り確実かつ早期に納品できれば有

注　文　書

　　有限会社△△　　御中

平成○年○月○日

東京都　○○○○
株式会社○○　　　㊞

平成○年○月○日付継続的売買取引基本契約書に基づき、下記の通り注文致します。お引き受けの際には、別紙注文請書を押印の上ご提出下さい。

記

品　名	数量	単　価	金額（税込）	備　考
○○	○個	○円	○円	
合　計			○円	

引渡期日：平成○年○月○日
引渡場所：東京都○○

＜特約事項＞
　・
　・
　・

注 文 請 書

株式会社〇〇　　御中

平成〇年〇月〇日

東京都　〇〇〇〇
有限会社△△　　　　㊞

下記内容の平成〇年〇月〇日付注文書による注文をお受けしました。

記

品　名	数量	単　価	金額（税込）	備　考
〇〇	〇個	〇円	〇円	
合　計			〇円	

引渡期日：平成〇年〇月〇日
引渡場所：東京都〇〇

＜特約事項＞
・
・
・

利になります。

　究極的には、買主が注文を行えば、売主の承諾なしに個別契約が成立するとすれば、買主に最も有利な状態となるでしょう。しかし、これでは、どのような注文に対しても売主が対応しなければならなくなり、売主の負担が大きすぎます。そのため、通常このような契約内容では売主が契約締結に応じないでしょう。

　現実的には、以下のように注文請書という厳格な手続ではなく、口頭での承諾でも個別契約が成立するとし、一定期間以内に書面による異議がなされないときは、注文を承諾したとみなすとする方法が考えられます。

第○条（個別契約）

(1) 本件物品の品名、数量、単価、代金総額、引渡期日、引渡場所及び発注日等は、甲乙協議のうえ、個別契約で定めるものとする。

(2) 個別契約は、乙が前項の事項等を記載した注文書を甲に交付し、甲がこれを承諾することにより成立する。

(3) 甲が、前項の注文書到達後、○日以内に書面による異議を申し出ない場合には、乙の注文を承諾したものとみなす。

■第4条（代金支払）　　　　　　　　　　　　　　　　重要度★★★

　銀行振込によって代金支払を行う場合は、いざ振込を行う際に振込口座が分からないという事態を防ぐため、事前に契約書上に振込口座を記載しておいた方が良いでしょう。

　また、振込手数料の負担者についても定めておいた方がトラブル防止に役立ちます。

売主を有利にするためには

　売買契約における売主の最大のリスクは、既に納品した商品の売買代金が支払われないことです。そのため、以下のように代金先払いの約定を設けることができれば、売主は非常に有利となります。

第○条（代金支払）

　乙は、本件物品の代金を引渡期日の○日前までに、下記振込口座に振り込

んで支払う（振込手数料は乙負担）。
　○銀行○支店
　普通預金
　口座番号　○○○○○○
　口座名義　○○○○○○

　このような先払いの約定を設けることができなくとも、早期に代金支払を行ってもらえば、売主の利用できる現金が増大するため売主に有利となります。例えば、以下のようにすれば、本契約書例よりも売主に有利となります。

第○条（代金支払）
　乙は、本件物品の代金を引渡期日の属する月の末日までに、下記振込口座に振り込んで支払う（振込手数料は乙負担）。
　○銀行○支店
　普通預金
　口座番号　○○○○○○
　口座名義　○○○○○○

買主を有利にするためには

　買主としては、代金支払時期を遅らせることができれば、その期間現金を活用することができるため、その分有利になります。
　また、以下のように、検査により合格した商品についてのみ代金支払義務が発生するとすれば、不良品に対して代金を先払いする危険がなくなるため、買主に有利になります。

第○条（代金支払）
　乙は、本件物品のうち、第○条の検査に合格した物品の代金のみを検査終了後○日以内に、下記振込口座に振り込んで支払う（振込手数料は乙負担）。
　○銀行○支店
　普通預金
　口座番号　○○○○○○

継続的売買取引基本契約書の作成

口座名義　○○○○○○

■第5条（引渡）　→ 42頁参照　　　　　　　　　　　重要度★★

■第6条（検査）　→ 42頁参照　　　　　　　　　　　重要度★

■第7条（所有権）　→ 43頁参照　　　　　　　　　　重要度★★

■第8条（瑕疵担保責任）　→ 44頁参照　　　　　　　重要度★★

■第9条（危険負担）　→ 45頁参照　　　　　　　　　重要度★★

■第10条（権利の譲渡禁止）　　　　　　　　　　　　重要度★

　債権の譲渡は原則として自由に行うことができます（民法第466条1項）。しかし、債権が譲渡され、見ず知らずの者から請求を受けることになれば、法律関係が複雑化してしまうおそれがあります。

　この点、債権の譲渡禁止特約を設けておけば、その特約を知っている者又は重過失により知らない者に対して、債権譲渡の効果が存在しないと主張できるようになります。

　一方で、義務（債務）については、原則として契約の相手方の承諾なしに譲渡できません。勝手に義務を第三者に譲渡できるとすれば、権利者が不当に害されるからです。本契約書例では、義務についても承諾なしに譲渡できないと規定していますが、これは注意的な意味しか有しません。

売主を有利にするためには

　先払いや同時決済でなければ、売主は、商品を納品した後に売掛金債権を取得することになります。売主としては、この売掛金債権を第三者に譲渡するなどして早期に現金化することができれば、それだけ活用できる現金を手元に置くことができるため有利になります。

　そのため、以下のように譲渡禁止特約が売主に適用されないとすれば、売主に有利になります。

第○条（権利の譲渡禁止）
　乙は、あらかじめ甲の書面による承諾を得ないで、本契約に基づく権利、義務又は財産の全部もしくは一部を第三者に譲渡し、承継させ又は担保に供してはならない。

買主を有利にするためには

　買主としても、売買契約が締結された際には、商品の納品を受けることができるという権利を取得します。この権利を自由に譲渡することにより、早期に転売できるという利点が生じる可能性があります。
　そのため、以下のように譲渡禁止特約が買主に適用されないとすれば、買主に有利になります。

第○条（権利の譲渡禁止）
　甲は、あらかじめ乙の書面による承諾を得ないで、本契約に基づく権利、義務又は財産の全部もしくは一部を第三者に譲渡し、承継させ又は担保に供してはならない。

■第11条（通知義務）　　　　　　　　　　　　　　重要度★

　継続的売買取引では、ある程度の期間にわたり取引が行われるため、その間に法人の所在地や振込口座が変更することがあります。
　このような事実を把握していないと、郵送物が届かない、送金ができないなどの不都合が生じる可能性があります。
　そのため、一定の事項については、通知義務を設けておく方が良いでしょう。

売主を有利にするためには

　通知義務も義務である以上、課されていないに越したことはありません。そのため、売主を有利にするためには、買主だけに通知義務を課するようにしておけば良いでしょう。

第○条（通知義務）
　乙は、次の各号のいずれか一つに該当するときは、甲に対し、あらかじめ

その旨を書面により通知しなければならない。

買主を有利にするためには

売主の場合と逆に、売主のみに通知義務を課するようにすれば、買主に有利になります。

■第12条（クレーム）　　　　　　　　　　　　　　　重要度★

この条項は、第三者からクレームがなされた場合について定めています。

継続的売買の対象物が、買主から更に転売されるものである場合には、買主が転売先の第三者から本件物品の欠陥につき責任追及を受ける可能性があります。その際に、スムーズに対処できるよう、あらかじめルールを定めておいた方が良いでしょう。

なお、第三者からの責任追及は、本契約書の有効期間経過後も発生する可能性があります。そのため、本契約終了後も当事者を拘束するとの取り決めを行っておくべきでしょう。

■第13条（相殺）　　　　　　　　　　　　　　　　重要度★

この条項は、債権債務を随時、相殺により精算できることについて定めています。

継続的売買を行っている最中、売主が買主に対して債権を有することがあり得ます。その際に、速やかに相殺という手段で決済することができれば、売主としては債権回収の手間が省けて非常に簡便です。また、債権を回収できないというリスクを回避することができます。

買主を有利にするためには

本契約書例では、売主に有利な規定とされています。

買主に有利にするためには、以下のように相殺を行いうる者を買主にするとよいでしょう。

第○条（相殺）

乙は、本契約又は本契約に限らないその他の契約等に基づき乙が甲に対して負担する債務と、本契約又は本契約に限らないその他の契約等に基づき乙

が甲に対し有する債権とを、その債権債務の期限如何にかかわらず、いつでもこれを対等額において相殺することができる。

■第14条（解除及び期限の利益喪失）　➡ 46頁参照　　　重要度★★

■第15条（任意処分）　➡ 48頁参照　　　重要度★★

■第16条（守秘義務）　　　重要度★

　継続的売買取引では、契約期間が長期にわたるため、相手方の企業秘密を知る可能性があります。

　そのため、これらの企業秘密を第三者に開示してはならないという一般的な守秘義務を双方に課しておいた方が良いでしょう。

　もっとも、商品に関する企業秘密や顧客名簿等を開示する場合には、より詳細な秘密保持契約書を締結すべきでしょう（180頁参照）。また、契約締結に先立ち、企業秘密を開示しなければならないときも、事前に秘密保持契約書を締結すべきでしょう。

■第17条（損害賠償責任）　➡ 50頁参照　　　重要度★

■第18条（遅延損害金）　➡ 50頁参照　　　重要度★★

■第19条（契約期間）　　　重要度★★★

　継続的売買取引基本契約書では、一定期間にわたり継続的に売買が繰り返されることになるため、その有効期間を明確にしておく必要があります。

　本契約書例では、当事者から異議が出なければ自動延長されることとしました。

　自動延長がない場合の条項例は以下のとおりです。

第○条（契約期間）
　本契約の有効期間は、平成○年○月○日から平成○年○月○日までとする。

売主を有利にするためには

　本契約を延長するか否かの判断権限を売主のみが有すれば、それだけ売主のみ柔軟に対処することができるようになるため、売主が有利になります。
　また、異議の方法も書面に限定せず、口頭での異議でも足りるとすれば、手続の煩雑さが減ります。

第○条（契約期間）

　本契約の有効期間は、平成○年○月○日から平成○年○月○日までとし、期間満了の1ヶ月前までに甲から異議がなされないときには、本契約は期間満了の翌日から起算して、同一内容にて更に1年間延長されるものとし、それ以後も同様とする。

買主を有利にするためには

　買主を有利にするためには、売主の場合と逆に、買主のみが本契約を延長するか否かの判断権限を有するとし、異議の方法も書面に限定しなければ良いでしょう。

■第20条（反社会的勢力の排除）　→ 51頁参照　　　　　　重要度★★

■第21条（協議解決）　→ 51頁参照　　　　　　重要度★

■第22条（合意管轄）　→ 51頁参照　　　　　　重要度★★

■後文　→ 52頁参照　　　　　　重要度★★

STEP3　役に立つその他の条項

第○条（品質保証期間）　　　　　　重要度★

　甲は、乙に対して、本件物品につき、引渡日から○年間、仕様書どおりの品質性能を有することを保証し、乙の過失によらない故障につき無償で修理を行う。

品質保証期間を設けておけば、一定期間、無償修理などの要求を行うことができるようになるため、買主に有利に働きます。

第○条（残存条項） 重要度★

甲及び乙は、本契約の期間満了後、解約又は解除後においても、第○条及び第○条の義務を負う。

守秘義務条項や第三者からのクレーム条項については、契約終了後もその負担を負うべきであるため、このことを指摘する条項が設けられることがあります。

しかし、対象となる条文番号が変化したときに、残存条項で特定した条項にズレが生じることが頻繁に見られます。

そのため、残存条項は、本契約書例のようにできる限り各条文に組み入れた方が良いでしょう（第12条参照）。

第○条（解約） 重要度★

甲又は乙は、本契約有効期間中といえども、1ヶ月前までに書面をもって相手方に対して通知することにより、本契約を解約することができる。

契約が当事者間の信頼関係に基づいている場合などには、当事者の双方が自由に解約できるとの規定を設けておくことも可能です。

但し、この規定を設けると、当事者がいつでも解約できることになるため、契約の拘束力が著しく低くなります。そのため、契約書に設ける際には慎重に行うべきでしょう。

また、「甲又は乙は」とせずに、「甲は」として、当事者の一方のみに解約を認めるように工夫することもできます。

第○条（保証金） 重要度★

乙は、本契約から生ずる一切の債務及び損害賠償義務の履行を担保するため、本契約締結日に金○○万円を保証金として甲に預託する。この保証金には金利をつけず、本契約終了の際には、債務及び損害金があればこれを控除した後、乙に返却する。

売主の最大のリスクは、買主が売買代金の支払を滞らせることです。そのため、事前に一定額の保証金を獲得することができれば、このリスクを軽減させることができるため、売主に非常に有利になります。

第○条（出荷の増減）　　　　　　　　　　　　　　　　　重要度★

　甲は、乙から注文を受けた場合においても、市場の状況、乙の販売実績、乙の信用等を考慮し、出荷の増減又は停止等の措置をとることができ、乙はこれに異議を述べない。

　継続的に商品の供給を繰り返していると、売主に一定量については出荷すべきという出荷義務が解釈上生じることがあります。
　この義務に違反して出荷を止めた場合、買主から損害賠償請求を受ける可能性があります。
　そのため、出荷の増減があることを事前に規定しておけば、売主に出荷義務が認められなくなるため売主に有利になるでしょう。

第○条（連帯保証人）　　　　　　　　　　　　　　　　　重要度★

　丙は、乙の連帯保証人として、本契約により生ずる乙の甲に対する一切の債務の弁済につき、連帯して保証する。

　代金の支払につき、連帯保証人を設定すれば、代金支払の確実性が増すため、売主に有利に働きます。

第○条（準拠法）　　　　　　　　　　　　　　　　　　　重要度★

　本契約は日本法に準拠し、同法によって解釈されるものとする。

　契約当事者が日本国外の者であるときは、日本法に準拠する旨の規定をしておくべきです。
　海外の法律が適用されるとすれば、契約書が有効に機能しないおそれがあるとともに、トラブルが発生したときに海外の法律に精通した弁護士を探す手間が生じてしまうからです。

4 金銭消費貸借契約書の作成

STEP1 スピードチェック重要ポイント

収入印紙

金銭消費貸借契約書

（貸主）○○○○（以下「甲」という。）、（借主）○○○○（以下「乙」という。）及び（連帯保証人）○○○○（以下「丙」という。）は、本日次のとおり金銭消費貸借契約（以下「本契約」という。）を締結する。

第1条 （貸借）　　　　　　　　　　　　　　　　重要度★★★

　　甲は、乙に本日、金○万円を貸し渡し、乙はこれを受領した。

第2条 （借入内容）　　　　　　　　　　　　　　重要度★★★

(1) 弁済期　　　　元本については、平成○年○月から平成○年○月まで毎月末日限り各金○万円（○回払い）

　　　　　　　　　利息については、平成○年○月から平成○年○月まで毎月末日限り

(2) 利　息　　　　年○パーセント（年365日日割計算）

(3) 支払方法　　　甲の指定する下記口座に、元利金を振込送金する方法で支払う（振込手数料は乙負担）。

記

○銀行○支店
普通預金
口座番号　○○○○○○
口座名義　○○○○○○

- 連帯保証人を設定する場合には、この記載を設けます。

- 金銭消費貸借契約で一番重要な条文ですので、そのまま記載しましょう。

- 一括払いの場合と分割払いの場合があります。元本のみならず利息についても忘れずに弁済期を定めましょう。

- 念のため回数も記載しておいた方が良いでしょう。

- 利息制限法の上限利息に注意しましょう。

- トラブル防止のため振込手数料の負担者についても記載しましょう。

金銭消費貸借契約書の作成

第3条　（期限の利益喪失）　重要度★★★

(1)　乙について次の各号の事由が一つでも生じた場合には、甲からの何らの通知催告がなくても乙は期限の利益を失い、直ちに元利金を返済する。

①本契約の一つにでも違反したとき

②差押、仮差押、仮処分、強制執行、担保権の実行としての競売、租税滞納処分その他これらに準じる手続が開始されたとき

③破産、民事再生、会社更生又は特別清算の手続開始決定等の申立がなされたとき

④自ら振り出し又は引き受けた手形もしくは小切手が1回でも不渡りとなったとき、又は支払停止状態に至ったとき

⑤合併による消滅、資本の減少、営業の廃止・変更又は解散決議がなされたとき

⑥その他、資産、信用又は支払能力に重大な変更を生じたとき

⑦相手方に対する詐術その他の背信的行為があったとき

(2)　丙について次の各号の事由が一つでも生じた場合には、甲の乙に対する書面による請求により、乙は期限の利益を失い、直ちに元利金を返済する。

①破産、民事再生、会社更生又は特別清算の手続開始決定等の申立がなされたとき

②自ら振り出し又は引き受けた手形もしくは小切手が1回でも不渡りとなったとき、又は支払停止状態に至ったとき

③差押、仮差押、仮処分、強制執行、担保権の実行としての競売、租税滞納処分その他これらに準じる手続が開始されたとき

第4条　（遅延損害金）　重要度★★

乙が本契約に基づく支払を遅延したとき又は期限の利益を喪失したときは、支払期日の翌日から支払済みに至るまで、残元金に対する年14.6％の割合による遅延損害金を支払うものとする。

第5条　（連帯保証人）　重要度★

丙は、乙の連帯保証人として、本契約により生ずる乙の甲に対

余白注記：

- 分割払いや弁済期までの期間が長いときは忘れずに記載しましょう。
- 無催告で解除できるようにしています。
- 連帯保証人の資力を重視して貸した場合には、その者についても期限の利益喪失条項を設けた方が良いでしょう。
- 高い利率を設定すれば、履行遅滞を防止する効果を期待できます。
- 連帯保証人がいる場合にはこの条項を設けましょう。「連帯して」という文言が重要です。

する一切の債務の弁済につき、連帯して保証する。

第6条（反社会的勢力の排除） 重要度★★

(1) 甲及び乙は、自己又は自己の役員が、暴力団、暴力団関係企業、総会屋もしくはこれらに準ずる者又はその構成員（以下これらを「反社会的勢力」という。）に該当しないこと、及び次の各号のいずれにも該当しないことを表明し、かつ将来にわたっても該当しないことを相互に確約する。

①反社会的勢力に自己の名義を利用させること
②反社会的勢力が経営に実質的に支配していると認められる関係を有すること

(2) 甲又は乙は、前項の一つにでも違反することが判明したときは、何らの催告を要せず、本契約を解除することができる。

(3) 本条の規定により本契約が解除された場合には、解除された者は、解除により生じる損害について、その相手方に対し一切の請求を行わない。

> 各都道府県の暴力団排除条例により、事業者には暴力団関係者との契約を解除できる規定を規定する努力義務が課せられています。

第7条（協議解決） 重要度★

本契約に定めのない事項、又は本契約の解釈について疑義が生じたときは、甲、乙及び丙は誠意をもって協議のうえ解決する。

> 法的には存在しなくても良い条項ですが、紛争回避に役立つこともあるので設けておいても良いでしょう。

第8条（合意管轄） 重要度★★

甲、乙及び丙は、本契約に関し裁判上の紛争が生じたときは、訴訟額に応じ、東京簡易裁判所又は東京地方裁判所を専属的合意管轄裁判所とすることに合意する。

> 訴訟の際に役立ちますので、自己に有利な管轄の裁判所を設定しておきましょう。

> 専属的という文言を入れるようにしましょう。

　本契約締結の証として、本契約書3通を作成し、甲乙丙相互に署名又は記名・捺印のうえ、各1通を保有することとする。

平成○年○月○日

　　　　　　　　　　　　　　甲

㊞

> 三者間の契約なので、契約書も3通作るようにしましょう。

> 契約書作成日は、契約の要素にもなりますので、忘れずに必ず記載しましょう。

乙 ㊞

丙 ㊞

連帯保証人を設ける場合には、忘れずに連帯保証人の署名押印を要求しましょう。

STEP2 金銭消費貸借契約書の特徴

　金銭消費貸借契約とは、金銭を消費貸借の対象とするものです。
　平たく言えばお金の貸し借りであり、その契約書は借用証書です。
　民法第587条は、「消費貸借は、当事者の一方が種類、品質及び数量の同じ物をもって返還をすることを約して相手方から金銭その他の物を<u>受け取ることによって</u>、その効力を生ずる」と規定しています。
　ここで、金銭消費貸借契約は、金銭を<u>受け取らなければ</u>効力が生じないという契約であることに注意が必要です。そのため、第1条では「金〇万円を貸し渡し、乙は<u>これを受領した。</u>」として、金銭の受取りを明記しているのです。
　このように、契約が成立するためには物の授受が必要とされる契約を要物契約といいます。逆に、当事者の合意のみで契約が成立するものは、諾成契約といいます。
　なお、1ヶ月後にお金を渡すという契約は、金銭消費貸借契約ではなく、諾成的金銭消費貸借契約と呼ばれています。
　また、売掛債権等をまとめて一つの貸金契約書にするという契約は、お金の受渡しが存在せず、通常の金銭消費貸借契約と異なるため、準消費貸借契約と呼ばれています。

■収入印紙

　金銭消費貸借契約書には、以下の要領に従って収入印紙を貼付しなければなりません。

記載された契約金額が	
1万円未満のもの	非課税
1万円以上10万円以下のもの	200円
10万円を超え50万円以下のもの	400円
50万円を超え100万円以下のもの	1000円
100万円を超え500万円以下のもの	2000円
500万円を超え1000万円以下のもの	1万円
1000万円を超え5000万円以下のもの	2万円

5000万円を超え1億円以下のもの	6万円
1億円を超え5億円以下のもの	10万円
5億円を超え10億円以下のもの	20万円
10億円を超え50億円以下のもの	40万円
50億円を超えるもの	60万円
契約金額の記載がないもの	200円

■タイトル

　契約書のタイトルは、その契約の内容を一目で把握させるために設けられています。

　記載例では「金銭消費貸借契約書」としましたが、以下のような記載でも構いません。タイトルは通常法的意味を有しないので、特に神経質になる必要はありません。

「借用証書」
「貸金契約」
「覚書」

■前文　　　　　　　　　　　　　　　　　　　　　重要度★★

　前文は、契約当事者の特定、契約内容の特定等のために設けられています（詳細については38頁参照）。

　当事者が貸主と借主しか存在しない通常の金銭消費貸借契約では、前文は以下のようになります。

> （貸主）○○○○（以下「甲」という。）と（借主）○○○○（以下「乙」という。）は、本日次のとおり金銭消費貸借契約（以下「本契約」という。）を締結する。

　ちなみに、連帯保証人が2人いる場合の前文は以下のようになります。

> （貸主）○○○○（以下「甲」という。）、（借主）○○○○（以下「乙」という。）、（連帯保証人）○○○○（以下「丙」という。）及び（連帯保証人）

○○○○（以下「丁」という。）は、本日次のとおり金銭消費貸借契約（以下「本契約」という。）を締結する。

この場合には、連帯保証人の条項も、以下のように変化しますので注意しましょう。また、連帯保証人２名の署名押印が必要となります。

第○条（連帯保証人）
　丙及び丁は、乙の連帯保証人として、本契約により生ずる乙の甲に対する一切の債務の弁済につき、連帯して保証する。

■第１条（貸借）　　　　　　　　　　　　　　　　　　　重要度★★★
　金銭消費貸借契約は契約が成立するためには物の授受が必要とされる契約、すなわち要物契約です。
　そのため第１条では、金銭を貸し渡したことに加え、それを受領したことを記載しています（乙はこれを受領した）。
　この条項は、金銭消費貸借契約において根幹をなす重要なものですので、このまま記載して下さい。
　売掛金など既に発生している債務を合意により金銭消費貸借契約の目的とする契約は、準消費貸借契約といわれます。この場合には、タイトルを「準消費貸借契約書」として、第１条を以下のとおり変更することで足ります。
　ただし、消費貸借の目的とする債務については、できる限り特定する必要があります。未払売掛金債務について契約書が存在するときには、「平成○年○月○日付継続的売買取引基本契約書に基づく未払売掛金債務」というように特定を行うべきです。また、別紙で売掛金一覧を添付しても良いでしょう。

第○条（準消費貸借）
　(1)　乙は、甲に対して、本日現在、○○の取引に関する未払売掛金債務として金○万円の支払義務があることを確認する。
　(2)　甲及び乙は、前項の債務を消費貸借の目的とすることに合意する。

■第２条（借入内容）　　　　　　　　　　　　　　　　　重要度★★★

この条項は、弁済期や利息などの金銭消費貸借契約の主要な事項を定めています。

契約書によっては、これらの事項が別々の条項で規定されていることもありますが、契約書の冒頭にまとめておいた方が、契約内容を把握しやすいでしょう。

■ (弁済期)　　　　　　　　　　　　　　　　　　　　　重要度★★★

弁済期は、元本のみならず利息についても定めておくべきです。

本契約書例では、元本につき均等額の分割払いの規定を行っています。仮に、均等額の支払を行わない場合、以下のようになります。

> 元本については、以下のとおり支払を行う。
> ①平成○年○月から平成○年○月まで、毎月末日限り各金○万円
> ②平成○年○月から平成○年○月まで、毎月末日限り各金△万円
> ③平成○年○月○日限り金□万円

また、利息については毎月支払を行い、元本については一括払いの場合には、以下のようになります。

> 元本については、平成○年○月○月限り一括
> 利息については、平成○年○月から平成○年○月まで毎月末日限り

なお、当事者間で合意がない場合で、債務者が債務の全部を消滅するに足りない弁済を行ったときは、①費用、②利息、③元本の順に充当されます(民法第491条)。

■ (利息)　　　　　　　　　　　　　　　　　　　　　　重要度★★

金銭消費貸借契約における利息については、以下のとおり利息制限法の適用があり、上限利息が定められています。

元本が10万円未満の場合	年20%
元本が10万円以上100万円未満の場合	年18%

元本が100万円以上の場合	年15％

　上限利息を超える利息を定めていたとしても、上限利息を超える部分については無効となります。そして、上限利息を超えて支払がなされたときは、当然に残元本に充当されることになります。

　なお、一定以上の高金利の貸付けに対しては、出資の受入れ、預り金及び金利等の取締りに関する法律（出資法）に処罰規定が設けられています。

　出資法第5条1項によれば、金銭の貸付けを行う者が年109.5％を超える割合による利息の約定をしたときには、5年以下の懲役もしくは1000万円以下の罰金に処し、又は併科するとされています。

　そして、出資法第5条2項によれば、金銭の貸付けを業として行う者が年20％を超える割合による利息の約定をしたときには、5年以下の懲役もしくは1000万円以下の罰金に処し、又は併科するとされています。

　そのため、むやみに高金利の約定をしてはなりません。

　利息の記載をしなかった場合でも、商人間の金銭消費貸借契約には、商事法定利率の年6％の利息を請求できます（商法第513条、第514条）。

　ちなみに、年365日日割計算という記載は、閏年も含め、1年間を365日として計算を行うというものです。

■（支払方法）　重要度★★

　返済金の支払は、現金交付か銀行振込によって行われることが多いでしょう。銀行振込の場合には、振込手数料の負担者についても定めておいた方がトラブル防止に役立ちます。

　現金交付の場合には、その都度忘れずに領収書をもらいましょう。

■第3条（期限の利益喪失）　重要度★★★

　期限の利益とは、期限が到来するまでは請求を受けないという利益をいいます。

　分割払いの約定をしていた場合、借主の信用状況が悪化したとしても、分割払いの約定に従い現段階で請求できる金額しか、借主に請求できません。そのため、借主の経済状況が悪化していたとしても、弁済期を待つほかないという状態になりかねません。

このような状況に対処するために設けられるのが、期限の利益喪失条項です。期限の利益喪失条項が設けられていれば、借主に一定の事項が生じたときに、期限の利益を喪失させ、一括返済を求めることができるようになります。

本契約書例では、期限の利益を喪失させる条件を数個あげておきましたが、これ以外にも思いつく条件がありましたら記載しておいた方が良いでしょう。但し、記載した条件が不明確であると、後にトラブルが生じることになりかねませんので、できる限り明確な条件にすべきでしょう。

具体例として、以下のような条件も考えられます。

・監督官庁から営業停止又は営業免許もしくは営業登録の取消し等の処分を受けたとき
・災害、労働争議等、本契約の履行を困難にする事項が生じたとき

なお、本契約書例では、連帯保証人に一定の事項が生じたときにも期限の利益を喪失させる条項を設けました。連帯保証人を設けないときには、この条項を削除して用いて下さい。

貸主を有利にするためには

期限の利益喪失条項は、貸主保護のために設けられています。そのため、できる限り多く期限の利益を喪失する条件を盛り込むことができれば、それだけ貸主に有利になります。

借主を有利にするためには

上記のとおり、期限の利益喪失条項は貸主保護の規定ですから、削除することができれば、借主は有利になります。

しかし、金銭消費貸借契約において、期限の利益喪失条項は非常に重要な規定ですので、削除させることは難しいでしょう。

削除させることができない場合には、まず期限の利益を喪失する条件をできる限り減らすよう努めることになります。また、曖昧な条件があると、思いがけないときに期限の利益を喪失したと主張されかねないので、できる限り条件を明確にするよう求めましょう。

また、期限の利益を喪失させる手続を厳格化させることができれば、それだけ借主に有利になります。具体的には、以下のように書面による通知を要

求する方法があげられます。

> 第○条（期限の利益の喪失）
> (1) 乙について次の各号の事由が一つでも生じた場合には、甲の書面による通知により、乙は期限の利益を失い、直ちに元利金を返済する。

また、うっかり支払を遅滞した場合にも「①本契約の一つにでも違反したとき」として期限の利益を喪失されてしまうことは、借主にとって酷な状況といえるでしょう。そのため、「①本契約の一つにでも違反したとき」について、以下のように、ある程度の猶予を認めてもらえば、借主に有利になります。

> 第○条（期限の利益の喪失）
> (1) 乙について次の各号の事由が一つでも生じた場合には、甲からの何らの通知催告がなくても乙は期限の利益を失い、直ちに元利金を返済する。但し、乙が債務の支払を怠ったときは、その額が○万円を超えたときに限り、乙は期限の利益を失う。

> 第○条（期限の利益の喪失）
> (1) 乙について次の各号の事由が一つでも生じた場合には、甲からの何らの通知催告がなくても乙は期限の利益を失い、直ちに元利金を返済する。但し、①については、甲の書面による通知により、乙に対し7日間の猶予をもって改善を促したにもかかわらず、改善がなされない場合に限り、乙は期限の利益を失う。

■第4条（遅延損害金） 重要度★★

金銭消費貸借契約では、遅延損害金の上限利率も利息制限法により規定されています。

利息制限法によれば、上限利率の1.46倍を超える場合に無効としているので、遅延損害金の上限利率は以下のとおりになります。

元本が 10 万円未満の場合	年 29.2%
元本が 10 万円以上 100 万円未満の場合	年 26.28%
元本が 100 万円以上の場合	年 21.9%

■第5条（連帯保証人） 重要度★

　連帯保証とは、主たる債務者（借主）と連帯して債務を負担する保証形態をいいます。

　つまり、連帯保証人は、借主と同じように、貸主から債務の返済を請求される立場にあるのです。

　貸主とすれば、借主に資力がなくなったとしても、連帯保証人から債権の回収を行うことができます。そのため、連帯保証人を設定した金銭消費貸借契約は、貸主にとって非常に有利なものといえます。

　ですから、お金をどうしても貸さなければならない状況になったときは、できる限り連帯保証人を要求した方が良いでしょう。

　なお、よくある誤解として、会社にお金を貸した場合に、代表者個人にも貸金の請求ができると考えていることがあります。しかし、法人形態の会社と代表者という個人は、法律上全く別の人格です。そのため、代表者の資力をあてにして法人にお金を貸す場合には、代表者個人を連帯保証人にしなければなりません。

　保証人には、「連帯保証人」の他に単なる「保証人」も存在します。

　一般的に保証人といえば連帯保証人を意味しますが、連帯保証人は単なる保証人の特殊形態です。

　単なる保証人は、連帯保証人と異なり、催告・検索の抗弁権が認められているという特徴があります。

　催告の抗弁権とは、保証人ではなく、まず借主に請求して下さいと主張できる権利をいいます。また、検索の抗弁権とは、まず借主の財産に強制執行を行って下さいと主張できる権利をいいます。

　貸主が保証人に対し請求を行う場合というのは、借主が返済を滞らせているという緊急的状態であることが通常です。そのようなときに、保証人から催告・検索の抗弁権を主張され、それに対応しなければならないとすれば、他の債権者に先を越されかねません。

　そのため、通常の金銭消費貸借契約においては、単なる保証人ではなく、

催告・検索の抗弁権が認められない連帯保証人を要求するのです。

連帯保証であることは、本条項の「連帯して」という記載で明らかにされています。

第○条（連帯保証人）

丙は、乙の連帯保証人として、本契約により生ずる乙の甲に対する一切の債務の弁済につき、連帯して保証する。

■第6条（反社会的勢力の排除） 重要度★★

各都道府県では、暴力団排除条例により、事業者が事業にかかる契約を書面によって締結する場合には、相手方等が暴力団関係者であることが判明した際に、無催告で契約を解除できる条項を入れるべき努力義務が課せられています。これは努力義務であるため、仮に暴力団排除に関する条項が契約書に存在しなかったとしても罰則等を受けるものではありません。

しかし、暴力団関係者が取引の相手方と判明した際に契約を解除できることは、自らの身を守る規定となりますので、原則として規定しておくべきでしょう。

なお、会社の取締役や執行役が借主で、その会社が連帯保証人となるときは利益相反取引にあたるため、取締役会（取締役会設置会社以外の会社では株主総会、以下同じ。）の承認を得なければなりません（会社法第356条1項、365条、419条2項）。

この承認が行われていない場合、連帯保証契約が無効となる可能性があります。そのため、貸主としては、この手続きが適切に行われたことを契約書上で確認するとともに、議事録の写しを金銭消費貸借契約書に添付すべきでしょう。

その場合には連帯保証人の条項に、以下のように第2項を設けることになります。この条項の乙は取締役であり、丙はその会社を意味しています。

---

(2) 丙は、乙が丙の取締役であり、前項の連帯保証に関し、丙の取締役会において会社法第356条1項に定める承認を得たことを確約し、その旨が記載された取締役議事録写しを本契約書に添付する。

■第7条（協議解決） 重要度★

　三者間の契約ですので、当事者の記載も甲乙丙の三者としましょう。その他の詳細は51頁参照。

■第8条（合意管轄） 重要度★★

　三者間の契約ですので、当事者の記載も甲乙丙の三者としましょう。その他の詳細は51頁参照。

■後文 重要度★★

　三者間の契約ですので、当事者の記載も甲乙丙の三者とし、契約書も3通作りましょう。その他の詳細は52頁参照。

STEP3　その他の役立つ条項

第○条（保証）　重要度★

乙は、甲に対し、本契約締結日において、以下の事実を保証する。
(1) 乙が甲に提出した、平成○年○月○日付貸借対照表及び損益計算書には誤りがなく、これらに記載されていない乙の債務は存在しない。
(2) 下記以外の乙を当事者とする民事訴訟、民事執行、民事保全又は公租公課の滞納処分等の強制徴収手続は存在せず、今後これらの手続が発生する蓋然性はない。
①東京地方裁判所平成○年（ワ）第○○号
②・・・

　多額の貸付けを行う場合には、事前に貸付けの判断を慎重に検討することになります。

　その際に提出される決算書等の資料に誤りがある、又は簿外債務が存在するような場合には、貸付けの判断を誤りかねません。そのため、保証条項を設け、貸付けの判断材料の正確性を担保しても良いでしょう。

第○条（債権譲渡禁止） 重要度★

甲は、本契約に基づき発生した債権を乙の事前の書面による承諾なく、第三者に譲渡してはならない。

　債権の譲渡は原則として自由に行うことができます（民法第466条1項）。しかし、債権が譲渡され、見ず知らずの者から請求を受けることになれば、法律関係が複雑化してしまうおそれがあります。
　この点、債権の譲渡禁止特約を設けておけば、その特約を知っている者又は重過失により知らない者に対して、債権譲渡の効果は存在しないと主張できるようになります。

第○条（公正証書） 重要度★

乙は、甲の要請があったときは、本契約の債務につき強制執行認諾文言付き公正証書の作成に応じなければならない。

　原則として金銭の支払債務については、強制執行認諾文言付き公正証書の作成によって、裁判によらずして強制執行を行うことができるようになります（24頁参照）。
　そのため、代金の支払義務について強制執行認諾文言付き公正証書を作成すれば、売主が飛躍的に有利になります。

第○条（準拠法） 重要度★

本契約は日本法に準拠し、同法によって解釈されるものとする。

　契約当事者が日本国外の者であるときは、日本法に準拠する旨の規定をしておくべきです。
　海外の法律が適用されるとすれば、契約書が有効に機能しないおそれがあるとともに、トラブルが発生したときに海外の法律に精通した弁護士を探す手間が生じてしまうからです。

5 業務委託契約書の作成

STEP1 スピードチェック重要ポイント

業務委託契約書

(委託者)○○○○(以下「甲」という。)と(受託者)○○○○(以下「乙」という。)は、以下のとおり業務委託契約(以下「本契約」という。)を締結する。

第1条 (委託業務) **重要度★★★**

甲は、乙に対して、以下の業務(以下「本件業務」という。)を委託し、乙はこれを受託する。

① ○○
② ○○
③ これらに付随する一切の業務

第2条 (委託料) **重要度★★★**

(1) 本契約の委託料は、月額金○○万円とする。
(2) 甲は、乙に対し、翌月末日までに当月の委託料を下記振込口座に振り込んで支払う(振込手数料は甲負担)。

　　　　　○○銀行○○支店
　　　　　普通預金
　　　　　口座番号　○○○○○○
　　　　　口座名義　○○○○○○

第3条 (報告) **重要度★★**

乙は、本件業務の履行の状況に関して、甲からの請求があったときには、その状況につき直ちに報告しなければならない。

※ この時点で略語に置き換えた方が良いでしょう。

※ 委託業務の内容を定める、業務委託契約の主要な条項です。

※ 念のため、包括的な規定を設けておくべきです。

※ 委託業務の対価を定める、業務委託契約の主要な条項です。

※ トラブル防止のため振込手数料の負担者についても記載しましょう。

※ 委託者が常に受託者の様子を把握できるようにしておくべきです。

第4条 （通知義務） 重要度★

甲及び乙は、次の各号のいずれか一つに該当するときは、相手方に対し、あらかじめその旨を書面により通知しなければならない。

① 法人の名称又は商号の変更
② 振込先指定口座の変更
③ 代表者の変更
④ 本店、主たる事業所の所在地又は住所の変更

> 業務委託契約では、ある程度の期間にわたり契約関係が継続するので、一定の事項には通知義務を課しておいた方が良いでしょう。

第5条 （相殺） 重要度★

甲は、本契約又は本契約に限らないその他の契約等に基づき甲が乙に対して負担する債務と、本契約又は本契約に限らないその他の契約等に基づき甲が乙に対し有する債権とを、その債権債務の期限如何にかかわらず、いつでもこれを対等額において相殺することができる。

> 債権回収のリスクを軽減させるための条項です。

第6条 （再委託禁止） 重要度★★

乙は、本件業務の全部又は一部を第三者に再委託することはできない。但し、甲乙協議のうえ、甲が書面による再委託の許可をした場合に限り、乙は本件業務の再委託をすることができる。この場合、乙は、再委託を行った第三者に起因する一切の損害を賠償する義務を負う。

> 受託者だけに委託業務を行って欲しいときには、この規定を設けるべきです。

第7条 （解除及び期限の利益喪失） 重要度★★

(1) 甲又は乙が以下の各号のいずれかに該当したときは、相手方は催告及び自己の債務の履行の提供をしないで直ちに本契約の全部又は一部を解除することができる。なお、この場合でも損害賠償の請求を妨げない。

① 本契約の一つにでも違反したとき
② 監督官庁から営業停止又は営業免許もしくは営業登録の取消し等の処分を受けたとき
③ 差押、仮差押、仮処分、強制執行、担保権の実行としての競売、租税滞納処分その他これらに準じる手続が開始されたとき

> 業務委託契約では、契約期間がある程度長期にわたるため、設けておいた方が良いでしょう。

> 無催告かつ自己の債務の履行をしないで、解除できるように規定しています。

④破産、民事再生、会社更生又は特別清算の手続開始決定等の申立がなされたとき

⑤自ら振り出し又は引き受けた手形もしくは小切手が1回でも不渡りとなったとき、又は支払停止状態に至ったとき

⑥合併による消滅、資本の減少、営業の廃止・変更又は解散決議がなされたとき

⑦災害、労働争議等、本契約の履行を困難にする事項が生じたとき

⑧その他、資産、信用又は支払能力に重大な変更を生じたとき

⑨相手方に対する詐術その他の背信的行為があったとき

(2) 甲が前項各号のいずれかに該当した場合甲は当然に本契約及びその他乙との間で締結した契約から生じる一切の債務について期限の利益を失い、甲は乙に対して、その時点において甲が負担する一切の債務を直ちに一括して弁済しなければならない。

> 本契約のみならず、他の契約の債務についても期限の利益喪失を認めた方が良いでしょう。

第8条 （守秘義務） 重要度★

(1) 甲及び乙は、本契約期間中はもとより終了後も、本契約に基づき相手方から開示された情報を守秘し、第三者に開示してはならない。

(2) 前項の守秘義務は以下のいずれかに該当する場合には適用しない。

①公知の事実又は当事者の責めに帰すべき事由によらずして公知となった事実

②第三者から適法に取得した事実

③開示の時点で保有していた事実

④法令、政府機関、裁判所の命令により開示が義務付けられた事実

> 業務委託契約では、相手方の企業秘密を知ることがあるため、守秘義務を課しておいた方が良いでしょう。

> 本契約終了後にも効力が存続することも規定すべきでしょう。

第9条 （損害賠償責任） 重要度★

甲又は乙は、解除、解約又は本契約に違反することにより、相手方に損害を与えたときは、その損害の全て（弁護士費用を含む）を賠償しなければならない。

> 賠償額を予定すれば、民法等の賠償規定を超えた賠償額を得ることができます。

第10条（遅延損害金） 重要度★★

甲が本契約に基づく金銭債務の支払を遅延したときは、支払期日の翌日から支払済みに至るまで、年14.6％の割合による遅延損害金を支払うものとする。

> 高い利率を設定すれば、履行遅滞を防止する効果を期待できます。

第11条（契約期間） 重要度★★★

本契約の有効期間は、平成○年○月○日から平成○年○月○日までとし、期間満了の1ヶ月前までに甲乙いずれからも書面による異議がなされないときには、本契約は期間満了の翌日から起算して、同一内容にて更に1年間延長されるものとし、それ以後も同様とする。

> 業務委託契約においては、その契約期間を定めておくことが必要です。

> 自動延長が規定されています。

第12条（契約終了後の処理） 重要度★

(1) 甲及び乙は、本契約が終了したときは、互いに既に確定した債権債務について、速やかにこれを清算するものとする。

(2) 乙は、本契約が終了した場合、直ちに本件業務を中止し、甲に対して事務の引き継ぎを行い、本契約に基づき預託・貸与された事務処理マニュアル等の物品（本契約に基づき提供されたデータ類及びこれらが記録された電子媒体等を含む）を、速やかに甲の指示に基づき返還ないし破棄するものとする。

(3) 乙は、本契約が終了した以降、甲の商標等を使用するなど、第三者から甲又は甲の業務を受託した者と誤認されるような行為をしてはならない。

> 業務委託契約では、マニュアルやデータ等を交付していることがあるので、終了時の取り決めを定めておいた方が良いでしょう。

第13条（反社会的勢力の排除） 重要度★★

(1) 甲及び乙は、自己又は自己の役員が、暴力団、暴力団関係企業、総会屋もしくはこれらに準ずる者又はその構成員（以下これらを「反社会的勢力」という。）に該当しないこと、及び次の各号のいずれにも該当しないことを表明し、かつ将来にわたっても該当しないことを相互に確約する。

①反社会的勢力に自己の名義を利用させること

②反社会的勢力が経営に実質的に支配していると認められる関係を有すること

> 各都道府県の暴力団排除条例により、事業者には暴力団関係者との契約を解除できる規定を規定する努力義務が課せられています。

(2) 甲又は乙は、前項の一つにでも違反することが判明したときは、何らの催告を要せず、本契約を解除することができる。

(3) 本条の規定により本契約が解除された場合には、解除された者は、解除により生じる損害について、その相手方に対し一切の請求を行わない。

第14条（協議解決） 重要度★

本契約に定めのない事項、又は本契約の解釈について疑義が生じたときは、甲乙誠意をもって協議のうえ解決する。

> 法的には存在しなくても良い条項ですが、紛争回避に役立つこともあるので設けておいても良いでしょう。

第15条（合意管轄） 重要度★★

甲及び乙は、本契約に関し裁判上の紛争が生じたときは、訴訟額に応じ、東京簡易裁判所又は東京地方裁判所を専属的合意管轄裁判所とすることに合意する。

> 訴訟の際に役立ちますので、自己に有利な管轄の裁判所を設定しておきましょう。

> 専属的という文言を入れるようにしましょう。

本契約締結の証として、本契約書2通を作成し、甲乙相互に署名又は記名・捺印のうえ、各1通を保有することとする。

平成○年○月○日

甲

㊞

乙

㊞

> 契約書作成日は、契約の要素にもなりますので、忘れずに必ず記載しましょう。

STEP2 業務委託契約書の特徴

　業務委託契約とは、ある一定の業務の遂行を第三者に委託する契約をいいます。

　経理、集金、警備、清掃、発送、データ登録、顧客獲得及び商品管理など幅広い分野で用いることができるため、企業のアウトソーシング化とともに需要が増えている契約形態です。

　法律的には、委任契約や請負契約などの性格を有しています。

　このように、業務委託契約は守備範囲の広い契約です。もっとも、何でも業務委託契約書で対応するのではなく、当事者間で物品の売買がなされる場合には売買契約書を、雇用の性格が強いときには雇用契約書を用いた方が良いでしょう。

■収入印紙

　継続的取引の基本となる業務委託契約書には、原則として4000円の収入印紙を貼付しなければなりません。但し、3ヶ月以内の期間で終了する契約（更新の規定があり契約期間が3ヶ月を超える可能性のあるものは除く）については、印紙の貼付は不要となります。

■タイトル

　契約書のタイトルは、その契約の内容を一目で把握させるために設けられています。

　記載例では「業務委託契約書」としましたが、以下のような記載でも構いません。タイトルは通常法的意味を有しないので、特に神経質になる必要はありません。

「駐車場管理契約書」
「発送業務委託契約書」
「データ登録に関する覚書」

■前文　　　　　　　　　　　　　　　　　　　　重要度★★

　前文は、契約当事者の特定、契約内容の特定等のために設けられています

(詳細については 38 頁参照)。

■第 1 条（委託業務） 重要度★★★

　この条項は、委託業務の内容を定めています。

　業務委託契約書の重要事項は、委託する業務の内容と、それに対する委託料の規定です。

　そのため、委託する業務については、できる限り詳細に取り決めを行っておいた方が良いでしょう。場合によっては、「委託業務は別紙のとおり」として、委託業務の詳細を記した別紙を本契約書に添付するという方法で特定しても良いでしょう。

　委託業務を定める際には、最後に「これらに付随する一切の業務」という包括的な規定を加えておきます。当初予想していた業務以外の付随業務が生じることが往々にしてあるからです。

■第 2 条（委託料） 重要度★★★

　委託料の規定は、受託者の最大の関心事です。

　それゆえ、曖昧な点を残さず、全て明確に契約書に記載しておきましょう。

　本契約書例では、月額固定の委託料としましたが、実際の業務委託契約においては、時給制や成功報酬制など、様々な取り決めがなされることが想定されます。

　時給制の記載例としては以下のようなものが考えられます。この場合には、誰が何の業務を何時から何時まで行ったのかを明らかにした報告書の提出がなされる必要があります。

第○条（委託料）
(1)　本契約の委託料は、本件業務に携わった者 1 人当たり時給 1000 円とする。

第○条（報告）
(1)　乙は、甲所定の報告書により、毎月末日に業務報告を行わなければならない。

成功報酬制の記載例としては以下のようなものが考えられます。1つ成功するごとに一定額の報酬が支払われる契約形態の場合、締め日（委託料を算定する基準日）と支払日を設ける必要があります。

第○条（委託料）
(1) 本契約の委託料は、顧客を1名獲得するごとに金○万円とする。
(2) 甲は、乙に対し、当月末日締め、翌月末日払いの方法により、委託料を下記振込口座に振り込んで支払う（振込手数料は甲負担）。
○○銀行○○支店
普通預金
口座番号　○○○○○○
口座名義　○○○○○○

■第3条（報告）　　　　　　　　　　　　　　　重要度★★

　委託者は、受託者が適切に委託業務を行っているのか常に配慮しなければなりません。これは、業務の成果にかかわらず、一定額の委託料を支払う契約形態の場合に強く求められます。
　成功報酬制の契約形態をとっている場合には、さほど受託者の業務遂行過程につき目を光らせる必要はありません。しかし、この場合でも委託者の名称を勝手に用い、委託者の信用を害するような強引な業務遂行を行うことも考えられます。
　そのため、委託者としては、できる限り受託者の業務遂行状況を把握できるようにしておくべきでしょう。

■委託者を有利にするためには

　報告規定は、委託者が受託者の業務遂行状況を把握するという、委託者の利益を図るための規定です。
　そのため、委託者としては、できる限り頻繁に受託者から報告を受ける体制を整えておくべきでしょう。
　具体的には、本契約書例のように、委託者の請求に応じて受託者が報告を行うこととともに、定期的に受託者から報告がなされるようにしておくべきです。

第○条（報告）
(1) 乙は、甲に対し、甲所定のフォームに従い、業務従事者及び業務時間等を記入したうえ、営業日終了後毎日、甲宛てに電子メールにより送信しなければならない。
(2) 乙は、本件業務の履行の状況に関して、甲からの請求があったときには、その状況につき直ちに報告しなければならない。

受託者を有利にするためには

報告規定は、委託者のために設けられている規定です。

そして、受託者としては、報告を行うたびに時間と手間を要することになります。

そのため、受託者としては報告規定を削除できるのであれば、その分報告を行う負担が減るため有利になります。

もっとも、業務委託契約が委任契約の性格を帯びている場合には、報告条項を削除しても、受託者には民法により報告義務が課されています（民法第645条）。そこで、以下のように報告義務を負わないと規定することにより、民法による報告義務も負わないようにすべきです。

第○条（報告）
乙は、甲に対して、一切の報告義務を負わない。

■第4条（通知義務） → 70頁参照　　　　　　　　　重要度★

■第5条（相殺） → 71頁参照　　　　　　　　　　　重要度★

■第6条（再委託禁止）　　　　　　　　　　　　　　重要度★★

業務委託契約は、通常、受託者の業務遂行能力を信頼して契約されるものです。

ところが、受託者が委託業務を第三者に再委託した場合、委託者としては当初予定していた業務遂行の満足を得られない可能性があります。また、受託者を十分監視することができなくなってしまうおそれもあります。

そのため、受託者に責任を持って委託業務を遂行してもらうという委託者

の期待を保護するために、再委託禁止条項を定めておく必要があります。

このように、再委託禁止条項は、委託者を保護することを目的としているので、委託業務を誰が行っても構わないときにはこの条項を設ける必要はありません。

受託者を有利にするためには

上記のとおり、再委託禁止条項は、委託者を保護する規定です。

その一方で、受託者としては、自由に再委託ができなくなれば、受託者自身が委託業務を処理するだけの人員を抱えなければならないという負担を強いられます。

そのため、受託者としては、再委託禁止条項を削除することができれば、それに越したことはありません。

しかし、削除できないにしても、以下のように一定の場合には再委託をすることができるとしておけば、受託者の業務遂行の円滑化が図れるでしょう。

第〇条（再委託禁止）

乙は、本件業務を再委託することにつき、甲の定めた期限を遵守するためなど正当な理由がある場合に限り、本件業務の全部又は一部を第三者に再委託することができる。

■第7条（解除及び期限の利益喪失）　重要度★★

基本的には動産売買契約書の箇所で行った解説と同様です（45頁参照）。

但し、業務委託契約の場合、金銭を支払う者が委託者であるため、期限の利益喪失条項は、甲の期限の利益について定めなければいけないことに注意しましょう。

■第8条（守秘義務）　→72頁参照　重要度★

■第9条（損害賠償責任）　→49頁参照　重要度★

■第10条（遅延損害金）　→50頁参照　重要度★★

■第11条（契約期間） ➡ 72頁参照　　　重要度★★★

■第12条（契約終了後の処理）　　　重要度★

　業務委託契約終了時に債権債務の精算を行うことは当然のことですが、当事者の一方が精算をなかなか行わないことがあるので、注意的に規定しています。

　業務委託契約のような継続的取引においては、委託業務遂行のために事務処理マニュアルや顧客名簿などを交付していることがあります。

　これらの資料には、委託者の企業秘密が含まれていることがあります。そのため、委託者としては、業務委託契約が終了したときには、これらの資料を返却してもらう必要があります。また、返却できない資料については、破棄してもらう必要があります。

　もっとも、この点について詳細に取り決めを行いたい場合には、別途秘密保持契約書を締結して対処すべきでしょう（180頁参照）。

　また、委託業務遂行のために、受託者に特定の商標の使用を許可していた場合などには、引き続き受託者がその商標等を使用することにより、契約終了後も受託者が委託者と関連していると誤解させる可能性があります。そのため、受託者がこのような行為を行わないよう、注意を促しておく必要があります。

■第13条（反社会的勢力の排除） ➡ 51頁参照　　　重要度★★

■第14条（協議解決） ➡ 51頁参照　　　重要度★

■第15条（合意管轄） ➡ 51頁参照　　　重要度★★

■後文 ➡ 52頁参照　　　重要度★★

STEP3 役に立つその他の条項

> **第○条（保証金）** 重要度★
>
> 　乙は、本契約から生ずる一切の債務及び損害賠償義務の履行を担保するため、本契約締結日に金○○万円を保証金として甲に預託する。この保証金には金利をつけず、本契約終了の際には、債務及び損害金があればこれを控除した後、乙に返却する。

　業務委託契約においては、受託者が身勝手な行為を行うことにより、委託者が第三者から損害賠償請求を受けることがあります。
　そのような場合に保証金を取得していれば、この損害賠償金に充てることができるため、委託者に非常に有利になります。また、保証金を担保に入れているため、受託者としても無謀な業務遂行を行いにくいという効果も期待できます。

> **第○条（権利の譲渡禁止等）** 重要度★
>
> 　甲及び乙は、あらかじめ相手方の書面による承諾を得ないで、本契約に基づく権利、義務又は財産の全部又は一部を第三者に譲渡し、承継させ又は担保に供してはならない。

　委託料請求権を第三者に譲渡されてしまうと、見知らぬ第三者から請求を受けるなどして、法律関係が複雑化することがあります。
　そのため、譲渡等の禁止規定を設けておいても良いでしょう。
　また、業務委託に付随して物品の売買が行われるとき、高価な機材を使用させている場合などは、勝手に物品や機材を処分したり担保に入れたりしないよう、この規定を設けて、注意を促しても良いでしょう（詳細については69頁参照）。

> **第○条（善管注意義務）** 重要度★
>
> 　乙は、本件委託業務の本旨に従い、甲のために善良なる管理者の注意を払い、本件委託業務を処理する。

業務委託が委任関係にあれば、民法の規定により受託者に善良なる管理者の注意義務が課されます（民法第644条）。

　もっとも、受託者に注意を喚起するために、敢えて善管注意義務規定を設けても良いでしょう。

第○条（立入検査）　　　　　　　　　　　　　　　　　　　　　重要度★

(1) 甲は、乙の事前の同意を得たうえ、乙の事務所又は営業所等に立ち入り、本件業務の品質等を維持するために必要な事項につき検査することができる。但し、乙の事前の同意を得る方法では、検査の目的を達成することができないときは、時間や手段等に配慮したうえ、乙の事前の同意なしに立入検査を行うことができる。

(2) 前項により、甲が改善の必要性を認識し、乙に対して改善を要求した事項については、乙は、直ちにその要求に従わなければならない。

　委託者としては、受託者に杜撰な業務を行われては困ります。そのため、受託者の業務遂行状況を監視し、指導できる状態にしておくことが必要となります。

　その一手段として立入検査条項があります。

　もっとも、立入検査は、受託者のプライバシーを害することになりかねません。そのため、その手段や方法については、建造物侵入等の違法行為とならないよう十分配慮すべきでしょう。

第○条（競業避止）　　　　　　　　　　　　　　　　　　　　　重要度★

　乙は、甲の事前の書面による承諾なしに、本契約に基づく業務を除き本契約期間中及び本契約終了後2年間は、○○県内において、本件業務と同一又は類似のシステムを使用した業務を行ってはならない。

　委託者が企業秘密のノウハウなどを受託者に伝えた上で、業務を委託する際には、契約終了後にそのノウハウを用いて競業行為を行わないように定めておく必要があります。

　もっとも、通常、受託者は多くの企業から業務委託を受けたいと考えますので、競業避止規定を契約書に入れたがらないでしょう。

第○条（解約） 重要度★

甲又は乙は、本契約有効期間中といえども、1ヶ月前までに書面をもって相手方に対して通知することにより、本契約を解約することができる。

　契約が当事者間の信頼関係に基づいている場合などには、当事者の双方が自由に解約できるとの規定を設けておくことも可能です。
　但し、この規定を設けると、いつでも解約できることになるため、契約の拘束力が著しく低くなります。そのため、契約書に設ける際には慎重に行うべきでしょう。
　また、「甲又は乙は」とせずに、「甲は」として、当事者の一方のみに解約権を認めるように工夫することもできます。

第○条（第三者に対する損害） 重要度★

(1) 乙が、本契約履行上、乙の責めに帰すべき事由により、第三者に損害を与えた場合は、乙は自らの費用及び責任において損害を賠償し、甲には何らの迷惑又は損害を及ぼさないものとする。但し、その処理については、甲乙協議のうえ行うものとする。
(2) 乙は、本契約の終了後においても、前項に定める賠償責任を免れることはできないものとする。

　受託者の不祥事により委託者が責任追及されないための規定です。
　受託者の故意過失により、第三者に損害が発生したときには、受託者が責任をとることは当然のことですが、受託者の注意を喚起するために契約書に記載しておいても良いでしょう。

第○条（商標） 重要度★

(1) 甲は、本契約期間中、乙に対し、本件業務遂行のため、別紙に規定する甲の商標（以下「本件商標」という。）を無償で使用する権利を許諾する。
(2) 乙は、本件商標を甲の指示に従い、本件業務遂行のためだけに使用することとする。
(3) 乙は、本件商標の全部又は一部を改変し、もしくは本件商標の信用を

> 損なう形で使用してはならない。

　業務委託を行う際に、パンフレットやノボリを配布するとともに、委託者が有する商標の使用を許諾することがあります。

　その際に、委託業務以外に商標を使用することや、委託者の信用を損なう形で商標使用が行われることを防止しなければなりません。

　そのため、商標の使用許諾を行う場合には、本規定を設けておいた方が良いでしょう。

> **第○条（準拠法）**　　　　　　　　　　　　　　　　　　　重要度★
> 本契約は日本法に準拠し、同法によって解釈されるものとする。

　契約当事者が日本国外の者であるときは、日本法に準拠する旨の規定をしておくべきです。

　海外の法律が適用されるとすれば、契約書が有効に機能しないおそれがあるとともに、トラブルが発生したときに海外の法律に精通した弁護士を探す手間が生じてしまうからです。

6 ソフトウェア開発委託契約書の作成

STEP1 スピードチェック重要ポイント

収入印紙

ソフトウェア開発委託契約書

（委託者）○○○○（以下「甲」という。）と（受託者）○○○○（以下「乙」という。）は、甲乙間におけるソフトウェア（以下「本件ソフト」という。）の開発委託につき、以下のとおりソフトウェア開発委託契約（以下「本契約」という。）を締結する。

> この時点で略語に置き換えた方が良いでしょう。

第1条　（委託）　　　　　　　　　　　　　　　　　　**重要度★★★**

甲は、乙に対して、以下の内容で本件ソフトの開発（以下「本件業務」という。）を委託し、乙はこれを受託した。

① 本件業務の名称　○○システム開発業務
② 本件業務の内容　別紙のとおり
③ 委託料　　　　　金○○円（消費税込）
④ 内金　　　　　　金○○円（消費税込）
⑤ 作業期間・納期　別紙のとおり
⑥ 支払期限　　　　内金は、平成○年○月○日
　　　　　　　　　残金は、本件ソフトの納品後、○日以内
⑦ 支払方法　　　　以下の口座に銀行振込
　　　　　　　　　（振込手数料は甲負担）
　　　　　　　　　○銀行○支店
　　　　　　　　　普通預金
　　　　　　　　　口座番号　○○○○○○
　　　　　　　　　口座名義　○○○○○○

> ソフトウェア開発委託契約書で一番重要な条項です。

> トラブル防止のため、消費税についても記載しておきましょう。

> 内金の制度を用いるときには、内金の支払期限も忘れずにしましょう。

> トラブル防止のため振込手数料の負担者についても記載しましょう。

第2条　（資料）　　　　　　　　　　　　　　　　　　**重要度★**

(1) 甲は、乙が本件業務を遂行するにあたり必要となる資料・

> ソフト作成にあたり資料を提供するときには、記載しておきましょう。

情報を乙に対し提供する。

(2) 乙は、本件業務に関して甲より提供された一切の資料・情報を善良なる管理者の注意義務をもって管理保管し、事前の甲の書面による承諾を得ないで、複製、第三者への交付等、本件業務以外の目的に使用してはならない。

(3) 乙は、本件ソフトの検査合格後速やかに、本件業務に関して甲より提供された一切の資料を甲に返還しなければならない。

第3条 （報告） 重要度★

乙は、本件業務の履行の状況に関して、甲からの請求があったときには、その状況につき直ちに報告しなければならない。

> 段階的にソフトを開発していく場合には、開発状況を把握できるようにしておくべきです。

第4条 （検査） 重要度★

(1) 甲は、本件ソフトの納品後、○日以内に本件ソフトを検査し、乙に対して合格又は不合格の通知を行わなければならない。

(2) 甲は、前項の検査により本件ソフトにつき瑕疵等を発見したときは、直ちに乙に不合格の通知をしなければならない。本通知がなされないまま前項の期間が経過したときは、本件ソフトが検査に合格したものとみなす。

(3) 乙は、検査の結果、不合格とされた場合、本件ソフトに必要な修正を行い、甲乙別途協議して定める期限までに再度納品することとする。この場合、納期延長による甲の乙に対する損害賠償の請求を妨げない。

> 検査を行う必要があるときには、この条項を設けましょう。

> 不合格とされた場合の処理も定めておきましょう。

第5条 （所有権） 重要度★

本件ソフトの所有権は、本件ソフトの委託料完済時に、乙から甲に移転する。

> 民法の規定に従うと不都合が生じかねないので、きちんと決めておきましょう。

第6条 （通知義務） 重要度★

甲及び乙は、次の各号のいずれか一つに該当するときは、相手方に対し、あらかじめその旨を書面により通知しなければなら

> ある程度の期間にわたり契約関係が継続するときは、一定の事項には通知義務を課しておいた方が良いでしょう。

ない。

①法人の名称又は商号の変更

②振込先指定口座の変更

③代表者の変更

④本店、主たる事業所の所在地又は住所の変更

第7条　（守秘義務） 重要度★

(1)　甲及び乙は、本契約期間中はもとより終了後も、本契約に基づき相手方から開示された情報を守秘し、第三者に開示してはならない。

(2)　前項の守秘義務は以下のいずれかに該当する場合には適用しない。

①公知の事実又は当事者の責めに帰すべき事由によらずして公知となった事実

②第三者から適法に取得した事実

③開示の時点で保有していた事実

④法令、政府機関、裁判所の命令により開示が義務付けられた事実

> ソフトの開発過程で、相手方の企業秘密を知ることがあるため、守秘義務を課しておいても良いでしょう。

第8条　（危険負担） 重要度★★

本件ソフトの甲への納品前に、甲の責めに帰さない事由により、本件ソフトに生じた滅失、毀損及び変質等の損害は、乙の負担とする。

> 民法の規定に従うと不都合が生じかねないので、きちんと決めておきましょう。

第9条　（知的財産権） 重要度★★

(1)　乙が本件業務遂行過程で行われた発明、考案等（ビジネスモデルの構築を含む）、又は作成されたプログラムその他の成果物から生じた特許権、実用新案権、意匠権、著作権等（特許、実用新案権を受ける権利を含む）については、全て委託料の完済とともに甲に移転する。

(2)　前項にかかわらず、同種のプログラムに共通に利用されるノウハウ、ルーチン、モジュール等に関する権利は、甲に移転せず、乙に留保される。

> ソフトの開発においては、著作権等の知的財産権が発生するため、これらの取り決めを行っておくべきです。

(3) 本件ソフトにつき、乙に著作人格権者が発生する場合、乙は同権利を行使しない。

第10条（再委託禁止） 重要度★★

乙は、本件業務の全部又は一部を第三者に再委託することはできない。但し、甲乙協議のうえ、甲が書面による再委託の許可をした場合に限り、乙は本件業務の再委託をすることができる。この場合、乙は、再委託を行った第三者に起因する一切の損害を賠償する義務を負う。

> 受託者だけに委託業務を行って欲しいときには、この規定を設けるべきです。

第11条（第三者の権利侵害） 重要度★

(1) 甲は、本件ソフトについて第三者との間で紛争が生じた場合、甲乙協議してこれを処理解決する。
(2) 乙の責めに帰すべき事由によって、第三者との間で紛争が生じた場合には、その処理解決に要した費用（弁護士費用及びその他の実費を含む）は、乙の負担とする。
(3) 甲及び乙は、本契約終了後も前2項の義務を負う。

> ソフト開発においては、第三者の権利を侵害することがあるので、記載しておいても良いでしょう。

第12条（相殺） 重要度★

甲は、本契約又は本契約に限らないその他の契約等に基づき甲が乙に対して負担する債務と、本契約又は本契約に限らないその他の契約等に基づき甲が乙に対し有する債権とを、その債権債務の期限如何にかかわらず、いつでもこれを対等額において相殺することができる。

> 債権回収のリスクを軽減させるための条項です。

第13条（品質保証期間） 重要度★★

乙は、甲に対して、本件ソフトにつき、納品日から〇年間、仕様書どおりの品質性能を有することを保証し、甲の過失によらない故障につき無償で修理を行う。

> 委託者としては、できる限りこの規定を入れるように努めるべきでしょう。

第14条（保守） 重要度★

甲は、乙に対し、保守費用及び保守範囲につき協議のうえ、次の各号に規定される保守等を行わせることができる。

> 将来的に保守作業が必要となることが予測されるときには、記載しておいた方が良いでしょう。

①本件ソフトの運用又は使用に関する技術サービス
②機能追加、その他本件ソフトの改良のための技術サービス
③保証期間経過後の本件ソフトの稼働不良に対する対処

第15条（解除及び期限の利益喪失） 重要度★★

(1) 甲又は乙が以下の各号のいずれかに該当したときは、相手方は催告及び自己の債務の履行の提供をしないで直ちに本契約の全部又は一部を解除することができる。なお、この場合でも損害賠償の請求を妨げない。

①本契約の一つにでも違反したとき
②監督官庁から営業停止又は営業免許もしくは営業登録の取消し等の処分を受けたとき
③差押、仮差押、仮処分、強制執行、担保権の実行としての競売、租税滞納処分その他これらに準じる手続が開始されたとき
④破産、民事再生、会社更生又は特別清算の手続開始決定等の申立がなされたとき
⑤自ら振り出し又は引き受けた手形もしくは小切手が1回でも不渡りとなったとき、又は支払停止状態に至ったとき
⑥合併による消滅、資本の減少、営業の廃止・変更又は解散決議がなされたとき
⑦災害、労働争議等、本契約の履行を困難にする事項が生じたとき
⑧その他、資産、信用又は支払能力に重大な変更を生じたとき
⑨相手方に対する詐術その他の背信的行為があったとき

(2) 甲が前項各号のいずれかに該当した場合、甲は当然に本契約及びその他乙との間で締結した契約から生じる一切の債務について期限の利益を失い、甲は乙に対して、その時点において甲が負担する一切の債務を直ちに一括して弁済しなければならない。

第16条（損害賠償責任） 重要度★

甲又は乙は、解除、解約又は本契約に違反することにより、相手方に損害を与えたときは、その損害の全て（弁護士費用及び

分割払いなど支払が長期に及ぶ場合には、設けておいた方が良いでしょう。

無催告かつ自己の債務の履行をしないで、解除できるように規定しています。

本契約のみならず、他の契約の債務についても期限の利益喪失を認めた方が良いでしょう。

賠償額を予定すれば、民法等の賠償規定を超えた賠償額を得ることができます。

その他の実費を含む）を賠償しなければならない。

第17条（反社会的勢力の排除） 重要度★★

(1) 甲及び乙は、自己又は自己の役員が、暴力団、暴力団関係企業、総会屋もしくはこれらに準ずる者又はその構成員（以下これらを「反社会的勢力」という。）に該当しないこと、及び次の各号のいずれにも該当しないことを表明し、かつ将来にわたっても該当しないことを相互に確約する。
①反社会的勢力に自己の名義を利用させること
②反社会的勢力が経営に実質的に支配していると認められる関係を有すること
(2) 甲又は乙は、前項の一つにでも違反することが判明したときは、何らの催告を要せず、本契約を解除することができる。
(3) 本条の規定により本契約が解除された場合には、解除された者は、解除により生じる損害について、その相手方に対し一切の請求を行わない。

> 各都道府県の暴力団排除条例により、事業者には暴力団関係者との契約を解除できる規定を規定する努力義務が課せられています。

第18条（協議解決） 重要度★

本契約に定めのない事項、又は本契約の解釈について疑義が生じたときは、甲乙誠意をもって協議のうえ解決する。

> 法的には存在しなくても良い条項ですが、紛争回避に役立つこともあるので設けておいても良いでしょう。

第19条（合意管轄） 重要度★★

甲及び乙は、本契約に関し裁判上の紛争が生じたときは、訴訟額に応じ、東京簡易裁判所又は東京地方裁判所を専属的合意管轄裁判所とすることに合意する。

> 訴訟の際に役立ちますので、自己に有利な管轄の裁判所を設定しておきましょう。

> 専属的という文言を入れるようにしましょう。

　本契約締結の証として、本契約書2通を作成し、甲乙相互に署名又は記名・捺印のうえ、各1通を保有することとする。

平成○年○月○日

　　　　　　　　　　甲

　　　　　　　　　　　　　　　　　　㊞

> 契約書作成日は、契約の要素にもなりますので、忘れずに必ず記載しましょう。

乙

甲

STEP2 ソフトウェア開発委託契約書の特徴

　ソフトウェア開発委託契約とは、委託者の指示に基づき、受託者が特定のソフトウェアを作成する契約です。

　現代社会では業務遂行にコンピュータの使用が不可欠となりつつあります。それにつれて、コンピュータソフトウェアの開発委託も盛んに行われており、ソフトウェア開発委託契約書の需要が高まっています。

　本契約書例は、ソフトウェア開発としましたが、ホームページ作成契約についても利用できます。具体的には、「ソフトウェア」という文言を「ホームページ」に変更し、「本件ソフト」という文言を「本件ホームページ」と変更すれば良いでしょう。

　ソフトウェア開発委託契約は、原則として請負契約の性格を有しています。但し、あらかじめ一定の規格で統一されたソフトを譲渡する場合には、売買契約の性格を有することになります。

■収入印紙

　ソフトウェア開発委託契約書が請負契約の性格を有するときには、以下の要領に従って収入印紙を貼付しなければなりません。

記載された契約金額が	
1万円未満のもの	非課税
1万円以上100万円以下のもの	200円
100万円を超え200万円以下のもの	400円
200万円を超え300万円以下のもの	1000円
300万円を超え500万円以下のもの	2000円
500万円を超え1000万円以下のもの	1万円
1000万円を超え5000万円以下のもの	2万円
5000万円を超え1億円以下のもの	6万円
1億円を超え5億円以下のもの	10万円
5億円を超え10億円以下のもの	20万円
10億円を超え50億円以下のもの	40万円
50億円を超えるもの	60万円
契約金額の記載がないもの	200円

■タイトル

　契約書のタイトルは、その契約の内容を一目で把握させるために設けられています。

　記載例では「ソフトウェア開発委託契約書」としましたが、以下のような記載でも構いません。タイトルは通常法的意味を有しないので、特に神経質になる必要はありません。

「開発委託契約書」
「ソフト開発に関する覚書」

■前文　　　　　　　　　　　　　　　　　　　　　　　　　重要度★★

　前文は、契約当事者の特定、契約内容の特定等のために設けられています（詳細については 38 頁参照）。

■第1条（委託）　　　　　　　　　　　　　　　　　　　　重要度★★★

　この条項で、委託した業務の内容、委託料、その支払方法等、ソフトウェア開発委託契約の主要な条件が定められています。

　契約書によっては、これらの事項が別々の条項で規定されていることもありますが、契約書の冒頭にまとめておいた方が、契約内容が一目瞭然となります。

■　（本件業務の名称）　　　　　　　　　　　　　　　　　重要度★★

　通常ソフトウェアは、機械などの有体物ではなく無体物であり、また型番などが存在しないため、一定の名称を付けて特定しておいた方が良いでしょう。

　その名称には、特に決まりはありません。開発委託を行うソフトにふさわしい名称を付けて構いません。

■　（本件業務の内容）　　　　　　　　　　　　　　　　　重要度★★★

　ソフトウェアの開発委託を行う場合、その仕様を指示するために詳細な説明を行う必要があります。その際には、別紙のとおりと記載して、契約書の後ろに別紙を添付する方法を用いることになります。

業務の内容が単純明快なものである場合には、この条項に直接記載しても構いません。

■（委託料）　　　　　　　　　　　　　　　　　　　　　重要度★★★

ソフトウェア開発委託契約においては、ソフト開発の対価が主要な関心事となります。そのため、記載ミスがないか、改ざんのおそれのない記載か、十分に注意して記載して下さい。

消費税の内税・外税についても、後日の当事者間のトラブルを防止するため明示しておいた方が良いでしょう。

■（内金）　　　　　　　　　　　　　　　　　　　　　　重要度★

納品前に内金を支払う場合には、内金の記載を設けることになります。

この場合には、内金の項目を設けておく必要があります。また、内金についても支払期限を定めておく必要があります。

■（作業期間・納期）　　　　　　　　　　　　　　　　　重要度★★★

ソフトウェア開発委託契約においては、開発期間及び納期が主要な要素となります。

段階的にソフトの開発を行う場合や、段階的に納期が発生する場合には、別紙のとおりとして、契約書の後ろに別紙を添付する方法を用いても良いでしょう。

■（支払期限）　　　　　　　　　　　　　　　　　　　　重要度★★★

内金の支払を定めているときには、内金の支払期日も忘れずに記載しましょう。

また、委託料を分割で支払うときには、以下のような記載になります。

> 平成○年○月から平成○年○月まで，毎月末日限り各金( )( )万円（○回払い）

詳細については67頁参照。

■（支払方法） ➡ 42頁参照 　　　　　　　　　重要度★★

■第2条（資料）　　　　　　　　　　　　　　重要度★

　ソフトウェア開発には、通常、膨大な資料が必要となります。
　これらの資料は、委託者が受託者に提供しなければなりません。そして、これらの資料の中には、企業秘密や独自のノウハウが含まれていることがあります。そのため、受託者に注意義務を課し、勝手な複製、第三者への交付を禁じています。また、業務終了後には、返還するように定めています。
　もっとも、より詳細かつ厳格に秘密保持を図ることを希望するときには、本契約書と同時に秘密保持契約書（180頁参照）を締結することをお薦めします。また、ソフトウェア開発に先立って企業秘密を開示する必要があるときも、本契約書に先行して秘密保持契約書を締結しておいた方が良いでしょう。

■第3条（報告）　　　　　　　　　　　　　　重要度★

　ソフトウェア開発委託契約では、開発委託したソフトが期限内に納品されれば、委託者にとって不都合はありません。
　しかし、開発業務の進行状況については、委託者も気になるところですから、受託者に報告義務を課しても良いでしょう（詳細については98頁参照）。

■第4条（検査）　　　　　　　　　　　　　　重要度★

　この条項は、納品されたソフトについての検査と瑕疵が発見された場合の対処について定めています。
　一般的なソフトウェア開発委託契約の場合、ソフトの納品がなされた後、速やかに納品されたソフトの検査が行われます。
　検査に不合格となった場合の処置や、検査期間を経過しても通知がなされない場合の処置に対応した条項を設ける必要があります。

委託者を有利にするためには

　委託者からすれば、できる限り検査を行うべき期間を長くした方が、それだけ受託者に対する責任追及を行いうる機会が広がるため、有利となります。

受託者を有利にするためには

　検査の規定は、受託者の地位を安定させるという、受託者保護の役割も有します。もっとも、検査を行うべき期間が長いと、それだけ受託者の地位が不安定となるため、できる限り短期間に検査を行うよう決めておく方が受託者に有利です。

　また、不合格通知についても、以下のように書面での理由を必要とするなど、手続きの厳格化を図れば、受託者に有利になります。

> (2) 甲は、前項の検査により本件ソフトにつき瑕疵を発見したときは、直ちに<u>理由を記載した書面をもって</u>乙に不合格の通知をしなければならない。本通知がなされないまま前項の期間が経過したときは、本件ソフトが検査に合格したものとみなす。

■第5条（所有権）　　　　　　　　　　　　　　　重要度★

　この条項は、ソフトの所有権の移転時期について定めています。

　解釈上、ソフトウェア開発委託契約におけるソフトの所有権は、原則として納品（引渡）のときに、受託者から委託者へ移転するとされています。

　しかしながら、ソフトの納品後であっても委託料が完済されるまで、受託者はソフトの所有権を保有し続けたいと考えることもあるでしょう。その場合には、本契約書例の条項を記載しておく必要があります。

委託者を有利にするためには

　委託者としては、できる限り早い段階でソフトの所有権を取得した方が有利になります。

　ソフトが完成した時点（納品前）で所有権の移転を行う場合には、以下のような条項となります。

> 第○条（所有権）
> 　本件ソフトの所有権は、本件ソフトの<u>完成時</u>に、乙から甲に移転する。

受託者を有利にするためには

受託者としては、できる限り遅い段階までソフトの所有権を保持していた方が有利となります。

本契約書例では、委託料完済時に所有権移転が行われるとしており、受託者に有利な条項としています。

■第6条（通知義務） → 70頁参照　　　　　　　　重要度★

■第7条（守秘義務） → 72頁参照　　　　　　　　重要度★

■第8条（危険負担）　　　　　　　　　　　　　　重要度★★

この条項は、帰責事由がなくソフトが滅失、毀損等の状態になった場合の処理を定めています。

民法上、請負契約においては、委託者の責めに帰さない事由によりソフトが毀損又は滅失した場合であっても、受託者の費用と負担で対処することになります。

この点は、原則として売買契約の時点で、買主に危険が移転するとされている売買契約の処理と異なり（45頁参照）、不合理な結果となるおそれは低いといえます。

もっとも、ソフトウェア開発委託契約であっても、あらかじめ一定の規格で統一されたソフトを譲渡する場合には、売買契約の性格を有することになります。そのため、ソフトウェア開発委託契約書にも、念のため本条項を設けておいた方が良いでしょう。

委託者を有利にするためには

委託者としては、できる限り遅い段階で危険が委託者に移転するとすれば、それだけ有利になります。

例えば、以下のように代金完済時に委託者に危険が移転するようにしておけば、委託者に有利になります。

第○条（危険負担）
　本件ソフトの委託料完済前に、甲の責めに帰さない事由により、本件ソフ

トに生じた滅失、毀損及び変質等の損害は、乙の負担とする。

受託者を有利にするためには

　受託者としては、早い段階から危険が委託者に移転すれば、それだけ有利になります。

　そのため、以下のように本契約締結時に委託者に危険が移転することを明確にしておけば、受託者に有利になります。

第○条（危険負担）
　本契約締結後に、甲の責めに帰さない事由により、本件ソフトに生じた滅失、毀損及び変質等の損害は、甲の負担とする。

■第9条（知的財産権）　　　重要度★★

　この条項は、ソフトウェア開発委託の際に生じる著作権等の知的財産権の帰属について定めています。

　ソフトウェア開発委託契約の場合、原則としてソフトの著作権等は作成者である受託者が有することになります。しかし、委託者としては、自ら費用をかけてソフトを開発したのですから、受託者が作成したソフトを委託者以外の第三者に無断で売却することを防ぎたいと考えることもあるでしょう。

　そのような場合には、委託料の完済等を条件として、著作権等の知的財産権が受託者から委託者に移転すると定めておく必要があります。

　一方で、受託者としては、ソフトの開発において類似のノウハウやルーチン等を用いることが多くあります。これらのノウハウやルーチン等を使用できなくなると、今後のソフト開発が不可能になりかねません。そのため、これらに関する権利については、委託者に移転されないと明記しておくべきでしょう。

　著作人格権とは、著作物の同一性を保持する権利等を意味します。つまり、作成したソフトを勝手に変えてはならないと主張できる権利です。

　この著作人格権は、原則として著作者に一身専属的に帰属するものであり、第三者に譲渡できないものとされています。ところが、ソフトの納品を受けた委託者が、ソフトのプログラムを変更する必要に迫られることもあります。

そこで、本契約書例では、受託者に著作人格権が発生する場合には、その権利を行使しないとして解決を図っています。

委託者を有利にするためには

委託者としては、ソフトの著作権等の知的財産権をできる限り早い段階で譲り受けることができれば、それだけ有利になります。

具体的には、以下のように移転時期を納品時とすることが考えられます。

> (1) 乙が本件業務遂行過程で行われた発明、考案等（ビジネスモデルの構築を含む）、又は作成されたプログラムその他の成果物から生じた特許権、実用新案権、意匠権、著作権等（特許、実用新案権を受ける権利を含む）については、全て<u>本件ソフトの納品とともに甲に移転する</u>。

受託者を有利にするためには

受託者としては、ソフトの著作権等の知的財産権を保有することになれば、そのソフトを第三者に売却することにより、更なる利益を得ることができます。

そのため、以下のように知的財産権が受託者に帰属すると定めておけば、受託者に有利になります。この条項は、トラブル防止のため、委託者と十分協議したうえ規定する必要があるでしょう。

> **第○条（知的財産権）**
> 乙が本件業務遂行過程で行われた発明、考案等（ビジネスモデルの構築を含む）、又は作成されたプログラムその他の成果物から生じた特許権、実用新案権、意匠権、著作権等（特許、実用新案権を受ける権利を含む）については、全て<u>乙に帰属する</u>。

■第10条（再委託禁止）　➡99頁参照　　　　　　　　　　　重要度★★

■第11条（第三者の権利侵害）　　　　　　　　　　　　　　重要度★

ソフトの開発過程において、受託者が第三者の画像やソフトを無断で用いたとして、著作権や特許権を侵害することも考えられます。

この条項は、委託者が第三者から権利侵害との主張を受けた場合の処理について定めています。

なお、第三者から権利侵害をしているとの主張を受けることは、本契約終了後も起こりうるので、契約終了後も本条項の義務が継続することを明記しておいた方が良いでしょう。

委託者を有利にするためには

委託者としては、第三者からの権利侵害の主張に対して、全て受託者が責任をもって処理することとなれば、有利になります。

そこで、以下のように変更することが考えられます。

第○条（第三者の権利侵害）
(1) 本件ソフトについて第三者との間で紛争が生じた場合、乙は、自らの費用負担をもって対処することとする。
(2) 甲が前項の対処を行ったときは、その処理解決に要した費用（弁護士費用及びその他の実費を含む）は、乙の負担とする。
(3) 乙は、本契約終了後も前2項の義務を負う。

受託者を有利にするためには

受託者としては、第三者からの権利侵害の主張に対して、全て責任を負わないこととなれば、有利になります。

その場合、以下のようになりますが、受託者の帰責性が大きいときには、この規定が公序良俗に反している（民法第90条）として無効となることが考えられます。

第○条（第三者の権利侵害）
(1) 本件ソフトについて第三者との間で紛争が生じた場合、甲は、自らの費用負担をもって対処することとする。
(2) 乙が前項の対処を行ったときは、その処理解決に要した費用（弁護士費用及びその他の実費を含む）は、甲の負担とする。
(3) 甲は、本契約終了後も前2項の義務を負う。

■第12条（相殺）　→71頁参照　　　　　　　　　　　　　　重要度★

■第13条（品質保証期間）　　　　　　　　　　　　　　　　重要度★★

　委託者としては、ソフトが納品されたとしても、通常、故障やバグに対処できません。
　そのため、一定の期間については、受託者に仕様書どおりの品質保証を行ってもらう必要があります。

委託者を有利にするためには

　委託者としては、品質保証期間が長ければ長いほど有利になります。

受託者を有利にするためには

　受託者としては、品質保証期間が短ければ短いほど有利になります。また、本条項を削除してしまえば、受託者に有利になります。

■第14条（保守）　　　　　　　　　　　　　　　　　　　　重要度★

　ソフトを納品した後も、場合によってはソフトの使い勝手を良くするため、再度受託者に改良等の依頼を行うことが考えられます。
　また、ホームページなどの製作依頼を行った場合などには、完成後も定期的にホームページの仕様の変更依頼を行うことが考えられます。
　このような状況が予測されるときには、本条項を設けておいた方が良いでしょう。
　また、保守費用や範囲を事前に定めることができるときは、以下のように別紙を設けるなどして、あらかじめ規定しておいた方が良いでしょう。

第○条（保守）
　乙は、甲に対し、本件ソフト納品後も別紙のとおり保守等を行うこととする。

別紙
　　○○○○　　・・・　　１回につき○○円
　　○○○○　　・・・　　○○円

■第15条（解除及び期限の利益喪失） 重要度★★

基本的には動産売買契約書の箇所で行った解説と同様です（46頁参照）。

但し、ソフトウェア開発委託契約の場合、金銭を支払う者が委託者であるため、期限の利益喪失条項は、甲の期限の利益について定めなければいけないことに注意しましょう。

■第16条（損害賠償責任） ➡ 49頁参照 重要度★

■第17条（反社会的勢力の排除） ➡ 51頁参照 重要度★★

■第18条（協議解決） ➡ 51頁参照 重要度★

■第19条（合意管轄） ➡ 51頁参照 重要度★★

■後文 ➡ 52頁参照 重要度★★

STEP3 役に立つその他の条項

第○条（遅延損害金） 重要度★

> 甲が本契約に基づく金銭債務の支払を遅延したときは、支払期日の翌日から支払済みに至るまで、年14.6％の割合による遅延損害金を支払うものとする。

委託料の支払につき法定の遅延損害金以上の利率を定めておけば、委託料の支払遅滞を防止する効果があります（詳細については50頁参照）。

第○条（権利の譲渡禁止等） 重要度★

> 甲及び乙は、あらかじめ相手方の書面による承諾を得ないで、本契約に基づく権利、義務又は財産の全部又は一部を第三者に譲渡し、承継させ又は担保に供してはならない。

委託料請求権を第三者に譲渡されてしまうと、見知らぬ第三者から請求を受けるなどして、法律関係が複雑化することがあります。

そのため、譲渡等の禁止規定を設けておいても良いでしょう（詳細については 69 頁参照）。

第○条（第三者ソフトウェアの利用）　　　　　　　　　　　重要度★

本件業務遂行にあたり、第三者が権利を有するソフトウェアの利用が必要となるときは、甲乙協議の上、当該第三者との間でライセンス契約の締結を行うなど、その取り扱いにつき定める。

受託者が無断で第三者のソフトウェアを用いて、後にトラブルとならないよう、第三者のソフトウェアを利用する場合には協議を行うことを定めた条項です。

第○条（連帯保証人）　　　　　　　　　　　　　　　　　　重要度★

丙は、甲の連帯保証人として、本契約により生ずる甲の乙に対する一切の債務の弁済につき、連帯して保証する。

委託料の支払につき、連帯保証人を設定すれば、代金支払の確実性が増すため、受託者に有利に働きます。

委託料が高額になるときには、連帯保証人の設定を求めても良いでしょう（87 頁参照）。

第○条（準拠法）　　　　　　　　　　　　　　　　　　　　重要度★

本契約は日本法に準拠し、同法によって解釈されるものとする。

契約当事者が日本国外の者であるときは、日本法に準拠する旨の規定をしておくべきです。

海外の法律が適用されるとすれば、契約書が有効に機能しないおそれがあるとともに、トラブルが発生したときに海外の法律に精通した弁護士を探す手間が生じてしまうからです。

7 代理店契約書の作成

STEP1 スピードチェック重要ポイント

| 収入印紙 4000円 | 代理店契約書 |

（メーカー）○○○○（以下「甲」という。）と（代理店）○○○○（以下「乙」という。）は、以下のとおり代理店契約（以下「本契約」という。）を締結する。

> この時点で略語に置き換えた方が良いでしょう。

第1条 （条件） 　　　　　　　　　　　　重要度★★★

乙は、甲の代理店として、以下の内容で、甲の製造する以下の製品（以下「本件製品」という。）を甲の代理人であることを明示したうえで、本件製品の買主（以下単に「買主」という。）に販売する（以下「本件業務」という。）。

① 品　　名　　○○
② 販売価格　　○○
③ 発注方法　　乙が甲に対し注文書を交付し、甲が乙に注文請書を交付する方法
④ 引渡期日　　注文書記載のとおり
⑤ 引渡場所　　注文書記載のとおり
⑥ 販売目標　　月間○○個
⑦ 手数料　　　別紙手数料一覧のとおり
⑧ 支払方法　　以下の口座に銀行振込（振込手数料は甲負担）
　　　　　　　○銀行○支店
　　　　　　　普通預金
　　　　　　　口座番号　○○○○○○
　　　　　　　口座名義　○○○○○○

> 代理店契約の重要な内容を定めています。

> 販売目標は、必ずしも定める必要はありません。

> トラブル防止のため振込手数料の負担者についても記載しましょう。

第2条 （権限・義務） 　　　　　　　　　重要度★★

> 当事者の権利義務をまとめた規定です。

(1) 乙の代理店としての権限は、買主との間の以下の各号に記載された行為に限られ、乙は、その他甲を拘束するいかなる表明、保証又は合意等を行ってはならない。

①売買契約の締結

②製品の納入

③売買代金の請求及び受領

(2) 乙は、前項各号に付随する業務として、以下の各号に記載された行為をしなければならない。

①買主へのパンフレット等の交付

②買主との間の売買契約書作成

③買主への本件製品の納品

④買主への代金の請求及び領収

⑤各月の販売状況を翌月15日までに甲に対し報告

> 代理店はメーカーの代理人として活動しますので、代理権限の限界を明確にしておく必要があります。

> この報告に基づいて手数料が算定されます。

第3条 （手数料） 重要度★★★

(1) 甲は、乙から報告された販売状況を別紙手数料一覧に照らし、各月の手数料を算定し、速やかにその計算書を乙に交付する。

(2) 甲は、手数料算定対象となる月の翌々月15日までに、手数料を乙の指定する上記振込口座に振込送金する。

> 代理店業務の対価を定める重要な条項です。

> 手数料の支払期限については、必ず確認しましょう。

第4条 （販売目標） 重要度★

(1) 乙は、上記販売目標の達成のために最善の努力を尽くさなければならない。

(2) 販売目標は、毎年4月1日に甲乙協議の上、改訂する。

> ここでは努力目標にとどめています。

第5条 （流通の尊重） 重要度★

乙は、本件製品の販売にあたり、本件製品の流通経路及び流通秩序を尊重しなければならない。

> ここでは、義務の程度を「尊重」にとどめています。

第6条 （通知義務） 重要度★

甲及び乙は、次の各号のいずれか一つに該当するときは、相手方に対し、あらかじめその旨を書面により通知しなければなら

> 代理店契約では、ある程度の期間にわたり契約関係が継続するので、一定の事項には通知義務を課しておいた方が良いでしょう。

ない。

①法人の名称又は商号の変更

②振込先指定口座の変更

③代表者の変更

④本店、主たる事業所の所在地又は住所の変更

第7条 （再委託禁止） 重要度★★

乙は、本件業務の全部又は一部を第三者に再委託することはできない。但し、甲乙協議のうえ、甲が書面による再委託の許可をした場合に限り、乙は本件業務の再委託をすることができる。この場合、乙は、再委託を行った第三者に起因する一切の損害を賠償する義務を負う。

> 直接の代理店だけに販売業務を行って欲しいときには、この規定を設けるべきです。

第8条 （守秘義務） 重要度★

(1) 甲及び乙は、本契約期間中はもとより終了後も、本契約に基づき相手方から開示された情報を守秘し、第三者に開示してはならない。

(2) 前項の守秘義務は以下のいずれかに該当する場合には適用しない。

①公知の事実又は当事者の責めに帰すべき事由によらずして公知となった事実

②第三者から適法に取得した事実

③開示の時点で保有していた事実

④法令、政府機関、裁判所の命令により開示が義務付けられた事実

> 代理店契約では、相手方の企業秘密を知ることがあるため、守秘義務を課しておいた方が良いでしょう。
>
> 本契約終了後にも効力が存続することも規定すべきでしょう。

第9条 （顧客情報） 重要度★

(1) 乙は、本件業務遂行にあたり知り得た顧客に関する情報（以下「顧客情報」という。）につき、個人情報の保護に関する法律ならびに関連ガイドライン等を遵守し、顧客情報の漏洩等がなされることのないよう適正な取り扱いを確保しなければならない。

(2) 乙は、顧客情報が記載された資料を破棄する場合、散逸、

> 個人情報保護法に配慮して、顧客情報の管理につき規定しても良いでしょう。

漏洩等がなされることのないよう、厳重な注意をもって行わなければならない。

第10条（解除及び期限の利益喪失） 重要度★★

(1) 甲又は乙が以下の各号のいずれかに該当したときは、相手方は催告及び自己の債務の履行の提供をしないで直ちに本契約又は個別契約の全部又は一部を解除することができる。なお、この場合でも損害賠償の請求を妨げない。

①本契約又は個別契約の一つにでも違反したとき

②監督官庁から営業停止又は営業免許もしくは営業登録の取消し等の処分を受けたとき

③差押、仮差押、仮処分、強制執行、担保権の実行としての競売、租税滞納処分その他これらに準じる手続が開始されたとき

④破産、民事再生、会社更生又は特別清算の手続開始決定等の申立がなされたとき

⑤自ら振り出し又は引き受けた手形もしくは小切手が1回でも不渡りとなったとき、又は支払停止状態に至ったとき

⑥合併による消滅、資本の減少、営業の廃止・変更又は解散決議がなされたとき

⑦災害、労働争議等、本契約又は個別契約の履行を困難にする事項が生じたとき

⑧その他、資産、信用又は支払能力に重大な変更を生じたとき

⑨相手方に対する詐術その他の背信的行為があったとき

⑩乙が販売目標を2ヶ月連続で達成できなかったとき

(2) 甲が前項各号のいずれかに該当した場合（第10号を除く）、甲は当然に本契約及びその他乙との間で締結した契約から生じる一切の債務について期限の利益を失い、甲は乙に対して、その時点において甲が負担する一切の債務を直ちに一括して弁済しなければならない。

第11条（損害賠償責任） 重要度★

甲又は乙は、解除、解約又は本契約に違反することにより、相手方に損害を与えたときは、その損害の全て（弁護士費用及び

代理店契約では、契約期間がある程度長期にわたるため、設けておいた方が良いでしょう。

無催告かつ自己の債務の履行をしないで、解除できるように規定しています。

販売目標の不達成を解除事由としても良いでしょう。

本契約のみならず、他の契約の債務についても期限の利益喪失を認めた方が良いでしょう。

賠償額を予定すれば、民法等の賠償規定を超えた賠償額を得ることができます。

その他の実費を含む）を賠償しなければならない。

第12条（契約期間） 重要度★★★

本契約の有効期間は、平成○年○月○日から平成○年○月○日までとし、期間満了の1ヶ月前までに甲乙いずれからも書面による異議がなされないときには、本契約は期間満了の翌日から起算して、同一内容にて更に1年間延長されるものとし、それ以後も同様とする。

> 代理店契約においては、その契約期間を定めておくことが必要です。

> 自動延長が規定されています。

第13条（契約終了後の処理） 重要度★

(1) 甲及び乙は、本契約が終了したときは、互いに既に確定した債権債務について、速やかにこれを清算するものとする。
(2) 乙は、本契約が終了した場合、直ちに本件業務を中止し、甲に対して事務の引き継ぎを行い、本契約に基づき預託・貸与された事務処理マニュアル等の物品（本契約に基づき提供されたデータ類及びこれらが記録された電子媒体等を含む）を、速やかに甲の指示に基づき返還ないし破棄するものとする。
(3) 乙は、本契約が終了した以降、甲の商標等を使用するなど、第三者から甲又は甲の業務を受託した者と誤認されるような行為をしてはならない。

> 代理店契約では、マニュアルやデータ等を交付していることがあるので、終了時の取り決めを定めておいた方が良いでしょう。

第14条（反社会的勢力の排除） 重要度★★

(1) 甲及び乙は、自己又は自己の役員が、暴力団、暴力団関係企業、総会屋もしくはこれらに準ずる者又はその構成員（以下これらを「反社会的勢力」という。）に該当しないこと、及び次の各号のいずれにも該当しないことを表明し、かつ将来にわたっても該当しないことを相互に確約する。
①反社会的勢力に自己の名義を利用させること
②反社会的勢力が経営に実質的に支配していると認められる関係を有すること
(2) 甲又は乙は、前項の一つにでも違反することが判明したときは、何らの催告を要せず、本契約を解除することができる。
(3) 本条の規定により本契約が解除された場合には、解除された者は、解除により生じる損害について、その相手方に対し一

> 各都道府県の暴力団排除条例により、事業者には暴力団関係者との契約を解除できる規定を規定する努力義務が課せられています。

切の請求を行わない。

第 15 条（協議解決） 重要度★

本契約に定めのない事項、又は本契約の解釈について疑義が生じたときは、甲乙誠意をもって協議のうえ解決する。

第 16 条（合意管轄） 重要度★★

甲及び乙は、本契約又は個別契約に関し裁判上の紛争が生じたときは、訴訟額に応じ、**東京簡易裁判所又は東京地方裁判所を専属的合意管轄裁判所とする**ことに合意する。

　本契約締結の証として、本契約書 2 通を作成し、甲乙相互に署名又は記名・捺印のうえ、各 1 通を保有することとする。

平成○年○月○日

甲

㊞

乙

㊞

法的には存在しなくても良い条項ですが、紛争回避に役立つこともあるので設けておいても良いでしょう。

訴訟の際に役立ちますので、自己に有利な管轄の裁判所を設定しておきましょう。

専属的という文言を入れるようにしましょう。

契約書作成日は、契約の要素にもなりますので、忘れずに必ず記載しましょう。

代理店契約書の作成

STEP2 代理店契約書の特徴

　代理店契約書は、メーカーとその製品の販売等を行う代理店との間の法律関係を定める契約書です。

　代理店契約には、メーカーと代理店の間で製品の売買が行われる形態と、両者間では売買が行われず、代理店がメーカーの代理人として製品を販売する形態があります。

　本契約書例では、メーカーと代理店の間で売買が行われず、代理店がメーカーの代理人として製品を販売する形態を前提としています。メーカーと代理店との間で製品の売買が行われる形態は、特約店契約書として解説しています（143頁参照）。

■収入印紙

　代理店契約書には、原則として4000円の収入印紙を貼付しなければなりません。但し、3ヶ月以内の期間で終了する契約（更新の規定があり契約期間が3ヶ月を超える可能性のあるものは除く）については、印紙の貼付は不要となります。

■タイトル

　契約書のタイトルは、その契約の内容を一目で把握させるために設けられています。

　記載例では「代理店契約書」としましたが、以下のような記載でも構いません。タイトルは通常法的意味を有しないので、特に神経質になる必要はありません。

「基本契約書」
「○○に関する基本契約書」
「販売代理店契約書」

■前文　　　　　　　　　　　　　　　　　　　　重要度★★

　前文は、契約当事者の特定、契約内容の特定等のために設けられています（詳細については38頁参照）。

■第1条（条件）　　　　　　　　　　　　　　　　　重要度★★★

　この条項では、製品の販売価格や手数料など代理店契約の主要な条件が定められています。

　契約書によっては、これらの事項が別々の条項で規定されていることもありますが、契約書の冒頭にまとめておいた方が、契約内容が一目瞭然となります。

■（品名・販売価格）　　　　　　　　　　　　　　　重要度★★★

　販売対象物が特定されていなければ、後日トラブルが生じる可能性があります。そのため、できる限り販売対象物を特定しておくべきです。

　型式や製造番号等が存在する製品であるときは、それらも記載した方が良いでしょう。

　販売対象物が複数存在する場合や、特定するために詳細な記載が必要となる場合は、これらの内容を記載した別紙を契約書の最後に添付する方法が便利です。

　その場合、品名・販売価格の記載は、以下のようになります。

---

①品　　名　　別紙のとおり
②販売価格　　別紙のとおり

■（発注方法）　　　　　　　　　　　　　　　　　　重要度★★

　本契約書例では、製品の納入につき、注文書とそれに対する注文請書の発行という方法で行うとしています。

　注文書及び注文請書の雛形については、継続的売買取引基本契約書の雛形を参考にして下さい（65〜66頁参照）。但し、本契約書例では、メーカーと代理店間では、製品の売買が行われませんので、その点の違いについてはご注意下さい。

■（引渡期日・引渡場所）　　　　　　　　　　　　　重要度★★★

　引渡期日や引渡場所を口約束で行っていると、後にトラブルが起こりかねません。そのため、これらの事項は、契約書上で明確に定めておく必要があります。

■（販売目標） 重要度★

　代理店契約書では、販売目標を定める場合と定めない場合があります。また、販売目標を定めたとしても、努力目標に過ぎず、目標を達成できなかったとしてもペナルティーがない場合と、ペナルティーがある場合があります。

　本契約書例では、第10条1項10号で解除事由として、「販売目標を2ヶ月連続で達成できなかったとき」を定めていますので、販売目標にペナルティーを課した状態となっています。

■（手数料） 重要度★★★

　手数料は、当事者間の最大の関心事です。そのため、後にトラブルが発生しないように、明確に定めておくべきです。

　また、消費税を含むか否かという点についても、記載しておいた方が良いでしょう。

　手数料の取り決めが詳細にわたるときは、別紙を設けて記載した方が良いでしょう。その場合の別紙の記載方法例は、以下のとおりです。

別紙

　商品名　　　　　　手数料（1個あたり）

　○○　　　…　　○○円（税込）

　○○　　　…　　○○円（税込）

　・・・・・・

■（支払方法） 重要度★★

　手数料の支払方法は、通常、現金交付か銀行振込の場合が多いでしょう。銀行振込の場合には、振込手数料についても定めておいた方がトラブル防止に役立ちます。

　また、約束手形による支払の場合には、何ヶ月サイトの手形を用いるのかという点についても事前に規定しておいた方が良いでしょう。

■第2条（権限・義務） 重要度★★

　この条項は、代理店の権限の範囲と義務について定めています。

代理店は、メーカーの代理人として製品を販売しているに過ぎず、実際に売買の当事者となる者はメーカーと買主です。そのため、代理店が買主に製品を販売する際に、メーカーに無断で何らかの保証等を行っていると、その保証を果たす義務がメーカーに課せられる危険があります。

　そこで、メーカーとしては、代理店が勝手な行動をとらないよう、権限の範囲を限定しておく必要があります。

　第2項では、代理店の義務を記載していますが、この項目については、具体的状況に適応するよう、適宜加筆修正して下さい。

　本契約書例では、他の代理店の存在を許す、非独占的な代理店として規定しています。この点につき、他の代理店の存在を許さない、独占的な代理店とする場合には、以下のような規定を加えれば良いでしょう。

> (3)　甲は、乙を独占的代理店として扱い、乙の事前の書面による承諾なしに、乙以外の第三者を本件製品に関する代理店としてはならない。

■第3条（手数料）　　　　　　　　　　　　　重要度★★★

　この条項は、手数料の支払手続や支払時期等について定めています。

　手数料は、当事者間の最大の関心事です。そのため、明確に定めておく必要があります。

　特に、支払期日については、曖昧な記載ではなく、明確に定めておくようにしましょう。

　本契約書例では、第2条2項5号の報告の規定を受けて、メーカーが手数料の計算を行うという方法を採用しています。

■第4条（販売目標）　　　　　　　　　　　　重要度★

　本契約書例には、第1条において販売目標が設けられています。

　そして、その販売目標を本条項により達成するよう努力することが明記されています。本条項のみであれば、努力目標に過ぎないため、たとえ販売目標を達成できなかったとしても、契約違反にはなりません。

　しかし、本契約書例では、第10条1項10号で販売目標を2ヶ月連続で達成できなかったときには解除事由になるとされていますので、注意が必要です。

メーカーを有利にするためには

　メーカーとしては、販売目標を設定するとともに、その販売目標を達成できなかったときには、ペナルティーを課すことができれば有利になります。
　また、販売目標の決定方法も、当事者の協議によるのではなく、メーカーが一方的に定めることができれば有利になります。
　具体的には以下のような条項が考えられます。

第○条（販売目標）
(1)　乙は、上記販売目標の達成のために最善の努力を尽くさなければならない。
(2)　<u>乙が各月の販売目標を達成できなかったときは、乙は、甲に対し、販売目標に不足する本件製品の個数に1000円を乗じた金額を違約金として支払うこととし、甲は、この違約金額を控除して各月の手数料を支払う。</u>
(3)　販売目標は、毎年4月1日に甲が指定する。

代理店を有利にするためには

　代理店としては、販売目標の規定が存在しない方が有利になります。
　また、たとえ販売目標の規定を設けるとしても、努力目標にとどめておいた方が、代理店には有利になります。
　本条項のみでは努力目標に過ぎませんが、本契約書例では第10条1項10号で、販売目標を2ヶ月連続で達成できなかったときには解除事由となるとされています。
　そのため、代理店としては、解除事由としての「乙が販売目標を2ヶ月連続で達成できなかったとき」の項目を削除した方が良いでしょう。

■第5条（流通の尊重）　　　　　　　　　　　　　重要度★

　この条項は、本件製品の販売にあたり、これまでの流通経路や秩序を尊重するよう義務付けている規定です。
　もっとも、流通経路や秩序というものは不明確であり、かつ義務の程度も「尊重」にとどめているので、当事者の拘束力は弱いものとなっています。

メーカーを有利にするためには

　以下のように流通経路を特定し、それを遵守させることとすれば、メーカーに有利になります。もっとも、拘束力を強めすぎますと、製品が売れにくくなるというデメリットも発生しますので、注意が必要です。

第○条（流通の尊重）
　乙は、事前に甲の承諾を得た買主に対してのみ、本件製品を販売することができる。

代理店を有利にするためには

　この条項は、代理店を拘束するための規定です。
　そのため、代理店としては、この条項を削除することができれば有利になります。

■**第6条（通知義務）** ➡ 70頁参照　　　　　　　　　　重要度★

■**第7条（再委託禁止）** ➡ 99頁参照　　　　　　　　　重要度★★

■**第8条（守秘義務）** ➡ 72頁参照　　　　　　　　　　重要度★

■**第9条（顧客情報）**　　　　　　　　　　　　　　　重要度★

　個人情報の保護に関する法律（個人情報保護法）が平成17年4月1日から完全に施行され、個人情報の取り扱いについては、個人情報保護法及び関連ガイドラインに従うことが義務付けられました。そして、顧客情報は、原則として個人情報保護法の「個人情報」に該当します。
　そのため、メーカーとしては、その取り扱いについて、代理店が法令やガイドラインを遵守するよう管理監督しなければなりません。
　また、顧客情報が流出すると、会社の社会的評価が著しく低下してしまうので、代理店が大量の顧客情報を取り扱っている場合には、この条項のみならず、秘密保持契約書（180頁参照）も締結しておいた方が良いでしょう。

■第10条（解除及び期限の利益喪失）　　　　　　　重要度★★

　基本的には動産売買契約書の箇所で行った解説と同様です（46頁参照）。但し、代理店契約の場合、金銭を支払う者がメーカーであるため、期限の利益喪失条項は、甲の期限の利益について定めなければいけないことに注意しましょう。

　また、代理店が販売目標を2ヶ月連続で達成できなかったときを解除事由としていますが、これは代理店に関する事由ですので、メーカーの期限の利益喪失事由からは排除しています。

■第11条（損害賠償責任）　→49頁参照　　　　　重要度★

■第12条（契約期間）　→72頁参照　　　　　　　重要度★★★

■第13条（契約終了後の処理）　→101頁参照　　　重要度★

■第14条（反社会的勢力の排除）　→51頁参照　　　重要度★★

■第15条（協議解決）　→51頁参照　　　　　　　重要度★

■第16条（合意管轄）　→51頁参照　　　　　　　重要度★★

■後文　→52頁参照　　　　　　　　　　　　　　重要度★★

STEP3　役に立つその他の条項

第○条（保証金）　　　　　　　　　　　　　　　重要度★

　乙は、本契約から生ずる一切の債務及び損害賠償義務の履行を担保するため、本契約締結日に金○○万円を保証金として甲に預託する。この保証金には金利をつけず、本契約終了の際には、債務及び損害金があればこれを控除した後、乙に返却する。

代理店契約においては、代理店が身勝手な販売活動を行うことにより、メーカーが第三者から損害賠償請求を受けることがあります。

事前に保証金を取得していれば、そのような場合に損害賠償金に充てることができるため、メーカーに非常に有利になります。また、保証金を担保に入れているため、代理店としても無謀な販売活動を行いにくいという効果も期待できます。

第○条（権利の譲渡禁止等） 重要度★

甲及び乙は、あらかじめ相手方の書面による承諾を得ないで、本契約に基づく権利、義務又は財産の全部又は一部を第三者に譲渡し、承継させ又は担保に供してはならない。

手数料請求権を第三者に譲渡されてしまうと、見知らぬ第三者から請求を受けるなどして、法律関係が複雑化することがあります。

そのため、譲渡等の禁止規定を設けておいても良いでしょう。

第○条（立入検査） 重要度★

(1) 甲は、乙の事前の同意を得た上、乙の事務所又は営業所等に立ち入り、本件業務の品質等を維持するために必要な事項につき検査することができる。但し、乙の事前の同意を得る方法では、検査の目的を達成することができないときは、時間や手段等に配慮したうえ、乙の事前の同意なしに立入検査を行うことができる。

(2) 前項により、甲が改善の必要性を認識し、乙に対して改善を要求した事項については、乙は、直ちにその要求に従わなければならない。

メーカーとしては、代理店が杜撰な販売行為を行っているようでは、メーカーの信用問題にもなりかねないため困ります。そのため、代理店の業務遂行状況を監視し指導できる状態にしておくことが必要となります。

その一手段として立入検査規定があります。

もっとも、立入検査は、代理店のプライバシーを害することになりかねません。そのため、その手段や方法については、建造物侵入等の違法行為とならないよう十分配慮すべきでしょう（詳細については173頁参照）。

第○条（競業避止） 重要度★

乙は、甲の事前の書面による承諾なしに、本契約に基づく業務を除き本契約期間中及び本契約終了後2年間は、○○県内において、本件業務と同一又は類似のシステムを使用した業務を行ってはならない。

メーカーが企業秘密のノウハウなどを代理店に伝える場合には、契約終了後にそのノウハウを用いて競業行為を行わないように定めておく必要があります。

もっとも、通常、代理店は多くの企業の代理店となりたいと考えますので、競業避止規定を契約書に入れたがらないでしょう。

第○条（解約） 重要度★

甲又は乙は、本契約有効期間中といえども、1ヶ月前までに書面をもって相手方に対して通知することにより、本契約を解約することができる。

契約が当事者間の信頼関係に基づいている場合などには、当事者の双方が自由に解約できるとの規定を設けておくことも可能です。

但し、この規定を設けると、いつでも解約できることになるため、契約の拘束力が著しく低くなります。そのため、契約書に設ける際には慎重に行うべきでしょう。

また、「甲又は乙は」とせずに、「甲は」として、当事者の一方のみに解約権を認めるように工夫することもできます。

第○条（第三者に対する損害） 重要度★

(1) 乙が、本契約履行上、乙の責めに帰すべき事由により、第三者に損害を与えた場合は、乙は自らの費用及び責任において損害を賠償し、甲には何らの迷惑又は損害を及ぼさないものとする。但し、その処理については、甲乙協議のうえ行うものとする。

(2) 乙は、本契約の終了後においても、前項に定める賠償責任を免れることはできないものとする。

代理店の不祥事によりメーカーが責任追及されないための規定です。

代理店の故意過失により、第三者に損害が発生したときには、代理店が責任をとることは当然のことですが、代理店の注意を喚起するために契約書に記載しておいても良いでしょう。

> **第○条（報告）** 重要度★
> 乙は、本件業務の履行の状況に関して、甲からの請求があったときには、その状況につき直ちに報告しなければならない。

メーカーとしては、代理店が違法な販売活動を行っていないか監督する必要があります。そのため、報告規定を設けておいても良いでしょう。

> **第○条（報奨金）** 重要度★
> 乙が本契約を遵守し、かつ、12ヶ月連続で販売目標を達成したときは、甲は乙に対し、報奨金として○○円を支払うものとする。

代理店に精力的に販売活動を行ってもらうよう、報奨金制度を設ける際には、このような条項を用いることになります。

> **第○条（相殺）** 重要度★
> 甲は、本契約又は本契約に限らないその他の契約等に基づき甲が乙に対して負担する債務と、本契約又は本契約に限らないその他の契約等に基づき甲が乙に対し有する債権とを、その債権債務の期限如何にかかわらず、いつでもこれを対等額において相殺することができる。

契約期間中、メーカーが代理店に対して債権を有することがあり得ます。その際に、速やかに相殺という手段で決済することができれば、メーカーにとって簡便です。また、債権回収のリスクを回避することができます。

> **第○条（遅延損害金）** 重要度★
> 甲が本契約又は個別契約に基づく金銭債務の支払を遅延したときは、支払期日の翌日から支払済みに至るまで、年14.6％の割合による遅延損害金を支払うものとする。

手数料の支払につき法定の遅延損害金以上の利率を定めておけば、手数料の支払遅滞を防止する効果があります（詳細については 50 頁参照）。

第○条（商標） 　　　　　　　　　　　　　　　　　　　重要度★

(1) 甲は、本契約期間中、乙に対し、本件業務遂行のため、別紙に規定する甲の商標（以下「本件商標」という。）を無償で使用する権利を許諾する。

(2) 乙は、本件商標を甲の指示に従い、本件業務遂行のためだけに使用することとする。

(3) 乙は、本件商標の全部又は一部を改変し、もしくは本件商標の信用を損なう形で使用してはならない。

　代理店契約を締結する際に、パンフレットやノボリを配布するとともに、メーカーが有する商標を使用許諾することがあります。

　その際に、製品販売行為以外に商標を使用することや、メーカーの信用を損なう形で商標使用が行われることを防止しなければなりません。

　そのため、商標の使用許諾を行う場合には、本規定を設けておいた方が良いでしょう。

第○条（利益供与の禁止） 　　　　　　　　　　　　　　重要度★

　乙は、直接又は間接を問わず、目的の如何にかかわらず、買主に対して、金銭その他の経済的利益を供与してはならない。

　代理店が特定の買主に対してリベートを支払うことにより、製品の適正な流通や自由競争が阻害される可能性があります。このような可能性があるときには、本規定を設けておいた方が良いでしょう。

第○条（販売地域） 　　　　　　　　　　　　　　　　　重要度★

　乙は、販売地域内においてのみ、本件製品の販売活動を行うことができる。但し、インターネットを用いる形の通信販売を行うときには、この限りではない。

代理店の販売地域を限定するときには、この条項を設け、第1条（条件）に「販売地域　　○○」という項目を追加しましょう。但し、インターネットを用いた販売活動を行う場合、販売地域を制限することが困難であるため、この点に関する取り決めも事前に行っておいた方が良いでしょう。

> **第○条（出荷の増減）**　　　　　　　　　　　　　　　　重要度★
> 　甲は、乙から注文を受けた場合においても、市場の状況、乙の販売実績、乙の信用等を考慮し、出荷の増減又は停止等の措置をとることができ、乙はこれに異議を述べない。

　継続的に商品の供給を繰り返していると、メーカーに一定量については出荷すべきという出荷義務が解釈上生じることがあります。
　この義務に違反して出荷を止めた場合、代理店から損害賠償請求を受ける可能性があります。
　そのため、出荷の増減があることを事前に規定しておけば、メーカーに有利になるでしょう。

> **第○条（準拠法）**　　　　　　　　　　　　　　　　　　重要度★
> 　本契約は日本法に準拠し、同法によって解釈されるものとする。

　契約当事者が日本国外の者であるときは、日本法に準拠する旨の規定をしておくべきです。
　海外の法律が適用されるとすれば、契約書が有効に機能しないおそれがあるとともに、トラブルが発生したときに海外の法律に精通した弁護士を探す手間が生じてしまうからです。

8 特約店契約書の作成

STEP1 スピードチェック重要ポイント

収入印紙
4000
円

特約店契約書

（メーカー）○○○○（以下「甲」という。）と（特約店）○○○○（以下「乙」という。）は、以下のとおり特約店契約（以下「本契約」という。）を締結する。

> この時点で略語に置き換えた方が良いでしょう。

第1条　（条件）　　　　　　　　　　　　　　**重要度★★★**

乙は、以下の内容で、甲が継続的に製造し売り渡す以下の製品（以下「本件製品」という。）を買い受け、甲の特約店として本件製品の買主（以下単に「買主」という。）に販売する（以下「本件業務」という。）。但し、甲乙協議のうえ、新たな製品を売渡対象とすることができる。

> 特約店契約の重要事項を定めた重要な規定です。

> 対象商品が変化しうる場合には、この一文を記載しておきましょう。

①品　　名　　別紙のとおり
②発注方法　　乙が甲に対し注文書を交付し、甲が乙に注文請書を交付する方法
③数　　量　　注文書記載のとおり
④単　　価　　別紙のとおり
⑤最低購入量　別紙のとおり
⑥販売地域　　○○県及び△△県
⑦引渡期日　　注文書記載のとおり
⑧引渡場所　　注文書記載のとおり
⑨支払期限　　引渡を受けた本件製品につき毎月末日締め、翌月10日限り
⑩支払方法　　以下の口座に銀行振込（振込手数料は甲負担）
　　　　　　　○銀行○支店
　　　　　　　普通預金

> 本契約書例では、最低購入量を定めています。

> 販売地域は明確に特定しましょう。

> トラブル防止のため振込手数料の負担者についても記載しましょう。

143

口座番号　○○○○○○
口座名義　○○○○○○

第2条　（権限・義務）　　重要度★★

(1)　乙は、販売地域において、本件製品を独占的に販売する権限を有するものとする。但し、乙は、本件製品を自己の名と計算において販売するものとし、甲を代理する権限を有しない。

(2)　乙は、以下の義務を負う。

①販売地域外で本件製品を販売してはならない。但し、インターネットを用いる形の通信販売を行うときには、この限りではない。

②広告、看板等に甲の販売特約店であることを明示しなければならない。

③甲の指示する標準価格を尊重して本件製品を買主に販売しなければならない。

④本件製品の最低購入量を甲から買い受けなければならない。

⑤新規に甲特約店の支店を開設するときは、別途甲との間で特約店契約を締結しなければならない。

(3)　甲は、以下の義務を負う。

①本契約期間中、販売地域において、自ら商品を販売してはならない。

②本契約期間中、販売地域において、乙以外の特約店を設置してはならない。

第3条　（引渡）　　重要度★★

甲は、引渡期日に、引渡場所に本件製品を持参して引き渡す。なお、引渡に要する費用は甲の負担とする。

第4条　（検査）　　重要度★

(1)　乙は、本件製品の引渡後、○日以内に本件製品を検査し、甲に対して合格又は不合格の通知を行わなければならない。

(2)　乙は、前項の検査により本件物品につき瑕疵又は数量不足等を発見したときは、直ちに理由を記載した書面をもって甲

独占的な特約店にする場合に記載します。

インターネット通販はボーダレスであるため、特別な配慮が必要です。

再販価格を拘束すると、独占禁止法違反になる可能性があるので、この程度の記載にとどめましょう。

最低購入量を定めるときには、この規定を用います。

独占的な特約店にする場合に記載します。

トラブル防止のため引渡に要する費用の負担者についても記載しましょう。

検査を行う必要があるときには、この条項を設けましょう。

に不合格の通知をしなければならない。本通知がなされないまま前項の期間が経過したときは、本件物品が検査に合格したものとみなす。

(3) 甲は、検査の結果、不合格になったものについては、甲の費用負担で引き取り、乙の指示する期限までに代品納入を行わなければならない。

(4) 甲は、乙による検査結果に関し、疑義又は異議のあるときは、遅滞なく書面によりその旨を申し出て、甲乙協議のうえ解決する。

> 不合格の場合の処理も定めておきましょう。

第5条 （所有権） 重要度★★

本件製品の所有権は、本件製品の代金完済時に、甲から乙に移転する。

> 民法の規定に従うと不都合が生じかねないので、きちんと決めておきましょう。

第6条 （販売促進） 重要度★

甲は、乙に対し、本件製品の販売促進のため、試供品、パンフレット、ノボリ及び看板等を甲乙協議の上、一定量を無償で提供する。

> 販促品の提供を行う場合には記載しておいた方が良いでしょう。

第7条 （報奨金） 重要度★

乙が本契約を遵守し、かつ、12ヶ月連続で本件製品を各月○○万円以上購入したときは、甲は乙に対し、報奨金として○○円を支払うものとする。

> 報奨金制度を設けることにより、特約店の士気を高めることができます。

第8条 （瑕疵担保責任） 重要度★★

本件製品の引渡後、引渡後の検査においては容易に発見することができなかった瑕疵が発見されたときは、引渡時から6ヶ月以内に限り、乙は甲に対して、無償の修理又は代金の全部もしくは一部の返還を請求することができる。

> この条項がないと、民法等の瑕疵担保責任規定の適用を受けるので注意しましょう。

第9条 （危険負担） 重要度★★

本件製品の乙への引渡前に、乙の責めに帰さない事由により、本件製品に生じた滅失、毀損及び価値減少等の損害は、甲の負

> 民法の規定に従うと不都合が生じかねないので、きちんと定めておきましょう。

担とする。

第10条（権利の譲渡禁止等） 重要度★

甲及び乙は、あらかじめ相手方の書面による承諾を得ないで、本契約に基づく権利、義務又は財産の全部又は一部を第三者に譲渡し、承継させ又は担保に供してはならない。

> 取引関係を複雑化させたくないときに役立つ条項です。

第11条（通知義務） 重要度★

甲及び乙は、次の各号のいずれか一つに該当するときは、相手方に対し、あらかじめその旨を書面により通知しなければならない。

①法人の名称又は商号の変更
②振込先指定口座の変更
③代表者の変更
④本店、主たる事業所の所在地又は住所の変更

> 継続的取引では、ある程度の期間にわたり取引が行われるので、一定の事項には通知義務を課しておいた方が良いでしょう。

第12条（クレーム） 重要度★

(1) 甲は、本件製品の設計上、製造上及び表示上の欠陥がないよう最大限の努力を払うものとする。

(2) 本件製品の欠陥に起因して、本件製品又は本件製品を組み込んだ製品が第三者に対し損害を与えたことにより、当該第三者から乙に対して損害賠償請求がなされ、乙がこれを支払った場合、乙は当該欠陥と相当因果関係のある損害の賠償（弁護士費用及びその他の実費を含む。）を甲に請求することができる。但し、本件製品に欠陥が生じたことにつき、甲に過失が存在しない場合はこの限りでない。

(3) 甲は、本契約終了後も前項の義務を負う。

> 売買対象物が転売される特約店契約では、規定しておいた方が良いでしょう。

> 本契約終了後にも効力が存続することも規定すべきでしょう。

第13条（相殺） 重要度★

甲は、本契約又は本契約に限らないその他の契約等に基づき甲が乙に対して負担する債務と、本契約又は本契約に限らないその他の契約等に基づき甲が乙に対し有する債権とを、その債権債務の期限如何にかかわらず、いつでもこれを対等額において

> 債権回収のリスクを軽減させるための条項です。

相殺することができる。

第14条（出荷の増減） 重要度★

甲は、乙から注文を受けた場合においても、市場の状況、乙の販売実績、乙の信用等を考慮し、出荷の増減又は停止等の措置をとることができ、乙はこれに異議を述べない。

> メーカーに出荷義務が認められると、メーカーが損害賠償請求を受ける可能性があるため、この条項を入れておいた方が良いでしょう。

第15条（解除及び期限の利益喪失） 重要度★★

(1) 甲又は乙が以下の各号のいずれかに該当したときは、相手方は催告及び自己の債務の履行の提供をしないで直ちに本契約又は個別契約の全部又は一部を解除することができる。なお、この場合でも損害賠償の請求を妨げない。

①本契約又は個別契約の一つにでも違反したとき
②監督官庁から営業停止又は営業免許もしくは営業登録の取消し等の処分を受けたとき
③差押、仮差押、仮処分、強制執行、担保権の実行としての競売、租税滞納処分その他これらに準じる手続が開始されたとき
④破産、民事再生、会社更生又は特別清算の手続開始決定等の申立がなされたとき
⑤自ら振り出し又は引き受けた手形もしくは小切手が1回でも不渡りとなったとき、又は支払停止状態に至ったとき
⑥合併による消滅、資本の減少、営業の廃止・変更又は解散決議がなされたとき
⑦災害、労働争議等、本契約又は個別契約の履行を困難にする事項が生じたとき
⑧その他、資産、信用又は支払能力に重大な変更を生じたとき
⑨相手方に対する詐術その他の背信的行為があったとき

(2) 乙が前項各号のいずれかに該当した場合、乙は当然に本契約及びその他甲との間で締結した契約から生じる一切の債務について期限の利益を失い、乙は甲に対して、その時点において乙が負担する一切の債務を直ちに一括して弁済しなければならない。

> 特約店契約では、契約期間がある程度長期にわたるため、設けておいた方が良いでしょう。
>
> 無催告かつ自己の債務の履行をしないで、解除できるように規定しています。
>
> 本契約のみならず、他の契約の債務についても期限の利益喪失を認めた方が良いでしょう。

第 16 条（任意処分） 重要度★★

乙が引渡期日に本件製品を引き取らないなどの契約の不履行が生じたときは、甲は乙に対し書面により相当期間を設け催告したうえで、本件製品を任意に処分し、その売得金をもって乙に対する損害賠償債権を含む一切の債権の弁済に充当することができ、不足額があるときは、更に乙に請求することができる。

> 民法等の規定によると、煩雑な処理となるため、設けておきましょう。

第 17 条（守秘義務） 重要度★

(1) 甲及び乙は、本契約期間中はもとより終了後も、本契約に基づき相手方から開示された情報を守秘し、第三者に開示してはならない。

(2) 前項の守秘義務は以下のいずれかに該当する場合には適用しない。

①公知の事実又は当事者の責めに帰すべき事由によらずして公知となった事実
②第三者から適法に取得した事実
③開示の時点で保有していた事実
④法令、政府機関、裁判所の命令により開示が義務付けられた事実

> 継続的取引では、相手方の企業秘密を知ることがあるため、守秘義務を課しておくべきです。

> 本契約終了後にも効力が存続することも規定すべきでしょう。

第 18 条（損害賠償責任） 重要度★

甲又は乙は、解除、解約又は本契約に違反することにより、相手方に損害を与えたときは、その損害の全て（弁護士費用及びその他の実費を含む。）を賠償しなければならない。

> 賠償額を予定すれば、民法等の賠償規定を超えた賠償額を得ることができます。

第 19 条（遅延損害金） 重要度★★

乙が本契約又は個別契約に基づく金銭債務の支払を遅延したときは、支払期日の翌日から支払済みに至るまで、年 14.6％の割合による遅延損害金を支払うものとする。

> 高い利率を設定すれば、履行遅滞を防止する効果を期待できます。

第 20 条（契約期間） 重要度★★★

本契約の有効期間は、平成○年○月○日から平成○年○月○日までとし、期間満了の 1 ヶ月前までに甲乙いずれからも書面に

> 継続的取引においては、その契約期間を定めておくことが必要です。

よる異議がなされないときには、本契約は期間満了の翌日から起算して、同一内容にて更に1年間延長されるものとし、それ以後も同様とする。

> 自動延長が規定されています。

第21条（契約終了後の処理） 重要度★

(1) 甲及び乙は、本契約が終了したときは、互いに既に確定した債権債務について、速やかにこれを清算するものとする。

(2) 乙は、本契約が終了した場合、直ちに本件業務を中止し、甲に対して事務の引き継ぎを行い、本契約に基づき預託・貸与された事務処理マニュアル等の物品（本契約に基づき提供されたデータ類及びこれらが記録された電子媒体等を含む。）を、速やかに甲の指示に基づき返還ないし破棄するものとする。

(3) 乙は、本契約が終了した以降、甲の商標等を使用するなど、第三者から甲又は甲の業務を受託した者と誤認されるような行為をしてはならない。

> 特約店契約では、マニュアルやデータ等を交付していることがあるので、終了時の取り決めを定めておいた方が良いでしょう。

第22条（反社会的勢力の排除） 重要度★★

(1) 甲及び乙は、自己又は自己の役員が、暴力団、暴力団関係企業、総会屋もしくはこれらに準ずる者又はその構成員（以下これらを「反社会的勢力」という。）に該当しないこと、及び次の各号のいずれにも該当しないことを表明し、かつ将来にわたっても該当しないことを相互に確約する。

①反社会的勢力に自己の名義を利用させること
②反社会的勢力が経営に実質的に支配していると認められる関係を有すること

(2) 甲又は乙は、前項の一つにでも違反することが判明したときは、何らの催告を要せず、本契約を解除することができる。

(3) 本条の規定により本契約が解除された場合には、解除された者は、解除により生じる損害について、その相手方に対し一切の請求を行わない。

> 各都道府県の暴力団排除条例により、事業者には暴力団関係者との契約を解除できる規定を規定する努力義務が課せられています。

第23条（協議解決） 重要度★

> 法的には存在しなくても良い条項ですが、紛争回避に役立つこともあるので設けておいても良いでしょう。

本契約に定めのない事項、又は本契約の解釈について疑義が生じたときは、訴訟額に応じ、東京簡易裁判所又は甲乙誠意をもって協議のうえ解決する。

第24条（合意管轄）　　　　　　　　　　　重要度★★

甲及び乙は、本契約又は個別契約に関し裁判上の紛争が生じたときは訴訟額に応じ、東京簡易裁判所又は、東京地方裁判所を専属的合意管轄裁判所とすることに合意する。

> 訴訟の際に役立ちますので、自己に有利な管轄の裁判所を設定しておきましょう。

> 専属的という文言を入れるようにしましょう。

　本契約締結の証として、本契約書2通を作成し、甲乙相互に署名又は記名・捺印のうえ、各1通を保有することとする。

平成○年○月○日

　　　　　　　　　　　　　　　　甲

　　　　　　　　　　　　　　　　　　　　　　㊞

　　　　　　　　　　　　　　　　乙

　　　　　　　　　　　　　　　　　　　　　　㊞

> 契約書作成日は、契約の要素にもなりますので、忘れずに必ず記載しましょう。

特約店契約書の作成

STEP2 特約店契約書の特徴

　特約店契約書は、メーカーの製品の販売等を行う特約店とメーカーとの間の法律関係を定める契約書です。
　特約店契約では、通常、メーカーと特約店の間で製品の売買が行われ、特約店は購入した製品を小売店や消費者に販売します。そのため、売買契約は、メーカーと特約店の間、特約店と買主の間にそれぞれ成立します。
　メーカーと特約店の間で製品の売買が行われず、特約店が単なる代理人であるときは、本書の代理店契約の雛形を用いて下さい（125頁参照）。

■収入印紙

　特約店契約書には、原則として4000円の収入印紙を貼付しなければなりません。但し、3ヶ月以内の期間で終了する契約（更新の規定があり契約期間が3ヶ月を超える可能性のあるものは除く）については、印紙の貼付は不要となります。

■タイトル

　契約書のタイトルは、その契約の内容を一目で把握させるために設けられています。
　記載例では「特約店契約書」としましたが、以下のような記載でも構いません。タイトルは通常法的意味を有しないので、特に神経質になる必要はありません。

「基本契約書」
「○○に関する基本契約書」
「小売店契約書」

■前文　　　　　　　　　　　　　　　　　　　　　重要度★★

　前文は、契約当事者の特定、契約内容の特定等のために設けられています（詳細については38頁参照）。

■第1条(条件) 重要度★★★

　この条項では、製品の販売価格や手数料等、特約店契約の主要な条件が定められています。

　契約書によっては、これらの事項が別々の条項で規定されていることもありますが、契約書の冒頭にまとめておいた方が、契約内容が一目瞭然となります。

■(品名) 重要度★★★

　販売対象物が特定されていなければ、後日トラブルが生じる可能性があります。そのため、できる限り販売対象物を特定しておくべきです。

　型式や製造番号等が存在する製品であるときは、それらも記載した方が良いでしょう。

　販売対象物が複数存在する場合や、特定するために詳細な記載が必要となる場合は、これらの内容を記載した別紙を契約書の最後に添付する方法が便利です。

■(発注方法) 重要度★★

　本契約書例では、製品の納入につき、注文書とそれに対する注文請書の発行という方法で行うこととされています。

　注文書及び注文請書の雛形については、継続的売買取引基本契約書の雛形を参考にして下さい(65～66頁参照)。

■(数量・単価) 重要度★★★

　注文の数量については、通常注文書に記載されることになるでしょう。

　売買対象物が1つでなく複数である場合には、単価の項目を設けておいた方が良いでしょう。数量不足・超過の際に金額調整をスムーズに行うことに役立つからです。

　また、消費税の内税・外税については、後日の当事者間のトラブルを避けるため明示しておいた方が良いでしょう。

■(最低購入量) 重要度★

　本契約書例では最低購入量を定め、第2条2項4号において、特約店に最

低購入量の買受義務を課しています。この条項は、特約店にとって負担となりますので、規定する際には注意が必要です。

具体的な記載例としては、以下のようになります。

別紙
商品名　　単価（税込）　　最低購入量
○○　　　○○円　　　　　1ヶ月あたり○○個
○○　　　○○円　　　　　1ヶ月あたり○○個
・・・・・

■（販売地域） 重要度★

本契約書例では販売地域を定め、第2条2項1号で販売地域外の販売を禁止しています。但し、インターネットを用いた販売活動を行う場合、販売地域を制限することが困難であるため、この点に関する取り決めも事前に行っておいた方が良いでしょう。

■（引渡期日・引渡場所） 重要度★★★

引渡期日や引渡場所を口約束で行っていると、後にトラブルが起こりかねません。そのため、これらの事項は、契約書上で明確に定めておく必要があります。

■（支払期限・支払方法） 重要度★★★

代金の支払期限は重要な規定ですので、誤りがないか十分注意しましょう。

代金の支払方法は、通常、現金交付か銀行振込の場合が多いでしょう。銀行振込の場合には、振込手数料についても定めておいた方がトラブル防止に役立ちます。

また、約束手形による支払の場合には、何ヶ月サイトの手形を用いるのかという点についても事前に規定しておいた方が良いでしょう。

■第2条（権限・義務） 重要度★★

この条項は、特約店の権限の範囲と義務、メーカーの義務について定めて

います。

　特約店は、自ら製品を購入し、これを買主に売却することになります。そのため、売買契約は特約店と買主との間に成立することになります。この点につき、第1項は、特約店がメーカーの代理人ではないことを明らかにしています。

　また、第1項は、特約店が販売地域において独占的販売権を有することを明らかにしています。

　第2項では、特約店の義務を記載していますが、この項目については、具体的状況に適応するよう、適宜加筆修正して下さい。

　なお、第2項3号では、特約店が購入した製品の買主に対する販売価格（再販価格）について定めていますが、再販価格を強制することは独占禁止法の「不公正な取引方法」に該当する可能性があります。そのため、再販価格については、本契約書例のように「標準価格を尊重」という程度の記載にとどめておいた方が良いでしょう。

　第3項では、特約店の独占販売権を保障する規定がなされています。

　仮に、特約店を独占的なものとしない場合には、第3項を削除し、第1項の「独占的に」という文言を削除すれば良いでしょう。

■**第3条（引渡）** ➡ 42頁参照　　　　　　　　　　　重要度★★

■**第4条（検査）** ➡ 42頁参照　　　　　　　　　　　重要度★

■**第5条（所有権）** ➡ 43頁参照　　　　　　　　　　重要度★★

■**第6条（販売促進）**　　　　　　　　　　　　　　　重要度★

　特約店の売上高が増加すれば、メーカーの売上高も増加します。そこで、特約店に販促品等の無償提供を行うことが考えられますが、その場合にはこの条項を記載した方が良いでしょう。

　販促品等の提供について具体的な取り決めがなされているときには、契約書にその内容を記載しても良いでしょう。記載が多数にわたるときには、別紙を用います。

■第7条（報奨金） 重要度★

　特約店の売上高が増加すれば、メーカーの売上高も増加します。そこで、特約店の士気を高めるため、一定のノルマ達成を条件として報奨金を与えることが考えられます。

　報奨金の定め方には様々な方法がありますが、本契約書例では条件を満たしたときに一定額の報奨金が支払われる形を採用しています。この他、条件を満たしたときに、メーカーが特約店に販売する商品の価格を割引する、又は特約店に独占的販売権を与えるなどの報奨制度も考えられます。

■第8条（瑕疵担保責任） → 44頁参照　　重要度★★

■第9条（危険負担） → 45頁参照　　重要度★★

■第10条（権利の譲渡禁止） → 69頁参照　　重要度★

■第11条（通知義務） → 70頁参照　　重要度★

■第12条（クレーム） → 71頁参照　　重要度★

■第13条（相殺） → 71頁参照　　重要度★

■第14条（出荷の増減） 重要度★

　継続的に商品の供給を繰り返していると、メーカーに一定量については出荷すべきという出荷義務が解釈上生じることがあります。

　そして、この義務に違反して出荷を止めた場合、特約店から損害賠償請求を受ける可能性があります。

　そのため、出荷の増減があることを事前に規定しておき、メーカーが損害賠償請求を受けるリスクを減らしておいた方が良いでしょう。

■第15条（解除及び期限の利益喪失） → 46頁参照　　重要度★★

■第16条（任意処分） → 48頁参照　　重要度★★

■第 17 条（守秘義務） ➡ 72 頁参照　　　重要度★

■第 18 条（損害賠償責任） ➡ 49 頁参照　　　重要度★

■第 19 条（遅延損害金） ➡ 50 頁参照　　　重要度★★

■第 20 条（契約期間） ➡ 72 頁参照　　　重要度★★★

■第 21 条（契約終了後の処理） ➡ 101 頁参照　　　重要度★

■第 22 条（反社会的勢力の排除） ➡ 51 頁参照　　　重要度★★

■第 23 条（協議解決） ➡ 51 頁参照　　　重要度★

■第 24 条（合意管轄） ➡ 51 頁参照　　　重要度★★

■後文　➡ 52 頁参照　　　重要度★★

特約店契約書の作成

STEP3 役に立つその他の条項

第○条（保証金）　　　　　　　　　　　　　　　　　重要度★

　乙は、本契約から生ずる一切の債務及び損害賠償義務の履行を担保するため、本契約締結日に金○○万円を保証金として甲に預託する。この保証金には金利をつけず、本契約終了の際には、債務及び損害金があればこれを控除した後、乙に返却する。

　特約店契約においては、特約店が身勝手な販売活動を行うことにより、メーカーが第三者からクレームや損害賠償請求を受けることがあります。また、特約店が製品の代金の支払を滞らせることがあります。
　そのような場合に保証金を取得していれば、この債務や損害に充てることができるため、メーカーに非常に有利になります。また、保証金を担保に入れているため、特約店としても無謀な販売活動を行いにくいという効果も期待できます。

第○条（立入検査）　　　　　　　　　　　　　　　　重要度★

(1)　甲は、乙の事前の同意を得た上、乙の事務所又は営業所等に立ち入り、本件業務の品質等を維持するために必要な事項につき検査することができる。但し、乙の事前の同意を得る方法では、検査の目的を達成することができないときは、時間や手段等に配慮したうえ、乙の事前の同意なしに立入検査を行うことができる。
(2)　前項により、甲が改善の必要性を認識し、乙に対して改善を要求した事項については、乙は、直ちにその要求に従わなければならない。

　メーカーとしては、特約店が杜撰な販売行為を行っているようでは、メーカーや製品の信頼を損なうことにもなり困ります。そのため、特約店の業務遂行状況を監視し指導できる状態にしておくことが必要となります。その一手段として立入検査規定があります。
　もっとも、立入検査は、特約店のプライバシーを害することになりかねません。そのため、その手段や方法については、建造物侵入等の違法行為とならないよう十分配慮すべきでしょう（詳細については173頁参照）。

第○条（競業避止） 重要度★

　乙は、甲の事前の書面による承諾なしに、本契約に基づく業務を除き本契約期間中及び本契約終了後２年間は、○○県内において、本件業務と同一又は類似のシステムを使用した業務を行ってはならない。

　メーカーが企業秘密のノウハウなどを特約店に伝える場合には、契約終了後にそのノウハウを用いて競業行為を行わないように定めておく必要があります。

第○条（解約） 重要度★

　甲又は乙は、本契約有効期間中といえども、１ヶ月前までに書面をもって相手方に対して通知することにより、本契約を解約することができる。

　契約が当事者間の信頼関係に基づいている場合などには、当事者の双方が自由に解約できるとの規定を設けておくことも可能です。
　但し、この規定を設けると、いつでも解約できることになるため、契約の拘束力が著しく低くなります。そのため、契約書に設ける際には慎重に行うべきでしょう。
　また、「甲又は乙は」とせずに、「甲は」として、当事者の一方のみに解約権を認めるように工夫することもできます。

第○条（連帯保証人） 重要度★

　丙は、乙の連帯保証人として、本契約により生ずる乙の甲に対する一切の債務の弁済につき、連帯して保証する。

　代金の支払につき、連帯保証人を設定すれば、代金支払の確実性が増すため、メーカーに有利に働きます（87頁参照）。

第○条（報告） 重要度★

　乙は、本件業務の履行の状況に関して、甲からの請求があったときには、その状況につき直ちに報告しなければならない。

メーカーとしては、特約店が違法な販売活動を行っていないか監督する必要があります。そのため、報告規定を設けておいても良いでしょう。

第○条（商標）　　　　　　　　　　　　　　　　　　　　**重要度★**

(1)　甲は、本契約期間中、乙に対し、本件業務遂行のため、別紙に規定する甲の商標（以下「本件商標」という。）を無償で使用する権利を許諾する。

(2)　乙は、本件商標を甲の指示に従い、本件業務遂行のためだけに使用することとする。

(3)　乙は、本件商標の全部又は一部を改変し、もしくは本件商標の信用を損なう形で使用してはならない。

特約店契約を締結する際に、パンフレットやノボリを配布するとともに、メーカーが有する商標を使用許諾することがあります。

その際に、製品販売行為以外に商標を使用することや、メーカーの信用を損なう形で商標使用が行われることを防止しなければなりません。

そのため、商標の使用許諾を行う場合には、本規定を設けておいた方が良いでしょう。

第○条（準拠法）　　　　　　　　　　　　　　　　　　　**重要度★**

本契約は日本法に準拠し、同法によって解釈されるものとする。

契約当事者が日本国外の者であるときは、日本法に準拠する旨の規定をしておくべきです。

海外の法律が適用されるとすれば、契約書が有効に機能しないおそれがあるとともに、トラブルが発生したときに海外の法律に精通した弁護士を探す手間が生じてしまうからです。

9 フランチャイズ契約書の作成

STEP1 スピードチェック重要ポイント

フランチャイズ契約書

収入印紙 4000円

(本部)○○○○(以下「甲」という。)と(加盟店)○○○○(以下「乙」という。)は、以下のとおりフランチャイズ契約(以下「本契約」という。)を締結する。

> この時点で略語に置き換えた方が良いでしょう。

第1条 (フランチャイズ権)　　　重要度★★★

甲は、乙に対し、下記店舗(以下「本件店舗」という。)において、甲の商標、商号及びマーク等を使用し、甲の経営ノウハウを用いて営業活動を行う権利(以下「フランチャイズ権」という。)を付与し、乙は甲に対して一定の対価を支払うことを約する。

> 本契約の対象を一部の店舗に限定しています。

記

店舗所在地：○○県○○市○○

> 店舗所在地は契約書上で特定した方が良いでしょう。

第2条 (義務)　　　重要度★★★

(1) 乙は、甲に対して、以下の義務を負う。

① 甲の指示に従い、乙の費用負担で、本件店舗の構造、内外装、レイアウト、看板及び制服等の改修、変更及び設置等を行わなければならない。

② 本件店舗内において乙及び乙の従業員に、甲の指示する制服を着用させなければならない。

③ 甲の指示に従い、乙の費用負担により販売商品の広告及び宣伝等を行わなければならない。

④ 甲の指示する販売商品以外の商品を販売してはならない。

⑤ 本件商品は現金により販売するものとし、掛売で販売しては

> 甲乙の義務をまとめて記載した規定です。

> 費用が生じる事項については、費用負担者を定めておきましょう。

ならない。

⑥販売商品の品目、価格及び販売個数につき、甲の指示を尊重しなければならない。

⑦年中無休かつ少なくとも午前7時から午後11時までの間、本件店舗を開店し、営業を行わなければならない。但し、甲の事前の書面による承諾がある場合を除く。

⑧甲の信用もしくはイメージを損なう行為を行ってはならない。

⑨甲又は甲の指示する者からのみ販売商品の原材料等を購入しなければならず、これにつき、本契約書に添付した別紙継続的売買取引基本契約書を締結しなければならない。

⑩甲の指示に従い、乙の費用負担により、火災保険、生産物賠償保険、施設賠償保険及び動産保険に加入しなければならない。

⑪本件店舗の運営上必要となる人件費、原材料費、消耗品費、水道光熱費、賃料及び公租公課等一切の経費を乙の費用負担で支払わなければならない。

⑫甲に対する一切の支払は、甲の指示する以下の振込口座に行わなければならない（振込手数料は乙負担）。

○銀行○支店

普通預金

口座番号　○○○○○○

口座名義　○○○○○○

(2)　甲は、乙に対して、以下の義務を負う。

①乙及び乙の従業員に対し、商品の販売に関するノウハウにつき、別紙スケジュールに定めるスケジュールに従って指導を行い、その技術を取得させなければならない。

②本件店舗の構造、内外装、レイアウト、看板及び制服等の改修、変更及び設置等に関する指導を行わなければならない。

③本件店舗の開店業務につき、店舗設計、工事業者及び資材の斡旋・供給を行わなければならない。

独占禁止法に違反しないように配慮しましょう。

独占禁止法に違反しないように配慮する必要があります。

トラブル防止のため振込手数料の負担者についても記載しましょう。

第3条 （加盟金） 重要度★★

乙は、甲に対し、本契約締結と同時に、フランチャイズ加盟金として、金○○万円を支払うものとする。この加盟金は、いかなる場合においても、乙に返却されないものとする。

> 加盟金の返却の有無については明確に規定しましょう。

第4条 （保証金） 重要度★★

乙は、本契約から生ずる一切の債務及び損害賠償義務の履行を担保するため、本契約締結と同時に金○○万円を保証金として甲に預託する。この保証金には金利をつけず、本契約終了の際には、債務及び損害金があればこれを控除した後、乙に返却する。

第5条 （ロイヤリティ） 重要度★★

乙は、フランチャイズ権の付与及び甲による経営指導の対価として、甲に対しロイヤリティとして毎月の総売上高の○○％にあたる金員を翌月末日までに支払わなければならない。

> ロイヤリティの算定方法には十分注意しましょう。

第6条 （商標・商号） 重要度★★

(1) 甲は、本契約期間中、乙に対し、本契約遂行のため、別紙に規定する甲の商標及び商号（以下「本件商標等」という。）を無償で使用する権利を許諾する。

(2) 乙は、本件商標等を甲の指示に従い、本契約遂行のためだけに使用することとする。

(3) 乙は、本件商標等の全部又は一部を改変し、もしくは本件商標等の信用を損なう形で使用してはならない。

> 商標や商号を使用させるときには、信用を損なわないように配慮しなければなりません。

第7条 （通知義務） 重要度★

甲及び乙は、次の各号のいずれか一つに該当するときは、相手方に対し、あらかじめその旨を書面により通知しなければならない。

①法人の名称又は商号の変更
②振込先指定口座の変更
③代表者の変更

> フランチャイズ契約は、ある程度の期間にわたり取引が行われるので、一定の事項には通知義務を課しておいた方が良いでしょう。

④本店、主たる事業所の所在地又は住所の変更

第8条　(権利の譲渡禁止等)　　　重要度★

甲及び乙は、あらかじめ相手方の書面による承諾を得ないで、本契約に基づく権利、義務又は財産の全部又は一部を第三者に譲渡し、承継させ又は担保に供してはならない。

> 取引関係を複雑化させたくないときに役立つ条項です。

第9条　(守秘義務)　　　重要度★

(1)　甲及び乙は、本契約期間中はもとより終了後も、本契約に基づき相手方から開示された情報を守秘し、第三者に開示してはならない。

(2)　前項の守秘義務は以下のいずれかに該当する場合には適用しない。

①公知の事実又は当事者の責めに帰すべき事由によらずして公知となった事実

②第三者から適法に取得した事実

③開示の時点で保有していた事実

④法令、政府機関、裁判所の命令により開示が義務付けられた事実

> フランチャイズ契約では、相手方の企業秘密を知ることがあるため、守秘義務を課しておいた方が良いでしょう。

第10条　(顧客情報)　　　重要度★

(1)　乙は、本件業務遂行にあたり知り得た顧客に関する情報(以下「顧客情報」という。)につき、個人情報の保護に関する法律ならびに関連ガイドライン等を遵守し、顧客情報の漏洩等がなされることのないよう適正な取り扱いを確保しなければならない。

(2)　乙は、顧客情報が記載された資料を破棄する場合、散逸、漏洩等がなされることのないよう、厳重注意をもって行わなければならない。

> 個人情報保護法に配慮して、顧客情報の管理につき規定しても良いでしょう。

第11条　(立入検査)　　　重要度★

(1)　甲は、乙の事前の同意を得た上、本件店舗、乙の事務所又は営業所等に立ち入り、本件業務の品質等を維持するために必

要な事項につき検査することができる。但し、乙の事前の同意を得ていては、検査の目的を達成することができないときは、**時間や手段等に配慮したうえ、乙の事前の同意なしに立入検査**を行うことができる。

(2) 前項により、甲が改善の必要性を認識し、乙に対して改善を要求した事項については、乙は、直ちにその要求に従わなければならない。

> 違法行為にならないよう、手段や時間等については十分配慮して下さい。

第12条（報告） 重要度★

乙は、甲に対し、毎月末日までに、甲が指示する書式に基づいて作成した以下の書類を甲に提出しなければならない。
① **月次損益計算書**
② **月次売上報告書**
③ 月次報告書
④ その他、甲が提出を求めた帳簿等

> ロイヤリティの算定のため売上高の報告を求めています。

第13条（テリトリー） 重要度★★

(1) 本件店舗の商圏（以下「本件テリトリー」という。）は、通行人の流れ及び店舗の広さ等を総合的に考慮したうえで、甲乙協議により決定し、別紙として本契約書に添付する。
(2) 甲は、本契約期間中、本件テリトリーにおいて、乙以外の加盟店又は甲の直営店を設置しない。

> テリトリーの有無及び範囲を巡り、トラブルになることが多いので、明確に定めておきます。

第14条（競業避止） 重要度★★

乙は、甲の事前の書面による承諾なしに、本契約に基づく業務を除き本契約期間中及び本契約終了後2年間は、○○県内において、本件業務と同一又は類似のシステムを使用した業務を行ってはならない。

> 独占禁止法に違反しないよう注意しましょう。

> フランチャイズ契約では、契約期間がある程度長期にわたるため、設けておいた方が良いでしょう。

第15条（解除及び期限の利益喪失） 重要度★★

(1) 甲又は乙が以下の各号のいずれかに該当したときは、相手方は催告及び自己の債務の履行の提供をしないで直ちに本契約の全部又は一部を解除することができる。なお、この場合でも

> 無催告かつ自己の債務の履行をしないで、解除できるように規定しています。

損害賠償の請求を妨げない。
①本契約の一つにでも違反したとき
②監督官庁から営業停止又は営業免許もしくは営業登録の取消し等の処分を受けたとき
③差押、仮差押、仮処分、強制執行、担保権の実行としての競売、租税滞納処分その他これらに準じる手続が開始されたとき
④破産、民事再生、会社更生又は特別清算の手続開始決定等の申立がなされたとき
⑤自ら振り出し又は引き受けた手形もしくは小切手が1回でも不渡りとなったとき、又は支払停止状態に至ったとき
⑥合併による消滅、資本の減少、営業の廃止・変更又は解散決議がなされたとき
⑦災害、労働争議等、本契約の履行を困難にする事項が生じたとき
⑧その他、資産、信用又は支払能力に重大な変更を生じたとき
⑨相手方に対する詐術その他の背信的行為があったとき
(2) 乙が前項各号のいずれかに該当した場合、乙は当然に本契約及びその他甲との間で締結した契約から生じる一切の債務について期限の利益を失い、乙は甲に対して、その時点において乙が負担する一切の債務を直ちに一括して弁済しなければならない。

> 本契約のみならず、他の契約の債務についても期限の利益喪失を認めた方が良いでしょう。

第16条（損害賠償責任） 重要度★

甲又は乙は、解除、解約又は本契約に違反することにより、相手方に損害を与えたときは、その損害の全て（弁護士費用及びその他の実費を含む。）を賠償しなければならない。

> 賠償額を予定すれば、民法等の賠償規定を超えた賠償額を得ることができます。

第17条（遅延損害金） 重要度★★

乙が本契約に基づく金銭債務の支払を遅延したときは、支払期日の翌日から支払済みに至るまで、年14.6％の割合による遅延損害金を支払うものとする。

> 高い利率を設定すれば、履行遅滞を防止する効果を期待できます。

| 継続的取引において
は、その契約期間を定
めておくことが必要で
す。

第18条（契約期間） 重要度★★★

本契約の有効期間は、平成○年○月○日から平成○年○月○日までとし、期間満了の1ヶ月前までに甲乙いずれからも書面による異議がなされないときには、本契約は期間満了の翌日から起算して、同一内容にて更に1年間延長されるものとし、それ以後も同様とする。

| 自動延長が規定されています。

| フランチャイズ契約では、マニュアルやデータ等を交付していることがあるので、終了時の取り決めを定めておいた方が良いでしょう。

第19条（契約終了後の処理） 重要度★

(1) 甲及び乙は、本契約が終了したときは、互いに既に確定した債権債務について、速やかにこれを清算するものとする。

(2) 乙は、本契約が終了した場合、直ちに本件業務を中止し、甲に対して事務の引き継ぎを行い、本契約に基づき預託・貸与された事務処理マニュアル等の物品（本契約に基づき提供されたデータ類及びこれらが記録された電子媒体等を含む）を、速やかに甲の指示に基づき返還ないし破棄するものとする。

(3) 乙は、本契約が終了した以降、甲の商標等を使用するなど、第三者から甲又は甲の業務を受託した者と誤認されるような行為をしてはならない。

| 第三者が乙を甲と誤認することを防ぐための規定です。

第20条（当事者の地位） 重要度★

甲及び乙は、各々独立した事業体であり、本契約により当事者相互間において、合弁関係、代理関係又は雇用関係のいずれも創出されないことを確認する。乙が第三者と取引を行う際には、甲と全く異なる主体であることを十分説明し、乙の名のもと乙の計算で行わなければならない。

| 各都道府県の暴力団排除条例により、事業者には暴力団関係者との契約を解除できる規定を規定する努力義務が課せられています。

第21条（反社会的勢力の排除） 重要度★★

(1) 甲及び乙は、自己又は自己の役員が、暴力団、暴力団関係企業、総会屋もしくはこれらに準ずる者又はその構成員（以下これらを「反社会的勢力」という。）に該当しないこと、及び次の各号のいずれにも該当しないことを表明し、かつ将来にわたっても該当しないことを相互に確約する。

①反社会的勢力に自己の名義を利用させること

②反社会的勢力が経営に実質的に支配していると認められる関係を有すること

(2) 甲又は乙は、前項の一つにでも違反することが判明したときは、何らの催告を要せず、本契約を解除することができる。

(3) 本条の規定により本契約が解除された場合には、解除された者は、解除により生じる損害について、その相手方に対し一切の請求を行わない。

第22条（協議解決） 重要度★

本契約に定めのない事項、又は本契約の解釈について疑義が生じたときは、甲乙誠意をもって協議のうえ解決する。

> 法的には存在しなくても良い条項ですが、紛争回避に役立つこともあるので設けておいても良いでしょう。

第23条（合意管轄） 重要度★★

甲及び乙は、本契約に関し裁判上の紛争が生じたときは、訴訟額に応じ、東京簡易裁判所又は東京地方裁判所を専属的合意管轄裁判所とすることに合意する。

本契約締結の証として、本契約書2通を作成し、甲乙相互に署名又は記名・捺印のうえ、各1通を保有することとする。

平成○年○月○日

　　　　　　　　　　　　甲

　　　　　　　　　　　　　　　　　　　㊞

　　　　　　　　　　　　乙

　　　　　　　　　　　　　　　　　　　㊞

> 訴訟の際に役立ちますので、自己に有利な管轄の裁判所を設定しておきましょう。

> 専属的という文言を入れるようにしましょう。

> 契約書作成日は、契約の要素にもなりますので、忘れずに必ず記載しましょう。

STEP2 フランチャイズ契約書の特徴

　フランチャイズ契約は、本部が加盟店に対し、商品の製作方法、販売方法、ノウハウ及び商標使用等の様々な特典を与える対価として、加盟金やロイヤリティ等の支払を受けるという継続的契約をいいます。

　一般的に、本部のことをフランチャイザーといい、加盟店のことをフランチャイジーといいます。

　フランチャイズ契約は、特約店契約に類似していますが、統一的なイメージのもと、均一化されたサービスを提供することに重点がおかれていることに特徴があります。

　フランチャイズ契約では、加盟店が実際に開業したところ赤字続きとなり、「このような状態になるとは思っていなかった。これは情報を十分開示しなかった本部の責任である」として、本部に損害賠償請求等を行うことがあります。

　このようなトラブルが頻発したため、中小小売商業振興法及び同規則は、小売商業を行う本部に対し、直近3事業年度の貸借対照表及び損益計算書の開示等、様々な資料の開示を義務付けています。

　また、公正取引委員会はガイドラインにより、一定の事項の開示を本部に対し促しています。この詳細につきましては、公正取引委員会の下記URLをご参照下さい。

　http://www.jftc.go.jp/dk/guideline/unyoukijun/franchise.html

■収入印紙

　フランチャイズ契約書には、原則として4000円の収入印紙を貼付しなければなりません。但し、3ヶ月以内の期間で終了する契約（更新の規定があり契約期間が3ヶ月を超える可能性のあるものは除く）については、印紙の貼付は不要となります。

■タイトル

　契約書のタイトルは、その契約の内容を一目で把握させるために設けられています。

　記載例では「フランチャイズ契約書」としましたが、以下のように、特約

店契約の要素が強いのであれば「特約店契約書」としても構いません。タイトルは通常法的意味を有しないので、特に神経質になる必要はありません。

「特約店契約書」
「基本契約書」
「ノウハウ提供に関する契約書」

■前文　　　　　　　　　　　　　　　　　　　　　重要度★★

前文は、契約当事者の特定、契約内容の特定等のために設けられています（詳細については38頁参照）。

■第1条（フランチャイズ権）　　　　　　　　　　重要度★★★

フランチャイズ契約は、商品の製作方法、販売方法、ノウハウ及び商標使用等の権利を与える対価として、加盟金やロイヤリティ等の支払を受けるという契約形態です。

本条項では、フランチャイズ契約における基本的事項を定めるとともに、契約の対象となる店舗所在地を明らかにしています。

本部が店舗ごとに加盟金や保証金を徴収しようと考えているときは、フランチャイズ権を与える店舗を特定しておく必要があります。

■第2条（義務）　　　　　　　　　　　　　　　　重要度★★★

この条項は、本部と加盟店が守るべき義務について規定しています。

フランチャイズ契約では、統一的なイメージのもと、均一化されたサービスを提供することに重点がおかれていますので、店舗の内外装や従業員の指導等について、取り決めを行う必要があります。その際に費用が発生する場合は、どちらの費用負担で行うのかという点を忘れずに記入しましょう。

本契約書例に記載した義務以外でも、適宜必要な義務規定を加筆して構いません。

なお、フランチャイズ契約は、本店と支店という同一会社内の関係ではなく、別個独立の主体同士の取引形態ですので、独占禁止法による規制に配慮しなければなりません。

具体的に問題となる事態としては、①本部が加盟店に対し、商品、原材料

及び設備等の注文先を特定の第三者に指定する場合、②商品の販売価格を指定する場合があげられます。

前述の公正取引委員会ガイドラインでは、①の注文先の指定について、本部が加盟者に対して供与（開示）した営業の秘密を守り、また、第三者に対する統一したイメージを確保すること等の目的を的確に実施する限度であれば、直ちに独占禁止法上問題とはならないとしています。しかし、その限度を超え、加盟者に正常な商習慣に照らして不当に不利益を与える場合には、「優越的地位の濫用」等の条項に該当するとしています。

また、公正取引委員会ガイドラインは、②の販売価格の指定について、統一的営業・消費者の選択基準の明示の観点から、必要に応じて希望価格の提示は許容されるが、販売価格を拘束することは、「再販売価格の拘束」等の条項に該当するとしています。

そのため、本契約書例では、第1項6号において、「甲の指示を尊重しなければならない」という程度の記載にとどめています。

なお、同9号では、原材料等の購入先について、本部の指示に従うとされていますが、これはノウハウ等の秘密を守り、第三者に対する統一したイメージを確保するために必要であることを前提としています。

■第3条（加盟金） 重要度★★

一般的に、フランチャイズ契約締結時に、加盟店から本部に対し、加盟金等の名目で一定額の金銭が支払われます。加盟金は、権利金、入会金又は分担金等という名称としても用いられています。

加盟金の性質は、各フランチャイズ契約によって異なっていますが、ノウハウや従業員の指導料という性質を有していることが一般的です。

加盟店を有利にするためには

加盟金の条項は、本部の利益を図る条項です。

そのため、加盟店としては、この条項を削除することができれば、非常に有利になります。

また、仮に本部が削除に応じないとしても、加盟金がいかなる場合においても返却されないと規定しておくことは、加盟店にとっては不都合です。そのため、以下のように返還に応じる場合を定めておいた方が、加盟店にとっ

フランチャイズ契約書の作成

て有利になります。

> 第○条（加盟金）
> 　乙は、甲に対し、本契約締結と同時に、フランチャイズ加盟金として、金○○万円を支払うものとする。この加盟金は、<u>甲の責めに帰する事由により本契約が終了したとき以外は</u>、乙に返却されないものとする。

■第4条（保証金）　　　　　　　　　　　　　重要度★★

　フランチャイズ契約終了時に、加盟店が本部に未払のロイヤリティや売買代金が残存することが考えられます。また、加盟店の身勝手な行為により、本部が損害賠償責任を負担することも考えられます。

　保証金を取得していれば、これらの代金に充当することができるため、本部は非常に有利になります。

■第5条（ロイヤリティ）　　　　　　　　　　重要度★★

　一般的にフランチャイズ契約においては、加盟店が本部に対し、ロイヤリティと呼ばれる一定の金銭を支払うこととされています。

　ロイヤリティの算定方法には、毎月定額支払のものもあれば、売上高や粗利益の一定割合とすることもあります。いずれの方法を採用するにしても、後日のトラブル防止のために、ロイヤリティ額も考慮に入れて、十分な損益予測を行っておくことが必要です。

　この点、小売商業を行うフランチャイズ契約については、中小小売商業振興法及び同規則により、本部が徴収する金額、算定方法、性質、徴収の時期及び方法等について書面で説明することを義務付けています。

本部を有利にするためには

　本部としては、できる限り徴収するロイヤリティの金額を増加させることができれば、それだけ有利になります。

　しかし、あまりにロイヤリティが高額であると加盟店が集まらない可能性があるので注意が必要です。

　本契約書例では、総売上高の○○％をロイヤリティとしましたが、これでは売上がゼロだった場合に、ロイヤリティがゼロとなってしまいます。その

ため、以下のように最低ロイヤリティ額を定めておけば、本部に有利になります。

第○条（ロイヤリティ）

　乙は、フランチャイズ権の付与及び甲による経営指導の対価として、甲に対しロイヤリティとして毎月の総売上高の○○％にあたる金員を翌月末日までに支払わなければならない。但し、毎月の最低ロイヤリティ額は○万円とする。

加盟店を有利にするためには

　加盟店は、ロイヤリティ額について、十分に注意して検討する必要があります。

　本契約書例では、総売上高の○○％をロイヤリティとしましたが、これでは仕入価格が増加し、利益が減少した場合でも、ロイヤリティ額が減少しないことになります。

　そこで、以下のように粗利益の一定割合という方法で算定すれば、加盟店に有利になります。

第○条（ロイヤリティ）

　乙は、フランチャイズ権の付与及び甲による経営指導の対価として、甲に対しロイヤリティとして毎月の粗利益（総売上高から売上原価を控除した額）の○○％にあたる金員を翌月末日までに支払わなければならない。

■第6条（商標・商号）　　重要度★★

　フランチャイズ契約では、統一的なイメージにより均一化されたサービスを提供することを目的としていますので、通常、加盟店は本部の商標や商号を使用することになります。

　その際に、本契約の目的以外に商標等を使用することや、本部の信用を損なう形で商標等が使用されることを防止しなければなりません。

■第7条（通知義務）　→70頁参照　　重要度★

フランチャイズ契約書の作成

■第8条（権利の譲渡禁止） ➡ 70頁参照　　　重要度★

■第9条（守秘義務） ➡ 72頁参照　　　重要度★

■第10条（顧客情報） ➡ 136頁参照　　　重要度★

■第11条（立入検査）　　　重要度★

　この条項は、本部の加盟店に対する立入検査権を定めています。

　加盟店が統一的なイメージを害している場合や、質の悪いサービスを提供している場合には、本部や他の加盟店の信用を害することになりかねません。そのため、加盟店の業務遂行状況を監視し、指導できる状態にしておくことが必要となります。

　もっとも、立入検査は、加盟店のプライバシーを害することになりかねません。そのため、その手段や方法については、建造物侵入等の違法行為とならないよう十分配慮すべきでしょう。

本部を有利にするためには

　本部としては、加盟店の同意なしに、いつでも自由に立入検査を行うことができるようになれば有利になります。

　もっとも、営業時間外に、本部の者が無断で加盟店の営業所に立ち入ることができるとすれば、防犯上の観点からも問題があります。そのため、本部を有利にするとしても、以下の変更例程度にとどめておいた方が良いと思います。

第○条（立入検査）
(1) 甲は、乙の営業時間内に、本件店舗、乙の事務所又は営業所等に立ち入り、本件業務の品質等を維持するために必要な事項につき検査することができる。
(2) 前項により、甲が改善の必要性を認識し、乙に対して改善を要求した事項については、乙は、直ちにその要求に従わなければならない。

加盟店を有利にするためには

　立入検査条項は、本部の便宜を図るための規定ですから、加盟店としては、この条項を削除すれば有利になります。

　もっとも、削除することまでは難しいとしても、以下のようにできる限り厳格な手続を設ければ、加盟店に有利になります。また、本部の改善指示に一方的に拘束されるのではなく、まずは協議することにすれば加盟店に有利になります。

第○条（立入検査）

(1)　甲は、乙の事前の書面による同意を得た上、本件店舗、乙の事務所又は営業所等に立ち入り、乙の責任者の立ち会いのもと、本件業務の品質等を維持するために必要な事項につき検査することができる。

(2)　前項により、甲が改善の必要性を認識し、乙に対して改善を要求した事項については、甲乙協議のうえ対処する。

■第12条（報告）　　重要度★

　本部としては、加盟店の営業実態を適切に把握し、加盟店の利益を増やすため、報告に基づき適切な指示を行う必要があります。また、ロイヤリティが固定額ではなく、売上額等に影響される場合は、ロイヤリティ額を算定するために、売上額等の報告を受ける必要があります。

■第13条（テリトリー）　　重要度★★

　この条項は、本部が新たな加盟店を出店することができない一定の範囲を定めています。この一定の範囲は、一般的にテリトリーと呼ばれています。

　フランチャイズ契約では、加盟店と本部との間で、テリトリーを巡り頻繁にトラブルが起きています。そのため、加盟店としては、フランチャイズ契約の締結の際には、テリトリーが設けられているのかにつき十分注意する必要があります。

本部を有利にするためには

　テリトリー条項は、加盟店の利益を保護するための規定です。そのため、テリトリーを認めなければ、本部は自由に加盟店を出店させることができる

ようになり、有利になります。

　もっとも、テリトリーの有無については、中小小売振興法及び同規則により、書面を交付して説明しなければならないとされ、公正取引委員会のフランチャイズシステムに関するガイドラインでも、明らかにすることが望まれています。

　そのため、単にテリトリー条項を削除するのではなく、以下のような記載を行っておいた方が良いでしょう。

第〇条（テリトリー）
　甲及び乙は、乙以外の加盟店又は甲の直営店を設置できない地域が存在しないことを確認する。但し、甲が本件店舗から半径〇km圏内に乙以外の加盟店及び甲の直営店を設置する際には、事前にその旨を乙に報告しなければならない。

加盟店を有利にするためには

　加盟店としては、できる限り広くテリトリーを設けることができれば有利になります。

　また、後にトラブルにならないよう、テリトリーの範囲は以下のように明確に定めておいた方が良いでしょう。

第〇条（テリトリー）
(1) 本件店舗の商圏（以下「本件テリトリー」という。）は、本件店舗から半径20kmの範囲とする。
(2) 甲は、本契約期間中、本件テリトリーにおいて、乙以外の加盟店又は甲の直営店を設置しない。

■第14条（競業避止）　　　重要度★★

　本契約期間中又は終了後すぐに、加盟店が本部から提供されたフランチャイズのノウハウを用いて、類似の営業活動を行うことになれば、本部の利益を不当に損なうことになりかねません。そのため、本契約期間中又は終了後一定の期間は、加盟店に競業を行うことを禁止する規定を設けておくべきでしょう。

もっとも、あまりに長期間かつ広範囲において、加盟店に競業避止義務を課すことになれば、逆に加盟店の利益を不当に害することになります。

　公正取引委員会のフランチャイズシステムに関するガイドラインでも、特定地域で成立している本部の商権の維持、本部が加盟者に対して供与したノウハウの保護等に必要な範囲を超えるような地域、期間又は内容の競業禁止義務を課すことは、独占禁止法の「優越的地位の濫用」に該当すると述べられていますので注意が必要です。

本部を有利にするためには

　競業避止規定は、本部の利益を守るためのものです。
　そのため、できる限り広範囲かつ長期間、加盟店に競業避止義務を課することができれば、本部に有利になります。
　もっとも、上記の独占禁止法による制限には注意が必要です。

加盟店を有利にするためには

　加盟店としては、競業避止規定を削除することができれば有利になります。
　また、削除できないとしても、以下のようにその範囲をできる限り制限することができれば、加盟店に有利になります。

第○条（競業避止）
　乙は、甲の事前の書面による承諾なしに、本契約に基づく業務を除き本契約期間中及び本契約終了後6ヶ月間は、<u>本件店舗から半径5ｋｍ圏内において</u>、本件業務と同一又は類似のシステムを使用した業務を行ってはならない。

■第15条（解除及び期限の利益喪失）　→ 46頁参照　　重要度★★

■第16条（損害賠償責任）　→ 49頁参照　　重要度★

■第17条（遅延損害金）　→ 50頁参照　　重要度★★

■**第 18 条（契約期間）** ➡ 72 頁参照　　　　　　　重要度★★★

■**第 19 条（契約終了後の処理）** ➡ 101 頁参照　　　重要度★

■**第 20 条（当事者の地位）**　　　　　　　　　　　重要度★

　フランチャイズ契約においては、通常、加盟店が本部の商号や商標等を使用していることから、取引先等が加盟店を本部と誤解して契約を締結してしまう可能性があります。

　その結果、本部に不測の損害が生じることが考えられます。

　そのため、加盟店にそのような誤解が生じないよう、十分に説明を行う義務を加盟店に課すべきでしょう。

■**第 21 条（反社会的勢力の排除）** ➡ 51 頁参照　　重要度★★

■**第 22 条（協議解決）** ➡ 51 頁参照　　　　　　　重要度★

■**第 23 条（合意管轄）** ➡ 51 頁参照　　　　　　　重要度★★

■**後文** ➡ 52 頁参照　　　　　　　　　　　　　　重要度★★

STEP3 役に立つその他の条項

第○条(第三者に対する損害) 重要度★

(1) 乙が、本契約履行上、乙の責めに帰すべき事由により、第三者に損害を与えた場合は、乙は自らの費用及び責任において損害を賠償し、甲には何らの迷惑又は損害を及ぼさないものとする。但し、その処理については、甲乙協議のうえ行うものとする。
(2) 乙は、本契約の終了後においても、前項に定める賠償責任を免れることはできないものとする。

加盟店の不祥事により本部が責任追及されないための規定です。
加盟店の故意過失により、第三者に損害が発生したときには、加盟店が責任をとることは当然のことですが、加盟店の注意を喚起するために契約書に記載しておいても良いでしょう。

第○条(連帯保証人) 重要度★

丙は、乙の連帯保証人として、本契約により生ずる乙の甲に対する一切の債務の弁済につき、連帯して保証する。

代金の支払につき、連帯保証人を設定すれば、代金支払の確実性が増すため、本部に有利に働きます(87頁参照)。

第○条(相殺) 重要度★

甲は、本契約又は本契約に限らないその他の契約等に基づき甲が乙に対して負担する債務と、本契約又は本契約に限らないその他の契約等に基づき甲が乙に対し有する債権とを、その債権債務の期限如何にかかわらず、いつでもこれを対等額において相殺することができる。

契約期間中、本部が加盟店に対して債権を有した際に、速やかに相殺という手段で決済することができれば、本部にとって簡便です。また、債権回収のリスクを回避することができます。

第○条(準拠法)　　　　　　　　　　　　　　　　　重要度★

本契約は日本法に準拠し、同法によって解釈されるものとする。

契約当事者が日本国外の者であるときは、日本法に準拠する旨の規定をしておくべきです。

海外の法律が適用されるとすれば、契約書が有効に機能しないおそれがあるとともに、トラブルが発生したときに海外の法律に精通した弁護士を探す手間が生じてしまうからです。

10 秘密保持契約書の作成

STEP1 スピードチェック重要ポイント

秘密保持契約書

○○○○（以下「甲」という。）と○○○○（以下「乙」という。）は、平成○年○月○日付○○契約書（以下「原契約」という。）に基づく業務（以下「本件業務」という。）につき、以下のとおり秘密保持契約（以下「本契約」という。）を締結する。

> 原契約書の存在が明確であるときは、原契約書を特定しておきましょう。

第1条　（定義）　　　　　　　　　　　重要度★★★

(1) 本契約における「秘密情報」とは、文書、口頭又は物品であるとを問わず、本件業務に関して知り得た相手方、相手方の子会社、相手方の関連会社、相手方の取引先又は相手方の従業員等の事業情報、営業情報及び技術情報その他一切の第三者に知られたくない情報をいう。但し、次の各号に該当する場合は、この限りでない。
①公知の事実又は当事者の責めに帰すべき事由によらずして公知となった事実
②第三者から適法に取得した事実
③開示の時点で保有していた事実
④法令、政府機関、裁判所の命令により開示が義務付けられた事実

> 秘密保持義務の対象となる「秘密情報」について、明確に定義を行なわなければなりません。

(2) 前項の規定にかかわらず、当事者の一方が相手方に開示又は提供した個人情報は秘密情報とする。ここで「個人情報」とは、生存する個人に関する情報であって、当該情報に含まれる氏名、生年月日その他の記述等により特定の個人を識別することができるもの（他の情報と容易に照合することができ、それにより特定の個人を識別することができることとなるものを含

> 個人情報を全て秘密情報とすることで、個人情報保護を図っています。

む。）をいう。

第2条　（秘密保持）　　　　　　　　　　　重要度★★★

(1) 甲及び乙は、法令及び本件業務に関して各省庁より告示されるガイドライン等を遵守しなければならない。

(2) 甲及び乙は、相手方の秘密情報につき、管理担当者を設置し秘密情報に接する者を制限し、第三者が立ち入ることのできない場所に設置された施錠可能な保管施設に秘密情報を保管することにより、厳に秘密として管理しなければならない。

(3) 甲及び乙は、相手方の秘密情報を本件業務の目的のみに使用することとし、それ以外の目的のために使用してはならない。

(4) 甲及び乙は、相手方の秘密情報をあらかじめ相手方の書面による承諾を得た場合を除き、書類又は電磁的記録媒体等に複写又は複製してはならない。

(5) 甲及び乙は、相手方の秘密情報をあらかじめ相手方の書面による承諾を得た場合を除き、廃棄又は残置してはならない。

(6) 甲及び乙は、相手方の秘密情報を第三者に対し開示してはならない。但し、以下の各号に該当する場合はこの限りでない。

①相手方の事前の書面による承諾があるとき

②本件業務遂行のために必要な限度で、機密性について十分説明した上、委託された弁護士、公認会計士、税理士又は損害保険会社等に対し秘密情報を開示するとき

(7) 甲及び乙は、前項の規定により秘密情報を開示した第三者の秘密保持義務違反についても、損害賠償責任を含め一切の責任を負う。

第3条　（従業員教育）　　　　　　　　　　重要度★

甲及び乙は、自らの従業員に対して、本契約に定める事項を十分に説明し、秘密情報の保持についての教育を徹底しなければならない。

個人情報保護法における「個人情報」の定義と同じです。

ガイドライン等を特定できるときは、「○○に関するガイドライン」（平成○年○月○日○○省告示○○号）というように、特定した方が良いでしょう。

第6項で例外的に開示する場合を設けるときには、この規定を設けておくべきでしょう。

秘密保持義務を従業員にも徹底するために設けておいても良いでしょう。

第4条　（返還等）　　　　　　　　　　　　　　　　重要度★★

　甲及び乙は、相手方が要求した場合又は本件業務が終了した場合は、秘密情報の原本及びその複製したものの全てを速やかに相手方に返還し、又は廃棄した旨を相手方に書面をもって通知しなければならない。

> 場合によっては原契約期間中であっても、秘密情報の返還が必要になることが考えられるため、設けておいても良いでしょう。

第5条　（事故発生時の対応）　　　　　　　　　　　重要度★

　秘密情報が第三者に漏洩したおそれが生じたときは、漏洩者は、直ちに相手方に報告し、損害の拡大防止に努めなければならない。

> 漏洩時に報告義務を課しておかないと、損害が拡大するおそれがあります。

第6条　（損害金）　　　　　　　　　　　　　　　　重要度★★

(1)　秘密情報が第三者に漏洩した場合には、漏洩した当事者は、相手方に対し、損害の立証を要することなく金〇〇円を損害金として支払うものとする。

(2)　漏洩した秘密情報が相手方の顧客情報であるときは、漏洩した当事者は、相手方に対し、前項の損害金に加えて、漏洩した顧客情報の件数に金〇〇円を乗じた金額を損害金として支払うものとする。

(3)　秘密情報の漏洩によって被った損害が前2項の損害金を超えるときは、漏洩した当事者は、相手方に対し、その超過額についても賠償しなければならない。

> 損害賠償額を予定しておけば、賠償額の立証の困難性を回避することができます。

> 賠償額の予定をしていると、原則として予定額以上の損害が発生しても請求できなくなりますので、この規定を設けておきましょう。

第7条　（存続期間）　　　　　　　　　　　　　　　重要度★★★

　本契約は、原契約終了後3年間を経過するまで存続するものとする。

> 存続期間を定めておかないと、原契約の終了とともに本契約も終了すると判断されかねないので注意しましょう。

第8条　（協議解決）　　　　　　　　　　　　　　　重要度★

　本契約に定めのない事項、又は本契約の解釈について疑義が生じたときは、甲乙誠意をもって協議のうえ解決する。

> 法的には存在しなくても良い条項ですが、紛争回避に役立つこともあるので設けておいても良いでしょう。

第9条　（合意管轄）　　　　　　　　　　　　　　　重要度★★

　甲及び乙は、本契約に関し裁判上の紛争が生じたときは、訴訟

額に応じ、東京簡易裁判所又は東京地方裁判所を専属的合意管轄裁判所とすることに合意する。

　本契約締結の証として、本契約書2通を作成し、甲乙相互に署名又は記名・捺印のうえ、各1通を保有することとする。

平成〇年〇月〇日

　　　　　　　　　　　　　甲

　　　　　　　　　　　　　　　　　　　　　　㊞

　　　　　　　　　　　　　乙

　　　　　　　　　　　　　　　　　　　　　　㊞

> 訴訟の際に役立ちますので、自己に有利な管轄の裁判所を設定しておきましょう。

> 専属的という文言を入れるようにしましょう。

> 契約書作成日は、契約の要素にもなりますので、忘れずに必ず記載しましょう。

STEP2 秘密保持契約書の特徴

　契約を締結し取引を行うことになると、製品の情報や顧客の情報など相手方当事者の様々な企業秘密や個人情報を知ることがあります。これらの情報が漏洩したり、第三者に売却されることになれば、企業が重大な損失を被ることになりかねません。

　そのため、契約当事者間で高度な秘密情報のやり取りが行われる際には、取引に関する契約書の他に秘密保持契約書を締結しておいた方が良いでしょう。

　個人情報の保護に関する法律（個人情報保護法）第22条では、個人データの取り扱いを委託する場合には、個人データの安全管理が図られるよう、委託者が必要かつ適切に受託者を監督しなければならないとされています。本契約書例は、この個人情報保護法の監督義務にも配慮して作成されています。

■収入印紙

　秘密保持契約書は、それ自体、経済的取引を目的としていないので、印紙税の対象とされていません。

　そのため、収入印紙を貼付する必要はありません。

■タイトル

　契約書のタイトルは、その契約の内容を一目で把握させるために設けられています。

　記載例では「秘密保持契約書」としましたが、以下のような記載でも構いません。タイトルは通常法的意味を有しないので、特に神経質になる必要はありません。

「機密保持契約書」
「機密保持に関する覚書」
「秘密保持及び個人情報保護に関する契約書」

秘密保持契約書の作成

■**前文**　　　　　　　　　　　　　　　　　　　　　**重要度★★**

　前文は、契約当事者の特定や契約内容の特定等のために設けられています。

　一般的に秘密保持契約は、元となる契約書（原契約書）に付随して締結されます。そのため、原契約書を前文の段階で、「平成〇年〇月〇日付〇〇契約書」というように特定しておいた方が良いでしょう。

　なお、原契約書を締結する前に、一定の秘密情報を相手方に開示しなければならないこともあります。その場合には、原契約書に先行して秘密保持契約書を締結することになります。

　本契約書例では、以下のように前文と存続期間の条項を変更すれば対応できます。

　〇〇〇〇（以下「甲」という。）と〇〇〇〇（以下「乙」という。）は、甲乙間の〇〇に関する業務（以下「本件業務」という。）につき、以下のとおり秘密保持契約（以下「本契約」という。）を締結する。

第〇条（存続期間）
　本契約は、本契約締結日又は本件業務に関する契約の終了日のいずれか遅い日から、10年間を経過するまで存続するものとする。

■**第1条（定義）**　　　　　　　　　　　　　　　　**重要度★★★**

　この条項は、秘密保持の対象となる「秘密情報」の定義付けを行っています。

　いかなる情報が秘密保持の対象となるのか不明確であると、秘密保持契約が効力を有しないことにもなりかねません。そのため、きちんと定義付けを行う必要があります。

　この条項では、第1項において、原則として「第三者に知られたくない情報」を秘密情報としています。ここで、「第三者に知られたくない情報」であるか否か、後にトラブルにならないように、秘密情報としたいものについては、あらかじめ「㊙」「Confidential」などの記載を行っておいた方が良いでしょう。

　第2項については、個人情報については「第三者に知られたくない情報」

であるか否かにかかわらず、「秘密情報」に該当すると規定しています。

　この「個人情報」の定義は、個人情報保護法の定義であり、個人情報の管理監督を徹底することにより、同法の規制を満たすことを目的としています。

■第２条（秘密保持）　　　　　　　　　　　　　　　　　重要度★★★

　この条項は、秘密情報の管理、複写等の制限、第三者への開示の制限等、秘密保持義務の根幹となる義務を課す規定です。

　秘密保持契約書を締結するだけで満足するのではなく、実際にこの契約に沿って秘密が保持されているかにつき、適切に監督しておいた方が良いでしょう。

|甲を有利にするためには|

　本契約書例では、甲と乙の双方に同様の秘密保持義務を課する、公平な形を採用しています。

　しかし、専ら甲から乙に対してのみ秘密情報が提供される場合もあります。その場合、乙のみに秘密保持義務を課しておけば、秘密保持の目的を達成することができます。

　この場合の契約書例は以下の通りです。

第○条（秘密保持）

(1)　乙は、法令及び本件業務に関して各省庁より告示されるガイドライン等を遵守しなければならない。

(2)　乙は、甲の秘密情報につき、管理担当者を設置し秘密情報に接する者を制限し、第三者が立ち入ることのできない場所に設置された施錠可能な保管施設に秘密情報を保管することにより、厳に秘密として管理しなければならない。

(3)　乙は、甲の秘密情報を本件業務の目的のみに使用することとし、それ以外の目的のために使用してはならない。

(4)　乙は、甲の秘密情報をあらかじめ甲の書面による承諾を得た場合を除き、書類又は電磁的記録媒体等に複写又は複製してはならない。

(5)　乙は、甲の秘密情報をあらかじめ甲の書面による承諾を得た場合を除

き、廃棄又は残置してはならない。
(6) 乙は、甲の秘密情報を第三者に対し開示してはならない。但し、以下の各号に該当する場合はこの限りでない。
①甲の事前の書面による承諾があるとき
②本件業務遂行のために必要な限度で、機密性について十分説明したうえ、委託された弁護士、公認会計士、税理士又は損害保険会社等に対し秘密情報を開示するとき
(7) 乙は、前項の規定により秘密情報を開示した第三者の秘密保持義務違反についても、損害賠償責任を含め一切の責任を負う。

乙を有利にするためには

乙を有利にするためには、甲を有利にした上記契約書例の「甲」と「乙」を逆転すれば良いでしょう。

■第3条（従業員教育）　　重要度★

会社同士で秘密保持契約が締結されていたとしても、従業員に秘密保持義務の内容が徹底されていなければ、秘密保持契約の効力が発揮されません。

そのため、秘密保持の内容については、従業員にも徹底して教育するよう義務付けておいた方が良いでしょう。

甲を有利にするためには

本条項の義務を以下のように、乙のみに課すことができれば、甲に有利になります。

第○条（従業員教育）
乙は、自らの従業員に対して、本契約に定める事項を十分に説明し、秘密情報の保持についての教育を徹底しなければならない。

乙を有利にするためには

乙を有利にするためには、甲を有利にした上記契約書例の「甲」と「乙」を逆転すれば良いでしょう。

■第4条(返還等)　　　　　　　　　　　　　重要度★★

　この条項は、秘密情報の返還義務について定めています。
　原契約の業務が終了した際に、秘密情報の返還を求めることは当然のことですが、契約期間中においても、相手方に不穏な動きが見られたときなどには、秘密情報の返還を求める必要があります。
　そのため、原契約の契約期間中であっても、秘密情報の返還を求めることができるようにしておいた方が良いでしょう。

甲を有利にするためには

　本条項の義務を以下のように、乙のみに課することができれば、甲に有利になります。

> 第○条(返還等)
> 　乙は、甲が要求した場合又は本件業務が終了した場合は、秘密情報の原本及びその複製したものの全てを速やかに甲に返還し、又は廃棄した旨を甲に書面をもって通知しなければならない。

乙を有利にするためには

　甲を有利にした上記契約書例の「甲」と「乙」を逆転すれば、乙に有利になります。
　また、専ら乙に秘密保持義務が課されている場合、原契約の契約期間中の秘密情報の返還を求めないとして、義務を軽減すれば乙に有利になります。

> 第○条(返還等)
> 　乙は、本件業務が終了した場合は、秘密情報の原本及びその複製したものの全てを速やかに甲に返還し、又は廃棄した旨を甲に書面をもって通知しなければならない。

■第5条(事故発生時の対応)　　　　　　　　　重要度★

　秘密情報が漏洩したときに、相手方がその事実を知らなければ、適切な防衛策をとることができずに被害が拡大してしまうおそれがあります。
　そのため、当事者が漏洩の事実を把握したときには、相手方に報告するよ

う、義務付けた方が良いでしょう。

甲を有利にするためには

本条項の義務を以下のように、乙のみに課することができれば、甲に有利になります。

第○条（事故発生時の対応）
　乙の管理保管する秘密情報が第三者に漏洩したおそれが生じたときは、乙は、直ちに甲に報告し、損害の拡大防止に努めなければならない。

乙を有利にするためには

甲を有利にした上記契約書例の「甲」と「乙」を逆転すれば、乙に有利になります。

■第6条（損害金）　　　　　　　　　　　　　　　重要度★★

この条項は、秘密情報が漏洩した際の損害賠償額について規定しています。

相手方の故意過失により損害を被ったときには、民法第415条により債務不履行として損害賠償の請求を行うことができます。

しかし、損害賠償請求を行う当事者は、損害額についても立証しなければなりません。ところが、秘密情報漏洩による損害額を算定することは非常に困難です。

そのため、あらかじめ秘密情報を漏洩した場合の損害額を予定しておいた方が良いでしょう。損害額の予定がなされていると、原則としてその額の立証がなされなくても、予定額の賠償責任が認められることになります（民法第420条）。

また、具体的な損害額が予定されることにより、真剣に秘密保持義務を履行するようになるという効果も期待できます。

但し、賠償額を予定してしまうと、原則として予定した額以上の損害が発生したとしても、予定額しか請求できなくなります。そのため、予定額以上の損害が発生した場合を想定し、その超過額も請求できる旨の規定をしておくべきでしょう。

なお、予定されている損害額があまりに高額であると、公序良俗違反（民法第90条）や信義則違反（民法第1条2項）を理由に、その効力の一部が否定されることもあります。

そのため、実際に漏洩した場合に生じると予測される、妥当な損害額を記載した方が良いでしょう。

甲を有利にするためには

本条項の義務を以下のように、乙のみに課すことができれば、甲に有利になります。そして、その損害金の額を高額にすれば、甲に有利になります。

第○条（損害金）

(1) 乙の管理保管する秘密情報が第三者に漏洩した場合には、乙は、甲に対し、損害の立証を要することなく金○○円を損害金として支払うものとする。

(2) 乙の漏洩した秘密情報が甲の顧客情報であるときは、乙は、甲に対し、前項の損害金に加えて、漏洩した顧客情報の件数に金○○円を乗じた金額を損害金として支払うものとする。

(3) 秘密情報の漏洩によって被った損害が前2項の損害金を超えるときは、乙は、甲に対し、その超過額についても賠償しなければならない。

乙を有利にするためには

甲を有利にした上記契約書例の「甲」と「乙」を逆転すれば、乙に有利になります。

なお、前項のように甲から一方的に賠償額の予定を行われ、その賠償額が高額であるときは、損害賠償請求により会社が倒産することも考えられます。そのため、乙としては、この条項を削除するよう求めるか、賠償額を下げるよう努めた方が良いでしょう。

■第7条（存続期間） 重要度★★★

この条項は、秘密保持契約の効力が原契約終了後も存続することを定めています。

この規定が存在しないと、原契約が終了するとともに、秘密保持契約も終了するとも解されかねません。しかし、秘密情報の漏洩は、原契約が終了した後も起こりうるので、終了後も効力が存続することを明記する必要があります。

■第8条（協議解決）　➡ 51頁参照　　　　　　　　　　重要度★

■第9条（合意管轄）　➡ 51頁参照　　　　　　　　　　重要度★★

■後文　➡ 52頁参照　　　　　　　　　　　　　　　　重要度★★

STEP3　役に立つその他の条項

第○条（立入検査）　　　　　　　　　　　　　　　　　重要度★

(1) 甲は、乙の事前の同意を得たうえ、乙の事務所又は営業所等に立ち入り、本契約の履行状況を確認するために必要な事項につき検査することができる。但し、乙の事前の同意を得る方法では、検査の目的を達成することができないときは、時間や手段等に配慮したうえ、乙の事前の同意なしに立入検査を行うことができる。

(2) 前項により、甲が改善の必要性を認識し、乙に対して改善を要求した事項については、乙は、直ちにその要求に従わなければならない。

秘密保持契約を締結しても、実際に契約書に記載された秘密保持義務が履行されていなければ意味がありません。そのため、秘密保持義務の履行状況を監視し指導できる状態にしておくことが必要となります。

その一手段として立入検査規定があります。

もっとも、立入検査は、相手方のプライバシーを害することになりかねません。そのため、その手段や方法については、建造物侵入等の違法行為とならないよう十分配慮すべきでしょう（詳細については174頁参照）。

第○条（遅延損害金） 重要度★

　乙が本契約に基づく金銭債務の支払を遅延したときは、支払期日の翌日から支払済みに至るまで、年14.6％の割合による遅延損害金を支払うものとする。

　賠償金の支払につき法定の遅延損害金以上の利率を定めておけば、賠償金の支払遅滞を防止する効果があります（詳細については50頁参照）。

第○条（準拠法） 重要度★

　本契約は日本法に準拠し、同法によって解釈されるものとする。

　契約当事者が日本国外の者であるときは、日本法に準拠する旨の規定をしておくべきです。
　海外の法律が適用されるとすれば、契約書が有効に機能しないおそれがあるとともに、トラブルが発生したときに海外の法律に精通した弁護士を探す手間が生じてしまうからです。

11 不動産賃貸借契約書の作成

STEP1 スピードチェック重要ポイント

不動産賃貸借契約書

（賃貸人）〇〇〇〇（以下「甲」という。）、（賃借人）〇〇〇〇（以下「乙」という。）及び（連帯保証人）〇〇〇〇（以下「丙」という。）は、後記不動産（以下「本件不動産」という。）につき、以下のとおり不動産賃貸借契約（以下「本契約」という。）を締結する。

> この時点で略語に置き換えた方が良いでしょう。

第1条 （条件）　　　　　　　　　　　　　　重要度★★★

甲は、乙に対して、本件不動産を以下の条件で賃貸し、乙はこれを賃借する。

① 対象不動産　後記不動産の表示のとおり
② 使用目的　　小売店店舗
③ 契約期間　　平成〇年〇月〇日から2年間（自動更新あり）
④ 敷　　金　　金〇〇円
⑤ 礼　　金　　金〇〇円
⑥ 月額賃料　　金〇〇円
⑦ 月額共益費　金〇〇円
⑧ 支払期限　　敷金及び礼金は、本契約締結と同時に支払う。
　　　　　　　　月額賃料及び共益費は、毎月末日までに翌月分を支払う。
⑨ 支払方法　　以下の口座に銀行振込（振込手数料は乙負担）
　　　　　　　　〇銀行〇支店
　　　　　　　　普通預金
　　　　　　　　口座番号　〇〇〇〇〇〇
　　　　　　　　口座名義　〇〇〇〇〇〇

> 賃貸借契約の重要事項を一目で把握できるように、最初に配置しています。

> トラブル防止のため振込手数料の負担者についても記載しましょう。

できる限り具体的に禁止事項をあげておきましょう。	**第2条 （禁止事項）** 　**重要度★★** 乙が以下の各号の事由を行うことを禁止する。 ①本件不動産を使用目的以外に使用すること ②本契約の賃借権を第三者に譲渡すること ③本件不動産を第三者に転貸すること ④本件不動産を第三者の使用に供すること ⑤共用部分等を汚損し、又は他の賃借人に迷惑をかけること ⑥本件不動産内又はその敷地において動物を飼育すること ⑦本件不動産内又はその敷地に爆発物等の危険物を搬入すること
	第3条 （敷金） 　**重要度★★** (1) 乙は、甲に対し、本契約締結と同時に、本契約により生じる一切の乙の債務を担保するために、敷金を差し入れる。
敷金に金利が発生しないことを記載しておいた方が良いでしょう。	(2) 本契約の終了により、乙が甲に対し本件不動産を明け渡した場合、甲は、敷金から乙の未払債務額等を差し引いたうえで、乙に返還する。なお、敷金には金利が発生しない。 (3) 乙は、敷金返還請求権と甲に対する債務を相殺することができない。 (4) 乙は、敷金返還請求権を第三者に譲渡し、又は担保に供してはならない。
礼金を徴収するときには、記載した方が良いでしょう。	**第4条 （礼金）** 　**重要度★** (1) 乙は、甲に対し、本契約締結と同時に、礼金を差し入れる。 (2) 前項の礼金は、返還を要しないものとする。
トラブル防止のため、賃借人が負担する費用は、できる限り特定して記載しておくべきです。	**第5条 （水道光熱費等）** 　**重要度★★** 乙は、以下の費用について、自らの負担で支払う。 ①電気及び水道料金等の水道光熱費 ②衛生清掃費 ③冷暖房費

第6条 （修繕費） 重要度★★

(1) 甲は、本件不動産の維持保全に必要な大修繕を自らの費用負担で行う。

(2) 乙は、建具、照明器具又は壁紙等、日常の使用によって消耗する箇所の滅失又は毀損に対する修繕を自らの費用負担で行う。

> トラブル防止のため、修繕費の負担者については、できる限り特定しておくべきでしょう。

第7条 （解除） 重要度★★

乙が以下の各号のいずれかに該当したときは、甲は催告及び自己の債務の履行の提供をしないで直ちに本契約を解除することができる。なお、この場合でも損害賠償の請求を妨げない。

①本契約の一つにでも違反したとき
②賃料を３ヶ月分以上滞納したとき
③賃料の支払いをしばしば遅延し、甲乙間の信頼関係を破壊したとき
④長期不在により賃借権行使の意思がないと認められるとき

> 賃貸借契約の場合、解除事由が存在しても、当事者間の信頼関係が破壊されていなければ、解除が認められないことがあります。

第8条 （解約申入） 重要度★

乙が本契約期間中に本契約を解約しようとするときは、乙はその３ヶ月前までに甲に対し、その旨を書面により通知しなければならない。但し、乙が賃料３ヶ月分に相当する金員を直ちに支払うときは、即時に本契約を解約することができる。

> 解約申入を行う時期については注意が必要です。

第9条 （原状回復及び明渡） 重要度★★

(1) 本契約が期間満了、解約又は解除等の事由により終了するときは、乙は直ちに本件不動産を原状に復して甲に明け渡さなければならない。

(2) 前項の明渡の際、乙は甲に対し、名目の如何を問わず必要費、有益費、造作買取請求権、立退料等一切の金員を要求しない。

> このように規定していても、実際に明渡に応じてくれないときには、立退料等を支払わざるを得ないことがあります。

第10条 （損害金） 重要度★★

本契約が終了したにもかかわらず、乙が本件不動産を明け渡さ

ないときは、乙は、甲に対し、<mark>賃料額の２倍に相当する金額</mark>の損害金を支払わなければならない。

第11条（契約期間） 　　　　　　　　　　【重要度★★★】

本契約の有効期間は、平成○年○月○日から平成○年○月○日までの２年間とし、期間満了の６ヶ月前までに甲乙いずれからも書面による異議がなされないときには、本契約は期間満了の翌日から起算して、同一内容にて更に２年間更新されるものとし、それ以後も同様とする。

第12条（連帯保証人） 　　　　　　　　　　【重要度★★】

丙は、乙の連帯保証人として、本契約により生ずる乙の甲に対する一切の債務の弁済につき、連帯して保証する。

第13条（反社会的勢力の排除） 　　　　　　【重要度★★】

(1) 甲及び乙は、自己又は自己の役員が、暴力団、暴力団関係企業、総会屋もしくはこれらに準ずる者又はその構成員（以下これらを「反社会的勢力」という。）に該当しないこと、及び次の各号のいずれにも該当しないことを表明し、かつ将来にわたっても該当しないことを相互に確約する。
①反社会的勢力に自己の名義を利用させること
②反社会的勢力が経営に実質的に支配していると認められる関係を有すること
(2) 甲又は乙は、前項の一つにでも違反することが判明したときは、何らの催告を要せず、本契約を解除することができる。
(3) 本条の規定により本契約が解除された場合には、解除された者は、解除により生じる損害について、その相手方に対し一切の請求を行わない。

第14条（協議解決） 　　　　　　　　　　　【重要度★】

本契約に定めのない事項、又は本契約の解釈について疑義が生じたときは、甲乙誠意をもって協議のうえ解決する。

欄外注記：

- このように、賠償額の予定を行っておいた方が良いでしょう。
- 借地借家法の適用のある賃貸借契約では、最低契約期間の定めがあるため、注意が必要です。
- 借地借家法の適用のある賃貸借契約では、法定更新という制度が存在するので注意が必要です。
- 連帯保証人がいる場合にはこの条項を設けましょう。「連帯して」という文言が重要です。
- 各都道府県の暴力団排除条例により、事業者には暴力団関係者との契約を解除できる規定を規定する努力義務が課せられています。
- 法的には存在しなくても良い条項ですが、紛争回避に役立つこともあるので設けておいても良いでしょう。

不動産賃貸借契約書の作成

第15条(合意管轄) 　　重要度★★

　甲及び乙は、本契約に関し裁判上の紛争が生じたときは、訴訟額に応じ、東京簡易裁判所又は東京地方裁判所を専属的合意管轄裁判所とすることに合意する。

> 訴訟の際に役立ちますので、自己に有利な管轄の裁判所を設定しておきましょう。
>
> 専属的という文言を入れるようにしましょう。

　本契約締結の証として、本契約書3通を作成し、甲乙丙相互に署名又は記名・捺印のうえ、各1通を保有することとする。

平成〇年〇月〇日

> 契約書作成日は、契約の要素にもなりますので、忘れずに必ず記載しましょう。

(不動産の表示)
所　　在　　〇〇県〇〇市〇〇
家屋番号　　〇番の〇
種　　類　　〇〇
構　　造　　〇〇
床面積　　　〇〇.〇〇平方メートル

> 契約書の最後に記載すると読みやすくなります。

　　　　　　　　　甲

　　　　　　　　　　　　　　㊞

　　　　　　　　　乙

　　　　　　　　　　　　　　㊞

　　　　　　　　　丙

　　　　　　　　　　　　　　㊞

> 連帯保証人を設ける場合には、忘れずに連帯保証人の署名押印を要求しましょう。

STEP2 不動産賃貸借契約書の特徴

　賃貸借契約とは、当事者の一方がある物を使用させる対価として、賃料を受け取る契約形態をいいます。

　借地借家法の適用のある賃貸借契約では、契約書で規定していても、原則として借地借家法が優先的に適用されます（12頁参照）。そのため、不動産賃貸借契約書を変更する際には、常に借地借家法に配慮する必要があります。

　なお、本契約書例は、建物の賃貸借契約書を念頭において作成されています。もっとも、本契約書例を土地の賃貸借契約書として用いることもできます。その際には、第1条の「使用目的」、第5条（水道光熱費等）、第6条（修繕費）の規定を実態に合うように変更して用いて下さい。また、借地借家法の適用を受ける土地賃貸借契約では、最低賃貸借期間が30年間となり、これより短い期間を定めても30年間となりますのでご注意下さい（借地借家法第3条、9条）。

■収入印紙

　建物賃貸借契約書には収入印紙を貼付する必要はありません。

　しかし、土地賃貸借契約書には、以下の要領に従い収入印紙を貼付しなければなりません。

　この場合の課税の基礎となる金額は、礼金、権利金又は更新料等の後日返還されることが予定されていない金銭の合計額です。賃料や後日返還されることが予定されている敷金や保証金等については、課税の基礎とはなりません。

記載された契約金額が	
1万円未満のもの	非課税
1万円以上10万円以下のもの	200円
10万円を超え50万円以下のもの	400円
50万円を超え100万円以下のもの	1000円
100万円を超え500万円以下のもの	2000円
500万円を超え1000万円以下のもの	1万円
1000万円を超え5000万円以下のもの	2万円
5000万円を超え1億円以下のもの	6万円
1億円を超え5億円以下のもの	10万円
5億円を超え10億円以下のもの	20万円
10億円を超え50億円以下のもの	40万円
50億円を超えるもの	60万円
契約金額の記載がないもの	200円

■タイトル

契約書のタイトルは、その契約の内容を一目で把握させるために設けられています。

記載例では「不動産賃貸借契約書」としましたが、以下のような記載でも構いません。タイトルは通常法的意味を有しないので、特に神経質になる必要はありません。

「賃貸借契約書」
「建物賃貸借契約書」
「賃貸借に関する合意書」

■前文　　　　　　　　　　　　　　　　　　重要度★★

前文は、契約当事者の特定、契約内容の特定等のために設けられています（詳細については38頁参照）。

■第1条（条件）　　　　　　　　　　　　　重要度★★★

この条項は、賃貸借対象不動産や賃料等、不動産賃貸借契約の主要な条件を定めています。

契約書によっては、これらの事項が別々の条項で規定されていることもありますが、契約書の冒頭にまとめておいた方が、契約内容が一目瞭然となります。

■（対象不動産）　　　　　　　　　　　　　重要度★★★

賃貸借の目的物を特定する、非常に重要な項目です。

通常は、不動産登記簿謄本に記載されている事項に従って、本契約書例のように記載します。

本契約書例は、賃貸借対象物が建物であることを前提とした記載ですが、土地の場合には以下のような特定の仕方になります。

（不動産の表示）
　　所　在　　○○県○○市○○
　　地　番　　○番○

```
地 目    ○○
地 積    ○○平方メートル
```

また、不動産登記簿謄本が存在しない場合には、建物図面などを契約書の後ろに添付して、「別紙建物図面の斜線部分」などと記載して特定を行います。

■（使用目的） 　　　　　　　　　　　　　　　重要度★★★

　不動産賃貸借契約では、通常、使用目的を定めます。
　使用目的を定めていないと、住居として貸すつもりであったのに飲食店等として用いられ、原状回復が困難となり、周囲の住人に対して迷惑がかかるなどの不測の損害を被ることも考えられます。
　本契約書例では第２条１号により使用目的以外の使用が禁じられ、それに違反した場合は、契約違反として解除事由に該当する可能性があります。

■（契約期間） 　　　　　　　　　　　　　　　重要度★★

　契約期間は、後の条項で詳しく規定しています。
　しかし、契約期間は、賃貸借契約における重要事項の一つであるため、あえて第１条に記載した方が良いでしょう。

■（敷金） 　　　　　　　　　　　　　　　　　重要度★★★

　敷金は、返還されることが予定された金銭です。保証金と呼ばれることもありますが、名称によって性質が変化するものではありません。これらの金銭の性質は、契約書の記載内容によって定まります。
　敷金は、不動産を明け渡した後に、未払賃料や原状回復費用の支払に充てられることになります。これらの支払を行った後、残額があれば、それが賃借人に返却されます。

■（礼金） 　　　　　　　　　　　　　　　　　重要度★

　礼金は、原則として返還されることが予定されていない金銭です。権利金や建設協力金などと呼ばれることもありますが、名称は重要ではなく、契約書の記載内容によってその性質が決まります。

そのため、当該金銭の性質については、きちんと記載する必要があります。本契約書例では、第4条で礼金の性質が定められています。

■（月額賃料・月額共益費） 重要度★★★

月額の賃料と共益費の額が定められています。

月々の支払金額は、重要な関心事の一つですので、明確に規定しましょう。

共益費は、マンション等の共用部分の管理などに用いられる費用です。

■（支払期限） 重要度★★★

敷金、礼金、月額賃料及び共益費の支払期限について定められています。

通常、月額賃料及び共益費は、翌月分を先払いする形で支払われるという取り決めがなされます。

また、契約締結と同時に、賃料の2ヶ月分を前払いするとの内容の賃貸借契約も多く見られます。その場合の契約書例は以下のようになります。

支払期限	敷金及び礼金は、本契約締結と同時に支払う。月額賃料及び共益費は、毎月末日までに翌月分を支払う。但し、本契約締結の際に限り、2ヶ月分の月額賃料及び共益費を本契約締結と同時に前払いする。

■（支払方法） 重要度★★

代金の支払方法は、通常、現金交付か銀行振込の場合が多いでしょう。銀行振込の場合には、振込手数料についても定めておいた方がトラブル防止に役立ちます。

■第2条（禁止事項） 重要度★★

この条項は、賃借人に対する禁止事項を定めた規定です。

本契約書例では、通常想定される禁止事項を例としてあげました。これ以外にも思いつく禁止事項がありましたら、定めておいた方が良いでしょう。

具体的には「本件不動産に造作又は工作等を加え、その他現状を変更すること」などを禁止事項とすることが考えられます。

もっとも、「出産により居住人数を増加させること」などを禁止事項とすることは、公序良俗違反（民法第 90 条）として無効になる可能性が高いといえます。

■第3条（敷金）　　　　　　　　　　　　　　　　　　　重要度★★

この条項は、敷金の性質について規定しています。

敷金や保証金は、契約によってその性質が異なるため、各契約書においてその性質を明確に定めておく必要があります。

本契約書例では、一般的な敷金の内容を規定しています。

賃貸人を有利にするためには

以下のように、敷金や保証金が契約終了時に自動的に一定割合について償却されるとすれば、それだけ返却分が減るため、賃貸人に有利になります。

> (2)　本契約の終了により、乙が甲に対し本件不動産を明け渡した場合、甲は、敷金の 20％を償却し、その残金から乙の未払債務額等を差し引いた上で、乙に返還する。なお、敷金には金利が発生しない。

■第4条（礼金）　　　　　　　　　　　　　　　　　　　重要度★

この条項は、礼金について定めています。

礼金は、通常返還されることが予定されていない金銭です。権利金、建設協力金と名称が異なっていたとしても、契約締結時に支払うこととされており返還が予定されていない金銭は、実質的に同様のものといえるでしょう。

■第5条（水道光熱費等）　　　　　　　　　　　　　　　重要度★★

この条項は、賃借人が負担する費用項目について定めています。

一般的に、水道光熱費は賃借人が負担することとされていますが、その他の不明確な費用については、できる限り事前に定めておいた方がトラブルの発生を防止できます。消防設備点検費やその他の点検費用などは、しばしば費用負担者を巡り問題となりますので、事前に定めておいた方が良いでしょう。

■第6条（修繕費） 重要度★★

　この条項は、修繕費の負担者を定めています。
　一般的には、建物の主要部分の破損等の大修繕は賃貸人の負担であり、ふすまの貼り替えなどの日常的な小修繕については賃借人の負担と考えられています。もっとも、大修繕か小修繕か判別し難いものもありますので、できる限り具体例をあげて、修繕義務者を明らかにしておいた方が良いでしょう。

賃貸人を有利にするためには

　賃貸人としては、できる限り修繕費の支払義務を負わないようにすれば、それだけ有利になります。
　もっとも、建物の主要部分の破損等の大修繕を賃借人に負わすことは、賃借人に著しく酷であるとして、信義則違反（民法第1条2項）や公序良俗違反（民法第90条）を理由に無効とされるおそれがあります。
　そこで、賃借人としては、以下のように大修繕か小修繕か判別し難い修繕を、できる限り賃借人の負担とするよう規定すれば有利になります。

第○条（修繕費）
(1)　甲は、本件不動産の維持保全に必要な大修繕を自らの費用負担で行う。
(2)　乙は、建具、給排水施設、換気施設、電気配線施設、照明器具又は壁紙等の滅失又は毀損に対する修繕を自らの費用負担で行う。

賃借人を有利にするためには

　賃借人としては、できる限り賃貸人に修繕費の支払義務を負わせることができれば、その分有利になります。
　具体的には以下のような条項例が考えられます。

第○条（修繕費）
　甲は、本件不動産に関する照明器具又は壁紙等の修繕を含めた全ての修繕を自らの費用負担で行う。但し、乙の故意又は過失により、修繕の必要が生じたときには、甲は当該修繕に要した費用を乙に請求することができる。

■第7条（解除） 重要度★★

　この条項は、賃貸借契約の解除事由を定めています。
　賃貸借契約が解除されてしまうと、賃借人は生活又は営業の基盤を失うという深刻な事態に陥ることになります。そのため、裁判例は、容易に賃貸借契約の解除を認めず、解除が認められるためには原則として「賃貸人と賃借人との間の信頼関係が破壊されていること」を条件としています。
　本契約書例では解除事由として「①本契約の一つにでも違反したとき」と規定していますが、たとえ契約違反が存在したとしても、当事者間の信頼関係が破壊されていない程度の違反であれば、解除の効力は否定されることになります。
　具体的には、使用目的を「小売店店舗」としているにもかかわらず、実際には寝泊まりを行い半住居として用いていたとしても、賃貸人や第三者に何ら迷惑をかけていないのでしたら、契約違反として解除することは難しいでしょう。また、一般的に1ヶ月分程度の家賃未納では、信頼関係が破壊されているとはいえません。
　このように、賃貸借契約では、契約書に記載された解除事由を満たしたとしても、解除の効力が認められないことがあるので注意しましょう。

賃貸人を有利にするためには

　上記のとおり、賃貸借契約においては、解除事由に何でも盛り込めば良いというものではなく、その効力が否定されることがあります。
　もっとも、「本契約の一つにでも違反したとき」という包括的な条項ではなく、具体的に「本件不動産内において犬を飼育すること」などの事情を解除事由として規定していれば、信頼関係破壊の判断において有利に働くことが考えられます。
　そのため、絶対に禁止したい事項については、具体的に解除事由として規定した方が、賃貸人に有利になるでしょう。

賃借人を有利にするためには

　賃借人としては、できる限り解除事由が少ない方が有利になります。
　また、解除事由を満たすことが困難になれば、その分有利になります。
　具体的には、以下のように解除事由となる滞納期間を長期化すれば、賃借

人に有利になります。

> ②賃料を 6 ヶ月分以上滞納したとき

■第8条（解約申入）　　　　　　　　　　　　重要度★

　この条項は、契約期間中においても賃借人からの解約申入を認めることを規定しています。
　期間の定めのある契約においては、その期間を遵守することが原則となります。しかし、賃借する必要がなくなったにもかかわらず、賃料の支払を義務付けることは賃借人に酷であるため、一般的な賃貸借契約では、このような解約申入の規定がおかれています。

■第9条（原状回復及び明渡）　　　　　　　　重要度★★

　この条項は、賃貸借契約が終了し、賃借人が不動産を明け渡す際の注意事項を規定しています。
　本契約書例では、造作買取請求権や立退料等の請求を一切しない旨の記載がなされています。このような記載を設けることにより、これらの請求権を排除するとの意味を見出すことができます。
　しかし、いくら立退料の要求をしないと記載されていても、実際に任意の明渡に応じなければ、明渡を希望する賃貸人としては、一定額の立退料を支払わざるを得ません。その意味では、必ずしも契約書に記載したとおりの効果を得ることができない場合があるので、注意が必要です。

賃借人を有利にするためには

　賃借人としては、原状回復義務を免除されれば、その分費用負担が軽減することになります。
　また、造作買取請求権等の請求権は失わない方が有利なことは言うまでもありません。
　そのため、以下のように変更すれば、賃借人に有利になります。

> 第○条（原状回復及び明渡）
> 　本契約が期間満了、解約又は解除等の事由により終了するときは、乙は本

> 件不動産を現状のまま甲に明け渡さなければならない。

■第10条（損害金） 重要度★★

　当事者の一方に故意過失が存在し、相手方に損害を生じさせたときに、その損害を賠償しなければならないことは当然のことであり、契約書で規定しなくても民法により損害賠償請求を行うことができます（民法第415条、709条）。

　そして、具体的に賠償額を定めておく、すなわち賠償額の予定を行うのであれば、賠償額の立証を行わずに損害賠償請求を行うことができるようになります。

　本契約書例では、「賃料額の２倍に相当する金額」と規定しています。この条項は一般的に「倍額条項」と呼ばれており、多くの賃貸借契約書に記載されています。

賃貸人を有利にするためには

　賃貸人を有利にするためには、賠償予定額を高額化することが考えられます。もっとも、あまりに高額の賠償額の予定は、公序良俗違反（民法第90条）などにより、無効となりかねないので注意が必要です。

賃借人を有利にするためには

　賠償額の予定は、賃貸人を有利にするための規定です。そのため、この条項を削除することができれば、賃借人に有利になります。

■第11条（契約期間） 重要度★★★

　借地借家法の適用のある借家契約では、最低の契約期間は１年間とされ、１年未満の期間を定めた場合、期間の定めのない契約とみなされてしまいます（借地借家法第29条）。また、借地借家法の適用のある借地契約では、最低の契約期間が30年間とされており、これより短い期間を定めたとしても、30年間の契約とみなされてしまうので注意が必要です（同法第3条）。

　本契約書例では、当事者から異議が出ない限り自動更新されるという契約期間の定めがなされています（詳細については72頁参照）。

　但し、借地借家法の適用のある借家契約については、期間満了前の１年か

ら6ヶ月までの間に更新拒絶の通知を行っておかなければ、従前の契約と同一条件で更新されたものとみなされます（法定更新、同法第26条1項）。そして、その場合の契約期間は、期間の定めのないものとされます。また、更新拒絶には、更新を拒絶するだけの正当事由が要求され、正当事由が存在しなければ、更新拒絶は認められません（同法第28条）。

　この規定は、契約書の記載を上回る効力を有しており、これに反する賃借人に不利な記載を契約書に設けても無効となります（同法第30条）。

　このように、借地借家法の適用のある賃貸借契約では、契約書の記載内容が覆される可能性があるため、借地借家法には十分配慮することが必要となります。

■第12条（連帯保証人）　➡ 87頁参照　　　　　重要度★★

■第13条（反社会的勢力の排除）　➡ 51頁参照　　重要度★★

■第14条（協議解決）　➡ 51頁参照　　　　　　重要度★

■第15条（合意管轄）　➡ 51頁参照　　　　　　重要度★★

■後文　➡ 52頁参照　　　　　　　　　　　　　重要度★★

STEP3 役に立つその他の条項

> **第○条（更新料）** 重要度★
>
> 　本契約が更新される場合には、合意更新又は法定更新であるかにかかわらず、乙は甲に対し、その時の賃料の3ヶ月分に相当する更新料を支払わなければならない。

　更新を行う際に更新料を要求することがよく見られます。

　当然のことながら、更新料を徴収することができれば、賃貸人に有利となります。もっとも、高額な更新料を定めると、契約期間満了で賃借人が退去してしまう可能性もあるため、更新料の金額は熟考したうえで決めるべきでしょう。

> **第○条（造作）** 重要度★
>
> (1)　乙は、本件不動産の使用を開始する前に、あらかじめ造作の設計図を甲に提示し、書面による承諾を受けなければならない。
> (2)　賃貸期間中の店舗に対する造作についても前項と同様とする。

　賃貸人に無断で造作を行われ、それにより不動産の価値が減少することがあっては困ります。

　そのため、造作を行う場合には、賃貸人に事前に説明するように報告義務を課しておいた方が良いでしょう。

> **第○条（賃料の増額）** 重要度★
>
> 　賃料は、公租公課の増加、近隣の土地建物の価格の上昇、周辺の店舗の賃料の増額等の事由がある場合、本契約期間内でも増額を請求することができる。

　借地借家法の適用のある賃貸借契約では、同法の手続に従い、賃料の増額請求を行いうることが定められています（借地借家法第11条、32条）。

　もっとも、法律に詳しい人ばかりではないので、事前に賃料の増額があることを契約書に盛り込んでおいた方が、トラブル防止に役立つでしょう。

第○条(準拠法)　　　　　　　　　　　　　　　重要度★
　本契約は日本法に準拠し、同法によって解釈されるものとする。

　契約当事者が日本国外の者であるときは、日本法に準拠する旨の規定をしておくべきです。
　海外の法律が適用されるとすれば、契約書が有効に機能しないおそれがあるとともに、トラブルが発生したときに海外の法律に精通した弁護士を探す手間が生じてしまうからです。

12 雇用契約書の作成

STEP1 スピードチェック重要ポイント

雇用契約書

(使用者)○○○○(以下「甲」という。)と(労働者)○○○○(以下「乙」という。)は、以下のとおり雇用契約(以下「本契約」という。)を締結する。

> この時点で略語に置き換えた方が良いでしょう。

第1条 (雇用)　　　　　　　　　　　重要度★★★

甲は、乙を雇用し賃金を支払うことを約し、乙は甲の指揮に従い誠実に勤務することを約する。

> 雇用契約が成立したことを示す基本的条項です。このまま記載しましょう。

第2条 (労働条件)　　　　　　　　　重要度★★★

労働条件については、本契約に規定する以外は、別紙労働条件通知書に定めるところによる。

> 労働者ごとに内容が異なるものであるため、別紙の形で対応した方が良いでしょう。

第3条 (誓約)　　　　　　　　　　　重要度★★

乙は、甲に対し、以下の事項を遵守することを誓約する。
①法令、諸規則、諸規程又は業務命令等を遵守し、信義誠実を旨として勤務する
②業務上の機密に属する事項(個人情報を含む)を在職中はもとより、退職後もこれを第三者に漏洩しない
③甲の事前の書面による承諾なしに、在職中はもとより退職後2年間は、甲と同一又は類似のノウハウを利用した事業を自ら営み、又は甲と競合する事業を営む会社に雇用されない
④甲の信用又は名誉を毀損しない

> 労働者に遵守して欲しい事項について具体的に規定しましょう。

210

第4条 （懲戒） 重要度★★

(1) 甲は、乙が次の各号に該当する行為を行ったときは、懲戒処分を行うことができる。

① 無断又は正当な理由なく、遅刻又は早退を繰り返したとき
② 無断又は正当な理由なく欠勤を繰り返したとき
③ 業務命令に従わないとき
④ 甲のパソコン、携帯電話等を繰り返し私用で使ったとき
⑤ 故意又は重過失により、甲の設備又は備品を破損したとき
⑥ 故意又は重過失により営業上の事故を発生させたとき
⑦ 本契約、甲の規則又は規程に反したとき
⑧ 素行不良で甲の秩序、風紀を乱したとき
⑨ 他の社員に性的な嫌がらせを行ったとき
⑩ 甲の信用又は名誉を毀損したとき
⑪ 甲の営業秘密を第三者に漏洩したとき
⑫ 業務上の地位又は権限を利用して、自らの利益を計ったとき
⑬ 甲の許可なく業務上金品等の贈与を受けたとき
⑭ 甲の許可なく事業を始め又は他の会社に雇用されたとき
⑮ 重要な経歴等を詐称し採用されたとき
⑯ 刑法その他の法令に違反したとき
⑰ その他、前各号に準じる行為をしたとき

(2) 懲戒の種類は以下のとおりとする。

① 譴責…始末書をとり、将来を戒める。
② 減給…始末書をとり、1回の額が平均賃金の1日分の半額、総額が1ヶ月の基準内賃金の10分の1の範囲内で減給する。
③ 降格…始末書をとり、現在の職から他の職へ格下げする。
④ 出勤停止…始末書をとり、7日以内の出勤停止を命じ、その間の賃金は支払わない。
⑤ 諭旨退職…退職願を提出するよう勧告する。なお、勧告した日から3日以内に退職願が提出されないときは懲戒解雇とする。
⑥ 懲戒解雇…予告期間を設けることなく即時に解雇する。解雇予告手当及び退職金は支払わない。

> 懲戒を行うためには、あらかじめ懲戒事由及び懲戒の種類を定めておかなければならないので、記載しておいた方が良いでしょう。

> 解雇の条件等は、法令により使用者に明示義務が課されているので、具体的に記載しましょう。

第5条　（解雇事由）　　　　　　　　　　重要度★★★

　甲は、乙が次の各号に該当するときは、解雇することができる。

①身体又は精神の障害により、業務に耐えられないと認められるとき

②勤務成績又は業務能率が不良で、就業に適さないと認められたとき

③事業の縮小、廃止その他経営上の都合により余剰人員が生じたとき

④その他、前各号に準じる事由があるとき

> 法的には存在しなくても良い条項ですが、紛争回避に役立つこともあるので設けておいても良いでしょう。

第6条　（協議解決）　　　　　　　　　　重要度★

　本契約に定めのない事項、又は本契約の解釈について疑義が生じたときは、甲乙誠意をもって協議のうえ解決する。

> 訴訟の際に役立ちますので、自己に有利な管轄の裁判所を設定しておきましょう。
>
> 専属的という文言を入れるようにしましょう。

第7条　（合意管轄）　　　　　　　　　　重要度★★

　甲及び乙は、本契約に関し裁判上の紛争が生じたときは、訴訟額に応じ、東京簡易裁判所又は東京地方裁判所を専属的合意管轄裁判所とすることに合意する。

　本契約締結の証として、本契約書2通を作成し、甲乙相互に署名又は記名・捺印のうえ、各1通を保有することとする。

> 契約書作成日は、契約の要素にもなりますので、忘れずに必ず記載しましょう。

平成○年○月○日

　　　　　　　　　　　　　甲

　　　　　　　　　　　　　　　　　　　㊞

　　　　　　　　　　　　　乙

　　　　　　　　　　　　　　　　　　　㊞

別紙　労働条件通知書　重要度★★★

契約期間	☐ 期間の定めなし
	☐ 期間の定めあり
	（平成　年　月　日～平成　年　月　日）
就業場所	
業務内容	
労働時間	始業時刻（　　時　　分）
	終業時刻（　　時　　分）
	休憩時間（　　　　分間）
	時間外労働　☐あり　　☐なし
休　日	☐　土曜日、日曜日、国民の祝日
	☐　毎週　　　曜日
休　暇	年次有給休暇　労働基準法規定のとおり
	その他の休暇（　　　　　　　　　　）
賃　金	基本給　☐月給　　　　円
	☐時給　　　　円
	諸手当（　　　　手当：　　　　　　円）
	（　　　　手当：　　　　　　円）
	（　　　　手当：　　　　　　円）
	割増賃金　時間外労働（　　％増額）
	休日出勤（　　％増額）
	深夜労働（　　％増額）
	支払日　　　　日締め　　　日払い
	昇給　☐あり　　☐なし
退　職	定年　　☐あり（　　歳）　☐なし
	自己都合退職（退職の　　日以上前に報告すること）

労働条件通知書に記載されている多くの事項は、法令により雇用契約締結の際に労働者に書面で交付することが義務付けられている事項です。そのため、漏れがないように記載しましょう。

期限の定めを設けたときは、原則として3年間を超えてはいけません。

休憩時間を除き、1日について8時間を超えないようにしましょう。

時間外労働を行うときには、労働基準監督署に必要書類を提出しなければなりません。

最低賃金を下回らないよう注意しましょう。

法令により下限が決められているので注意しましょう。

STEP2 雇用契約書の特徴

　雇用契約は、当事者の一方が相手方に対して労働に従事することを約束し、相手方がその者に対して報酬を与えるという契約形態です。

　雇用契約については、労働者の地位を守るため、労働基準法を初めとする様々な法令による規制が設けられています。

　そして、雇用契約書のうち、賃金や職種等の重要事項については、労働契約締結の際に書面を交付して明示しなければならないとされています（労働基準法第15条1項、同法施行規則第5条）。そのため、雇用契約締結の際には、必ず法定事項を記載した雇用契約書を作成し、労働者に交付しなければなりません。

　また、常時10人以上の労働者を使用する使用者は、一定の事項を記載した就業規則を作成し、所轄の労働基準監督署に提出しなければならないとされています（同法第89条）。

　本契約書例は、就業規則が存在しない会社を前提として作成しました。就業規則が存在する職場では、雇用契約書を作成しなくても労働条件通知書と就業規則を労働者に交付すれば足りるでしょう。その際には、契約成立を明らかにするため、労働条件通知書に署名押印するよう労働者に求め、原本を使用者が保管し、写しを労働者に交付した方が良いでしょう。

■収入印紙

　雇用契約書は、課税文書ではないので収入印紙を貼付する必要はありません。

■タイトル

　契約書のタイトルは、その契約の内容を一目で把握させるために設けられています。

　記載例では「雇用契約書」としましたが、以下のような記載でも構いません。タイトルは通常法的意味を有しないので、特に神経質になる必要はありません。

「雇用に関する覚書」

「雇用条件通知書」

■前文　　　　　　　　　　　　　　　　　　　　　重要度★★

　前文は、契約当事者の特定、契約内容の特定等のために設けられています（詳細については 38 頁参照）。

■第 1 条（雇用）　　　　　　　　　　　　　　　　重要度★★★

　この条項は、雇用契約が成立したことを規定しています。

　雇用契約の基本となる条項ですので、このまま記載しておいた方が良いでしょう。

■第 2 条（労働条件）　　　　　　　　　　　　　　重要度★★★

　この条項は、労働条件の詳細を別紙労働条件通知書に委ねる旨を記載しています。

　雇用契約締結の際には、労働者保護のため、労働基準法等によって労働者に明示する事項が規定されています。そのため、法令で要求される事項を漏れなく記載するために、別紙労働条件通知書を用いた方が良いでしょう。

■第 3 条（誓約）　　　　　　　　　　　　　　　　重要度★★

　この条項は、労働者が使用者に対し、一定の事項の遵守を約した規定です。

　なお、3 号の競業禁止規定については、労働者の地位や業務内容によっては、職業選択の自由を不当に制約しているとして、その有効性が否定される可能性もあります。

使用者を有利にするためには

　使用者としては、できる限り多くの事項を労働者に誓約させれば、それだけ有利になります。

　もっとも、一定額の罰金を定めること（賠償額の予定）、借金を賃金から天引きすること等は、労働基準法により禁止されており、罰則規定も設けられています（同法第 16 条、17 条及び 119 条）。

　このように、雇用契約には様々な制約が存在するため、雇用契約書の内容

を変更する際には、社会保険労務士等の専門家に相談した方が良いでしょう。

労働者を有利にするためには

　労働者としては、できる限り義務を負わないようにすれば有利になります。

　本契約書例では、1号、2号及び4号の義務は、労働者に課される一般的抽象的な義務であり、誓約したところで労働者にとって特に問題となりません。

　しかし、3号のように具体的な義務を課されることは、できる限り避けた方が良いでしょう。そのため、本契約書例では、3号を削除することができれば、労働者に有利になります。

■第4条（懲戒）　　　　　　　　　　　　　　　重要度★★

　この条項は、使用者が労働者に対し、懲戒処分を行うことができる事由と懲戒処分の種類について定めています。

　懲戒処分を行うためには、原則として、懲戒事由と懲戒の種類を定めておかなければなりません。

　通常、就業規則には懲戒事由について詳細な規定が設けられていますが、就業規則を作成していない場合であっても、懲戒処分が必要となることがあります。そのため、懲戒の規定は忘れずに設けておくべきでしょう。

使用者を有利にするためには

　懲戒規定は、使用者の便宜を図るための規定です。

　そのため、できる限り予測される多くの問題事項を懲戒事由としておけば、使用者に有利になります。その際には、できる限り具体的に規定すべきでしょう。

労働者を有利にするためには

　労働者としては、使用者とは逆に、できる限り懲戒事由が減少すれば、それだけ負担する義務が減少するため有利になります。

　また、懲戒事由が曖昧であると、懲戒事由に該当するのか否かの判断が困

難となり、行動が著しく制約されることとなりかねません。そのため、曖昧な懲戒事由が存在するときには、具体的な内容に変更するよう求めるべきでしょう。

■**第5条（解雇事由）** 重要度★★★

この条項は、使用者が労働者を解雇できる場合について定めています。

もっとも、解雇事由として契約書に記載すれば、どんな事由でも解雇事由となるわけではありません。

賃金は労働者の生活の基盤を形成しているため、安易に解雇されることのないよう、労働基準法等により手厚く保護されています。

労働契約法第16条は、「解雇は、客観的に合理的な理由を欠き、社会通念上相当であると認められない場合は、その権利を濫用したものとして、無効とする」と定めています（解雇権濫用法理）。そのため、解雇を行う際には、単に契約書に記載された解雇事由を満たしていることのみならず、解雇権濫用法理に照らしても有効であるか検討しなければなりません。

■**第6条（協議解決）** ➡51頁参照　　重要度★

■**第7条（合意管轄）** ➡51頁参照　　重要度★★

■**後文** ➡52頁参照　　重要度★★

■**労働条件通知書** 重要度★★★

雇用契約締結の際には、労働者保護のため、一定の労働条件を明らかにしたうえ書面で労働者に交付することが義務付けられています（労働基準法第15条1項、同法施行規則第5条）。

この義務を果たすため、雇用契約書とともに労働条件通知書を作成し、一体として労働者に交付するようにしましょう。

なお、□の欄は選択制とされていますので、該当するものにチェックを入れて下さい。

労働条件通知書を作成する際の注意点は以下のとおりです。

■（契約期間） 重要度★★★

　期間の定めありとする場合には、原則として3年を超えてはいけません（労働基準法第14条）。

■（就業場所） 重要度★★★

　就業場所を住所等で特定して記載しましょう。
　将来的に変更される可能性があるときには、その旨もしくはその場所を記載しましょう。

■（業務内容） 重要度★★★

　業務内容を具体的に記載しましょう。
　将来的に変更される可能性があるときには、その旨もしくはその内容を記載しましょう。

■（労働時間） 重要度★★★

　原則として、休憩時間を除き、1日について8時間、1週間について40時間を超える労働時間を設けてはいけません（労働基準法第32条）。この上限時間を超える時間外労働を労働者に行わせるためには、同法第36条に規定される協定書を所轄の労働基準監督署に提出しなければなりません。
　休憩時間については、労働時間が6時間を超える場合は45分以上、8時間を超える場合は1時間以上与えなければいけません（同法第34条）。

■（休日） 重要度★★★

　原則として1週間に1日、又は4週間を通じて4日以上の休日を設けなければいけません。
　休日を定める際には、労働時間を考慮に入れて、1日について8時間、1週間について40時間という労働時間の上限を超えないよう配慮しなければなりません。

■（休暇） 重要度★★★

　労働者が雇入れの日から6ヶ月間継続勤務し、全労働日の8割以上出勤したときには、10日間の年次有給休暇を与えなければならないとされていま

す（労働基準法第39条1項）。その後も同様の条件で継続勤務した労働者に対しては、以下の通り年次有給休暇を与えなければならないとされています（同法第39条2項）。

勤続年数（8割以上出勤）	付与日数
6ヶ月	10日間
1年6ヶ月	11日間
2年6ヶ月	12日間
3年6ヶ月	14日間
4年6ヶ月	16日間
5年6ヶ月	18日間
6年6ヶ月以上	20日間

夏期休暇や年末年始休暇等を設けるときは、その他の休暇の欄にその内容を記載しましょう。

■ （賃金）　　　　　　　　　　　　　　　　　　　　重要度★★★

賃金を定める際には、最低賃金を下回らないように注意する必要があります。最低賃金は、経済の各要因に基づき、各都道府県の労働基準局長が定めます。具体的な金額については、所轄の労働基準監督署に問い合わせて確認しましょう。

1日について8時間、1週間について40時間という労働時間の上限を超えた時間外労働を行わせるときには、25％以上の割増賃金を支払わなければなりません。

また、1週間に1日存在する法定休日に労働させるときには、35％以上の割増賃金を支払わなければなりません。

午後10時から午前5時の間の労働は深夜労働にあたり、25％以上の割増賃金を支払わなければなりません。

そのため、これらの基準を満たす割増率を労働条件通知書に記載することになります。

なお、深夜労働が時間外労働にあたるときは、25％＋25％＝50％の割増となりますのでご注意下さい。

■ （退職）　　　　　　　　　　　　　　　　　　　　重要度★★

定年を設けるときには、その下限に注意しましょう。定年の下限は法改正

により変動しますので、所轄の労働基準監督署に問い合わせて確認しましょう。

なお、解雇に関する事由については、雇用契約書に記載されているので、労働条件通知書には記載していません。

各種の労働条件通知書の雛形は、厚生労働省ホームページからダウンロードすることができます。

https://www.jftc.go.jp/dk/guideline/unyoukijun/franchise.html

STEP3 役に立つその他の条項

第○条（提出書類） 重要度★
(1) 乙は、本契約締結日から２週間以内に、以下の各号の書類を甲に提出しなければならない。
①住民票
②給与振込依頼書
③その他会社が指定する書類
(2) 乙は、提出書類中の記載事項に変更があったときは、速やかに甲に届け出なければならない。

雇用契約締結の際に、労働者に一定の書類等の提出を求めるのであれば、この条項を記載しておいても良いでしょう。

なお、その他の提出書類として以下のようなものが考えられます。
・健康診断書
・源泉徴収票
・年金手帳
・身元保証書
・免許証
・資格証明書
・卒業証明書

第○条（試用期間） 重要度★

(1) 契約期間開始日から3ヶ月間は試用期間とする。
(2) 甲が乙を社員として不適格と判断したときは、試用期間の途中又は満了時に解雇することができる。
(3) 試用期間は勤続年数に通算する。

一定の期間、労働者の就労状況を見てみたいと判断したときには、試用期間を設けても良いでしょう。

試用期間中であれば、本採用の場合と比べて、使用者が労働契約を解消することは容易になりますが、それでも解雇には合理的理由が必要となります。

第○条（配置転換） 重要度★

甲は、業務の都合により、乙に対し配置転換を命令することがあり、乙はその命令に従わなければならない。

配置転換が行われる可能性があるときには、事前に本条項を記載しておいた方が良いでしょう。

第○条（出向） 重要度★

甲は、業務の都合により、乙に対し出向を命じることがあり、乙はその命令に従わなければならない。

出向が行われる可能性があるときには、事前に本条項を記載しておいた方が良いでしょう。但し、原則としてこのような労働契約締結時の包括的な合意をもって、労働者に自由に出向命令を行うことができるわけではありません。

出向命令を行う場合には、出向先の労働条件（労働時間、賃金、休暇、出向期間、復職の仕方及び復帰後の待遇等）の詳細を出向先の就業規則の提示等により明らかにしたうえで、労働者から個別的に合意を得るべきでしょう。詳細については224頁以降参照。

第○条（準拠法） 重要度★
本契約は日本法に準拠し、同法によって解釈されるものとする。

契約当事者が日本国外の者であるときは、日本法に準拠する旨の規定をしておくべきです。
　海外の法律が適用されるとすれば、契約書が有効に機能しないおそれがあるとともに、トラブルが発生したときに海外の法律に精通した弁護士を探す手間が生じてしまうからです。

■身元保証 重要度★★
　労働契約締結の際に身元保証人を要求するときには、雇用契約書とは別に

身元保証書

○○株式会社
代表取締役○○○○殿

　このたび、下記の者が貴社従業員として採用されるにあたり、身元保証人として、本人が会社の就業規則その他の服務規律を遵守し、誠実に勤務することを本日より5年間保証します。
　万が一、本人の故意又は過失により、貴社に損害を被らせたときは、本人と連帯して損害賠償の責めに応じることを確約します。

　平成○年○月○日

　　　　　　　　　　　本　人
　　　　　　　　　　　　住所
　　　　　　　　　　　　氏名　　　　　　　㊞

　　　　　　　　　　　身元保証人
　　　　　　　　　　　　住所
　　　　　　　　　　　　氏名　　　　　　　㊞
　　　　　　　　　　　　本人との続柄

身元保証書を作成しておかなければなりません。

　身元保証書の提出を義務付けることにより、従業員としての適格性を知ることができ、かつ、労働者が使用者に対し損害を発生させたときに、身元保証人にその損害の請求をすることが可能となります。

　身元保証の期間は、身元保証ニ関スル法律により5年間が上限とされていますので、5年を経過するときには再度、身元保証人から身元保証更新書を取得する必要があります。

　身元保証書及び身元保証更新書の記載例は下に掲げたとおりです。

身元保証更新書

○○株式会社
代表取締役○○○○殿

　私は、下記の者の就業にあたり、平成○年○月○日、身元保証人として、貴社に対し身元保証書を差し入れましたが、このたび5年間を経過して身元保証期間が満了しました。

　そこで、私は再度本日より5年間、本人の身元保証人として、上記身元保証書記載の条件に従い身元保証人としての責任を負うため、ここに身元保証更新書を差し入れます。

　平成○年○月○日

　　　　　　　　　　　　　本　人
　　　　　　　　　　　　　　住所
　　　　　　　　　　　　　　氏名　　　　　　　　㊞

　　　　　　　　　　　　　身元保証人
　　　　　　　　　　　　　　住所
　　　　　　　　　　　　　　氏名　　　　　　　　㊞
　　　　　　　　　　　　　本人との続柄

13 出向契約書の作成

STEP1 スピードチェック重要ポイント

出向契約書

(出向元) ○○○○ (以下「甲」という。)、(出向先) ○○○○ (以下「乙」という。) 及び (労働者) ○○○○ (以下「丙」という。) は、以下のとおり出向契約 (以下「本契約」という。) を締結する。

> 労働者も加えた三者間における契約形態を採用しています。
>
> この時点で略語に置き換えた方が良いでしょう。

第1条 （出向条件） 重要度★★★

(1) 甲は、丙に対し、本契約書記載の以下の条件で乙への出向を命じ、丙はこれを了承した。

①勤務場所　　○○
②業務内容　　○○
③出向期間　　平成○年○月○日から○年間

(2) 乙は、丙に対し、就業場所及び業務内容の変更又は配置転換を命じることができ、丙はこれに応じなければならない。

(3) 甲及び乙は、甲乙協議のうえ、出向期間を延長することができる。

> 労働者の同意の存在が明らかとされています。

第2条 （労働条件） 重要度★★★

丙は、出向期間中、乙の指揮監督に服し、原則として乙の就業規則、その他の規程に従うものとする。但し、身分上の事項（休職、解雇、懲戒、定年）はこの限りでない。

> 労働者が出向先の指揮監督下に入り、出向先の規程等に従うという出向契約の基本的合意を定めています。

第3条 （賃金等） 重要度★★★

(1) 丙の出向期間中の賃金、賞与、旅費、日当、通勤手当及びその他の諸手当（以下「賃金等」という。）は、乙の負担において支給する。

> 労働者との雇用契約は出向元との間に存続するため、身分上の事項については出向元の規程を用いるべきでしょう。

(2) 乙は、乙の算定基準による丙に対する賃金等の金額が、甲の算定基準による丙に対する賃金等の金額以上になるよう、調整手当等を用いることにより対処しなければならない。

> 労働者の賃金保障を行っている規定です。賃金は労働者の最大の関心事ですので、トラブル防止のためにも明確に定めておいた方が良いでしょう。

第4条 （費用負担）　　　　　　　　　重要度★★

(1) 丙の健康保険、厚生年金、厚生年金基金、雇用保険及び介護保険等は、甲が取り扱い、乙は甲に対しその費用を支払わなければならない。但し、労災保険については、乙が取り扱い、乙が費用負担する。

(2) 丙の日常業務により発生する諸費用は、乙の負担とする。

(3) 甲は、乙に対し、当月分の費用につき、毎月末日までに請求書を交付し、乙は翌月15日までに甲の指定する以下の口座に振込送金することにより支払う（振込手数料は乙負担）。

（振込口座）
○銀行○支店
普通預金
口座番号　○○○○○○
口座名義　○○○○○○

> 賃金等以外に発生する諸経費の負担者を定めておいた方が良いでしょう。

> トラブル防止のため振込手数料の負担者についても記載しましょう。

第5条 （復職）　　　　　　　　　　　重要度★★

(1) 丙は、以下の各号に該当するときには、甲に復職する。
①出向期間が延長されず満了したとき
②出向期間満了前でも、甲乙協議の上、甲の丙に対する復職命令がなされたとき

(2) 甲は出向期間中、丙を休職扱いとし、復職後の労働条件及び退職金その他の給付金の算定にあたっては、出向期間を甲の在職期間に通算する。

> 復職の条件、復職の際の処理については、トラブル防止のために明確に定めておいた方が良いでしょう。

第6条 （反社会的勢力の排除）　　　　重要度★★

(1) 甲及び乙は、自己又は自己の役員が、暴力団、暴力団関係企業、総会屋もしくはこれらに準ずる者又はその構成員（以下これらを「反社会的勢力」という。）に該当しないこと、及び次の各号のいずれにも該当しないことを表明し、かつ将来にわ

> 各都道府県の暴力団排除条例により、事業者には暴力団関係者との契約を解除できる規定を規定する努力義務が課せられています。

たっても該当しないことを相互に確約する。
① 反社会的勢力に自己の名義を利用させること
② 反社会的勢力が経営に実質的に支配していると認められる関係を有すること
(2) 甲又は乙は、前項の一つにでも違反することが判明したときは、何らの催告を要せず、本契約を解除することができる。
(3) 本条の規定により本契約が解除された場合には、解除された者は、解除により生じる損害について、その相手方に対し一切の請求を行わない。

第7条 （協議解決）　　　　　　　　　　　　重要度★

本契約に定めのない事項、又は本契約の解釈について疑義が生じたときは、甲、乙及び丙が誠意をもって協議のうえ解決する。

> 法的には存在しなくても良い条項ですが、紛争回避に役立つこともあるので設けておいても良いでしょう。

第8条 （合意管轄）　　　　　　　　　　　　重要度★★

甲、乙及び丙は、本契約に関し裁判上の紛争が生じたときは、訴訟額に応じ、東京簡易裁判所又は東京地方裁判所を専属的合意管轄裁判所とすることに合意する。

> 訴訟の際に役立ちますので、自己に有利な管轄の裁判所を設定しておきましょう。

> 専属的という文言を入れるようにしましょう。

　本契約締結の証として、本契約書3通を作成し、甲乙丙相互に署名又は記名・捺印のうえ、各1通を保有することとする。

平成〇年〇月〇日

> 三者間の契約なので、契約書も3通作るようにしましょう。

甲

㊞

乙

> 契約書作成日は、契約の要素にもなりますので、忘れずに必ず記載しましょう。

㊞

丙 ㊞

STEP2 出向契約書の特徴

　一般的に出向とは、使用者の業務命令により、労働者が使用者の指揮監督の下から離れて、他社の指揮監督の下で労務の提供を行う労働形態をいいます。
　出向契約は、その性質により以下の2種類に大別されます。
①出向元の従業員としての地位を保持したまま、出向先の指揮監督の下に業務を行う場合（在籍出向）
②出向元との労働契約を解消したうえで、出向先との間で新たに労働契約を締結する場合（転籍出向）
　転籍出向の場合は、実質上転職であるため、労働者は出向元との間で退職の手続を行い、出向先との間で新たに雇用契約を締結することになります。
　本契約書例は在籍出向を前提とした契約書です。そのため、以下在籍出向に限定して解説を行います。
　雇用契約書や就業規則に「会社は出向を命じることがあり、これに従わなければならない」と記載されていることが多くみられます。しかし、この規定のみをもって使用者が労働者に対して自由に出向を命じることができるわけではありません。
　解釈上争いのある点ですが、出向を行うためには、原則として出向先の労働条件（労働時間、賃金、休暇、出向期間、復職の仕方及び復帰後の待遇等）の詳細を明らかにしたうえで、労働者から個別的な合意を得なければなりません。
　もっとも、出向先の労働条件（労働時間、賃金、休暇、出向期間、復職の仕方及び復帰後の待遇等）の詳細を明らかにしたうえで、出向命令がなされ得ることを就業規則等で明示しつつ、労働者が雇用契約を締結した場合には、労働契約締結の際の同意をもって、使用者が出向命令を行うことができると考えられています。この場合には、出向元は辞令書を労働者に交付することのみで出向を命じることができます。しかし、この場合でも、出向命令の必要性及び出向者の選定の合理性等に問題があれば、権利濫用として出向命令が無効となることもあります。
　このように、原則として出向契約締結の際に、労働者の個別的合意が必要とされることから、本契約書例では出向元、出向先に加え、労働者も契約の

当事者としました。

　このような三者間の出向契約書ではなく、出向元と出向先の二者間で出向契約書を締結し、別途労働者の個別的合意を得る方法もあります。その場合には、労働者に出向先の労働条件（労働時間、賃金、休暇、出向期間、復職の仕方及び復帰後の待遇等）の詳細を明らかにしたうえで個別的合意を得る必要があります。

■収入印紙

　出向契約書は、課税文書ではないので収入印紙を貼付する必要はありません。

■タイトル

　契約書のタイトルは、その契約の内容を一目で把握させるために設けられています。記載例では「出向契約書」としましたが、以下のような記載でも構いません。タイトルは通常法的意味を有しないので、特に神経質になる必要はありません。

「在籍出向契約書」
「出向に関する覚書」
「指揮監督者変更契約書」

■前文　　　　　　　　　　　　　　　　　　　　　重要度★★

　前文は、契約当事者の特定、契約内容の特定等のために設けられています。本契約書例では、出向元、出向先及び労働者の三者間の契約としているため、甲乙丙が契約当事者として記載されています（詳細については38頁参照）。

■第1条（出向条件）　　　　　　　　　　　　　　重要度★★★

　この条項では、労働者が出向命令に同意したことを明らかにするとともに、出向の内容に関する重要事項が記載されています。

　契約書によっては、これらの重要事項が別々の条項で規定されていることもありますが、契約書の冒頭にまとめておいた方が、契約内容が一目瞭然と

なります。

■（勤務場所） 重要度★★★

　勤務場所は、労働契約締結の際に明示すべき義務が課せられている重要事項です。

　労働者としても、勤務場所が曖昧であっては困るため、住所を記載するなどして、明確に特定する必要があります。

■（業務内容） 重要度★★★

　業務内容も労働契約締結の際に明示すべき義務が課せられている重要事項です。

　そのため、できる限り具体的に記載する必要があります。

■（出向期間） 重要度★★★

　出向により、労働者は出向元の指揮監督を離れ、出向先の指揮監督下におかれることになるため、環境の変化など労働者に大きな影響を与えることになります。

　そのため、労働者にとって出向期間は非常に気がかりな点となりますので、明確に記載すべきでしょう。

出向元を有利にするためには

　本契約例では、第3項において出向元と出向先の協議によって、出向期間の延長が認められることがあると規定しています。

　ここで、出向元と出向先との間で協議がまとまらなければ、当初の契約内容に従って、出向期間満了をもって労働者が復職することになります。

　そのため、以下のように、出向元が一方的に出向期間を延長できるとすれば、出向元に有利になります。

> (3)　甲は、甲の業務上の都合により、出向期間を延長することができる。

出向先を有利にするためには

　本契約書例では、第3項において出向元と出向先の協議によって、出向期

間の延長が認められることがあると規定しています。

　出向労働者が有能である場合や重要な部署を担当している場合には、出向先が出向期間の延長を望むことも考えられます。その際に、出向先が一方的に出向期間を延長できるとすれば、出向先に有利になります。

> (3)　乙は、乙の業務上の都合により、出向期間を延長することができる。

労働者を有利にするためには

　労働者としては、出向という不安定な状態から、できる限り早く復帰したいと考えることが通常であると思われます。

　そのため、出向期間を短くすれば、それだけ労働者に有利になります。

　また、本契約書例の第2項により、就業場所や業務内容等が出向先の命令により変更されうることが規定されています。しかし、このような権限を出向先に認めるとすれば、思いもよらない業務内容を割り当てられることにもなりかねません。

　そのため、第2項を以下のように変更することができれば、労働者に有利になります。

> (2)　乙及び丙は、乙丙協議の上、就業場所及び業務内容の変更又は配置転換を行うことができる。

　また、本契約書例の第3項によれば、労働者の関与しないところで、出向期間の延長がなされることが規定されています。これでは、労働者にとってみれば、期間の定めがない出向契約と実質上異なりません。

　そのため、以下のように、出向期間の延長の判断につき労働者が関与できるようにすれば、労働者に有利になります。

> (3)　甲、乙及び丙は、甲乙丙協議の上、三者の合意により出向期間を延長することができる。

■第2条（労働条件）　　　　　　　　　　　重要度★★★

　この条項は、出向することとなる労働者の労働条件について定めていま

す。

　出向とは、出向元の指揮監督下を離れ、出向先の指揮監督下に入ることを意味しますので、原則として労働者は出向先の労働条件に服することになります。もっとも、在籍出向の場合は、出向元の労働者としての地位を失っていないため、身分に関する事項については出向元の定めによるべきでしょう。

労働者を有利にするためには

　出向元に存在するけれども出向先には存在しない労働者に有利な定めがあるときには、その定めが出向先においても適用されることとなれば、労働者に有利になります。
　具体的には、以下のようにその定めの内容を特定して記載すべきでしょう。

第○条（労働条件）
　丙は、出向期間中、乙の指揮監督に服し、原則として乙の就業規則、その他の規程に従うものとする。但し、○○に関する定め及び身分上の事項（休職、解雇、懲戒、定年）はこの限りでない。

■第3条（賃金等）　　　　　　　　　　　　　重要度★★★

　この条項は、労働者の最大の関心事ともいえる賃金について規定しています。
　出向期間内の賃金の支払者、対象となる賃金の範囲及び賃金額については明確に定めておく必要があります。

出向先を有利にするためには

　本契約書例の第2項において、出向先は出向元での労働者の賃金額以上の賃金を支払うこととされています。
　しかし、労働者の出向元での賃金が高額であるときには、その賃金額を保障することは出向先にとって負担となります。また、賃金体系を出向労働者のみについて変更することは煩雑でもあります。
　そのため、以下のように賃金についても出向先の規程に従うこととすれ

ば、出向先に有利になります。

　なお、本契約書例の第2条により賃金を含めた労働条件については、出向先の規程が適用されることとされていますが、トラブル防止のため賃金について明示しておいた方が良いでしょう。

第○条（賃金等）
(1)　丙の出向期間中の賃金、賞与、旅費、日当、通勤手当及びその他の諸手当（以下「賃金等」という。）は、乙の負担において支給する。
(2)　丙の賃金については、丙の甲における勤務状況を勘案し、乙の規程に従い独自に算出する。なお、乙において、甲の丙に対する賃金等の金額が保障されるわけではない。

　また、このように賃金額が下がる可能性があることに労働者が納得しないときには、以下のように不足分を出向元が負担することにすれば、出向先は有利になります。

第○条（賃金等）
(1)　丙の出向期間中の賃金、賞与、旅費、日当、通勤手当及びその他の諸手当（以下「賃金等」という。）は、原則として乙の負担において支給する。
(2)　乙の算定基準による丙に対する賃金等の金額が、甲の算定基準による丙に対する賃金等の金額を下回るときには、甲は、丙に対し、その不足額を調整手当として支払わなければならない。

■第4条（費用負担）　　重要度★★

　この条項は、労働者について発生する賃金以外の各種諸費用の負担者について定めています。

　本契約書例は、保険料等の支払者変更の煩雑さを考慮して、健康保険や厚生年金等の費用については出向元が事務手続を行うが、費用については出向先が負担することにしています。もっとも、出向の期間が長期にわたり、労働者が出向先事業の組織に組み入れられるときには、実態に即して出向先が保険料等の取り扱いも行った方が良いでしょう。

また、労災保険については、労働者が出向先の組織に組み入れられ、他の労働者と同様の立場にあるときは、出向先が取り扱うべきとの通達があります。そのため、本契約書例では労災保険は出向先の負担としています。
　その他、出向元が事務手続を行わなくても特に問題のない費用については、本契約書例では出向先が直接支払うこととしています。

出向先を有利にするためには

　本契約書例では、労働者について発生する各種費用の負担者が出向先とされています。
　しかし、以下のようにこれらの諸費用の負担者を出向元にすることができれば、それだけ出向先の負担が減りますので、出向先に有利になります。

第○条（費用負担）
(1) 丙の健康保険、厚生年金、厚生年金基金、雇用保険及び介護保険等は、甲が取り扱い、甲が費用負担する。但し、労災保険については、乙が取り扱い、甲が費用負担する。
(2) 丙の日常業務により発生する諸費用は、甲の負担とする。
(3) 乙は、甲に対し、当月分の費用につき、毎月末日までに請求書を交付し、甲は翌月15日までに乙の指定する以下の口座に振込送金することにより支払う（振込手数料は甲負担）。
（振込口座）
○銀行○支店
普通預金
口座番号　○○○○○○
口座名義　○○○○○○

■第5条（復職）　　　重要度★★

　この条項は、労働者の復職について定めています。
　一般的に出向期間は、出向元では休職扱いとしたうえで、復職後に退職金等につき配慮されるという扱いがなされています。

出向元を有利にするためには

　本契約書例の第1項2号では、出向期間満了前でも出向元と出向先の協議により、労働者を復職させることができると規定しています。

　しかし、以下のように出向元が独自の判断で復職命令を行いうるとすれば、労働力確保について柔軟に対応できることとなり、出向元に有利になります。

> (1)　丙は、以下の各号に該当するときには、甲に復職する。
> ①出向期間が延長されず満了したとき
> ②出向期間満了前でも、甲の丙に対する復職命令がなされたとき

出向先を有利にするためには

　以下のように出向先が独自の判断で復職指示を行いうるとすれば、労働力の調整について柔軟に対応できることとなり、出向先に有利になります。

> (1)　丙は、以下の各号に該当するときには、甲に復職する。
> ①出向期間が延長されず満了したとき
> ②出向期間満了前でも、乙の丙に対する復職指示がなされたとき

労働者を有利にするためには

　本契約書例の第1項2号では、出向期間満了前でも出向元と出向先の協議により、労働者を復職させることができると規定しています。

　しかし、この規定によれば、労働者の意向が復職に関し反映されないことになります。

　労働者としても、出向先においてプロジェクト遂行の最中であり、出向期間途中の復職を希望しないことも考えられます。

　そのため、以下のように変更することができれば、労働者に有利になります。

> (1)　丙は、以下の各号に該当するときには、甲に復職する。
> ①出向期間が延長されず満了したとき
> ②出向期間満了前でも、甲乙丙の協議により丙の復職の合意が成立したと

き

■**第6条（反社会的勢力の排除）** 　　　　　　　　重要度★★

　三者間の契約ですので、当事者の記載も甲乙丙の三者としましょう。その他の詳細は51頁参照。

■**第7条（協議解決）** 　　　　　　　　　　　　重要度★

　三者間の契約ですので、当事者の記載も甲乙丙の三者としましょう。その他の詳細は51頁参照。

■**第8条（合意管轄）** 　　　　　　　　　　　　重要度★★

　三者間の契約ですので、当事者の記載も甲乙丙の三者としましょう。その他の詳細は51頁参照。

■**後文** 　　　　　　　　　　　　　　　　　　　重要度★★

　三者間の契約ですので、当事者の記載も甲乙丙の三者とし、契約書も3通作りましょう。その他の詳細は52頁参照。

出向契約書の作成

STEP3 役に立つその他の条項

第○条（提出書類） 　　　　　　　　　　　　　　　重要度★
(1) 丙は、本契約締結日から２週間以内に、以下の各号の書類を乙に提出しなければならない。
①住民票
②給与振込依頼書
③その他会社が指定する書類
(2) 丙は、提出書類中の記載事項に変更があったときは、速やかに乙に届け出なければならない。

　出向契約締結の際に、労働者に一定の書類等の提出を求めるのであれば、この条項を記載しておいても良いでしょう。
　なお、その他の提出書類として以下のようなものが考えられます。
・健康診断書
・源泉徴収票
・年金手帳
・身元保証書
・免許証
・資格証明書
・卒業証明書

第○条（試用期間） 　　　　　　　　　　　　　　　重要度★
(1) 契約期間開始日から３ヶ月間は試用期間とする。
(2) 乙が丙を出向社員として不適格と判断したときは、乙は、試用期間の途中又は満了時に本契約を解除することができる。

　一定の期間、出向される労働者の就労状況を見てみたいと判断したときには、試用期間を設けても良いでしょう。
　出向契約が解除されても、出向元と労働者との雇用契約までもが解除されるわけではないので、雇用契約の試用期間の場合と比べて、容易に解除することができます。

第○条（守秘義務） 重要度★
(1) 甲、乙及び丙は、本契約期間中はもとより終了後も、本契約に基づき当事者から開示された情報を守秘し、第三者に開示してはならない。
(2) 前項の守秘義務は以下のいずれかに該当する場合には適用しない。
①公知の事実又は当事者の責めに帰すべき事由によらずして公知となった事実
②第三者から適法に取得した事実
③開示の時点で保有していた事実
④法令、政府機関、裁判所の命令により開示が義務付けられた事実

出向先において労働者が知り得た情報を第三者に漏洩されては困ります。そのため、守秘義務条項を設けておいても良いでしょう。

第○条（準拠法） 重要度★
本契約は日本法に準拠し、同法によって解釈されるものとする。

契約当事者が日本国外の者であるときは、日本法に準拠する旨の規定をしておくべきです。

海外の法律が適用されるとすれば、契約書が有効に機能しないおそれがあるとともに、トラブルが発生したときに海外の法律に精通した弁護士を探す手間が生じてしまうからです。

14 労働者派遣基本契約書の作成

STEP1 スピードチェック重要ポイント

労働者派遣基本契約書

(派遣元)○○○○(以下「甲」という。般○○—○○—○○○○)と(派遣先)○○○○(以下「乙」という。)は、以下のとおり労働者派遣基本契約(以下「本契約」という。)を締結する。

> 厚生労働大臣の許可番号等は必ず記載しましょう。

> この時点で略語に置き換えた方が良いでしょう。

第1条 (派遣契約)　重要度★★★

甲は、甲の雇用する労働者(以下「派遣労働者」という。)を派遣し、乙の指揮監督のもと乙の事業に従事させることとし、乙は、甲からの派遣労働者を受け入れる。

> 労働者派遣契約が成立したことを明らかにしています。

第2条 (適用範囲)　重要度★★

(1) 本契約は、次条以下に規定する全ての個別契約に適用する。

(2) 個別契約の内容が、本契約と異なるときは、個別契約が優先される。

> 優先関係は、トラブル防止のため明確にしておきましょう。

第3条 (個別契約)　重要度★★★

派遣労働者の就業場所、業務内容及び派遣料金等は、甲乙協議のうえ、個別契約で定めるものとする。

> 継続的取引では、基本契約と個別契約という二層の契約を締結することになります。

第4条 (派遣料金)　重要度★★★

(1) 乙は、個別契約に従い当月分の派遣料金を算定し、甲に対し、毎月末日までに、下記振込口座に振り込んで支払う(振込手数料は乙負担)。

○銀行○支店

> トラブル防止のため振込手数料の負担者についても記載しましょう。

普通預金
口座番号　○○○○○○
口座名義　○○○○○○

(2) 乙は、甲に対し、速やかに前項の派遣料金の算定根拠を書面により通知しなければならない。

第5条　（派遣労働者の確保）　　　　　　　重要度★★

(1) 甲は、派遣労働者に対し、乙の業務遂行に支障が生じることのないよう、適切な労務管理を行わなければならない。

(2) 乙は、派遣労働者が業務遂行にあたり著しく不適当であると認めるときは、甲乙協議のうえ、派遣労働者を変更することができる。

(3) 甲は、派遣労働者に欠員が生じた場合、もしくは生じるおそれがある場合には、速やかに乙にその旨通知し、直ちにその欠員等の事情に対処しなければならない。

> 派遣先の不安を解消するため、派遣労働者の確保に関し派遣元が一定の義務を負うべきでしょう。

第6条　（業務指揮）　　　　　　　重要度★

(1) 乙は、派遣労働者に対し、派遣労働者が従事すべき業務遂行に関し、必要な指揮命令を行うことができる。

(2) 乙は、個別契約に定める就業条件等に違反して、派遣労働者を使用してはならない。

> 派遣先に注意を促すため、規定しても良いでしょう。

第7条　（安全及び衛生）　　　　　　　重要度★★★

乙は、派遣労働者の就業につき、生命、身体の安全及び衛生に配慮する義務を負う。

> 法律により記載することが求められています。できれば具体的に記載しましょう。

第8条　（便宜供与）　　　　　　　重要度★★★

乙は、派遣労働者に対し、乙の従業員が使用する食堂その他の施設を乙の従業員同様の条件で使用することができる。

> 法律により記載することが求められています。できれば具体的に記載しましょう。

第9条　（苦情処理）　　　　　　　重要度★★★

(1) 本契約に基づく派遣労働者からの苦情処理の申出先は以下のとおりとする。

> 法律により記載することが求められています。連絡先まで記載しましょう。

甲：派遣事業部主任　○○○○　TEL　○○○○
乙：代表取締役　　　○○○○　TEL　○○○○
(2) 派遣労働者から苦情の申出がなされたときは、甲乙協議のうえ対処にあたることとする。

第10条（責任者） 重要度★★★

本契約に関する責任者は以下のとおりとする。
甲：派遣事業部主任　○○○○　TEL　○○○○
乙：代表取締役　　　○○○○　TEL　○○○○

> 法律により記載することが求められています。連絡先まで記載しましょう。

第11条（費用） 重要度★★

派遣労働者が乙の業務を遂行する際に生じる設備利用費、事務費、光熱費及び通信費等の一切の費用は、乙の負担とする。

> トラブル防止のため、費用負担者について明確にしておきましょう。

第12条（守秘義務） 重要度★

(1) 甲及び乙は、本契約期間中はもとより終了後も、本契約に基づき相手方から開示された情報を守秘し、第三者に開示してはならない。
(2) 前項の守秘義務は以下のいずれかに該当する場合には適用しない。
①公知の事実又は当事者の責めに帰すべき事由によらずして公知となった事実
②第三者から適法に取得した事実
③開示の時点で保有していた事実
④法令、政府機関、裁判所の命令により開示が義務付けられた事実

> 継続的取引では、相手方の企業秘密を知ることがあるため、守秘義務を課しておくべきです。

> 本契約終了後にも効力が存続することも規定すべきでしょう。

第13条（解除及び期限の利益喪失） 重要度★★★

(1) 甲又は乙が以下の各号のいずれかに該当したときは、相手方は催告及び自己の債務の履行の提供をしないで直ちに本契約又は個別契約の全部又は一部を解除することができる。なお、この場合でも損害賠償の請求を妨げない。
①本契約又は個別契約の一つにでも違反したとき

> 継続的売買取引では、契約期間がある程度長期にわたるため、設けておいた方が良いでしょう。

> 無催告かつ自己の債務の履行をしないで、解除できるように規定しています。

②監督官庁から営業停止又は営業免許もしくは営業登録の取消し等の処分を受けたとき
③差押、仮差押、仮処分、強制執行、担保権の実行としての競売、租税滞納処分その他これらに準じる手続が開始されたとき
④破産、民事再生、会社更生又は特別清算の手続開始決定等の申立がなされたとき
⑤自ら振り出し又は引き受けた手形もしくは小切手が１回でも不渡りとなったとき、又は支払停止状態に至ったとき
⑥合併による消滅、資本の減少、営業の廃止・変更又は解散決議がなされたとき
⑦災害、労働争議等、本契約又は個別契約の履行を困難にする事項が生じたとき
⑧その他、資産、信用又は支払能力に重大な変更を生じたとき
⑨相手方に対する詐術その他の背信的行為があったとき

(2) 乙は、自己の責に帰すべき事由により派遣期間満了前に本契約を解除するときは、前項の規定にもかかわらず以下の各号の義務を負う。

> 第2項と3項は、法律により記載することが求められています。

①解除の30日以上前に甲及び派遣労働者に対し解除の申入をすること
②派遣労働者に対し、解除日から派遣期間満了日までの賃金の半額に相当する額の賠償金を支払うこと
③派遣労働者に対し、書面により本契約解除の理由を明示すること

(3) 甲及び乙は、派遣労働者の責に帰すべき事由なしに、派遣期間満了前に本契約が解除されるときは、派遣労働者の新たな就業機会を確保するよう努めなければならない。

(4) 乙が第１項各号のいずれかに該当した場合、乙は当然に本契約及びその他甲との間で締結した契約から生じる一切の債務について期限の利益を失い、乙は甲に対して、その時点において乙が負担する一切の債務を直ちに一括して弁済しなければならない。

第14条（損害賠償責任） 重要度★

甲又は乙は、解除、解約又は本契約に違反することにより、相手方に損害を与えたときは、その損害の全て（弁護士費用及びその他の実費を含む）を賠償しなければならない。

> 賠償額を予定すれば、民法等の賠償規定を超えた賠償額を得ることができます。

第15条（遅延損害金） 重要度★★

乙が本契約又は個別契約に基づく金銭債務の支払を遅延したときは、支払期日の翌日から支払済みに至るまで、年14.6％の割合による遅延損害金を支払うものとする。

> 高い利率を設定すれば、履行遅滞を防止する効果を期待できます。

第16条（契約期間） 重要度★★★

本契約の有効期間は、平成○年○月○日から平成○年○月○日までとし、期間満了の1ヶ月前までに甲乙いずれからも書面による異議がなされないときには、本契約は期間満了の翌日から起算して、同一内容にて更に1年間延長されるものとし、それ以後も同様とする。

> 継続的取引においては、その契約期間を定めておくことが必要です。

> 自動延長が規定されています。

第17条（反社会的勢力の排除）

(1) 甲及び乙は、自己又は自己の役員が、暴力団、暴力団関係企業、総会屋もしくはこれらに準ずる者又はその構成員（以下これらを「反社会的勢力」という。）に該当しないこと、及び次の各号のいずれにも該当しないことを表明し、かつ将来にわたっても該当しないことを相互に確約する。
①反社会的勢力に自己の名義を利用させること
②反社会的勢力が経営に実質的に支配していると認められる関係を有すること
(2) 甲又は乙は、前項の一つにでも違反することが判明したときは、何らの催告を要せず、本契約を解除することができる。
(3) 本条の規定により本契約が解除された場合には、解除された者は、解除により生じる損害について、その相手方に対し一切の請求を行わない。

> 各都道府県の暴力団排除条例により、事業者には暴力団関係者との契約を解除できる規定を規定する努力義務が課せられています。

第 18 条（協議解決） 重要度★

本契約に定めのない事項、又は本契約の解釈について疑義が生じたときは、甲乙誠意をもって協議のうえ解決する。

第 19 条（合意管轄） 重要度★★

甲及び乙は、本契約又は個別契約に関し裁判上の紛争が生じたときは、訴訟額に応じ、東京簡易裁判所又は東京地方裁判所を専属的合意管轄裁判所とすることに合意する。

　本契約締結の証として、本契約書2通を作成し、甲乙相互に署名又は記名・捺印のうえ、各1通を保有することとする。

平成〇年〇月〇日

甲

㊞

乙

㊞

法的には存在しなくても良い条項ですが、紛争回避に役立つこともあるので設けておいても良いでしょう。

訴訟の際に役立ちますので、自己に有利な管轄の裁判所を設定しておきましょう。

専属的という文言を入れるようにしましょう。

契約書作成日は、契約の要素にもなりますので、忘れずに必ず記載しましょう。

個別契約書

（派遣元）〇〇〇〇（以下「甲」という。）と（派遣先）〇〇〇〇（以下「乙」という。）は、平成〇年〇月〇日付労働者派遣基本契約書に基づき、以下の内容で個別契約を締結する。

> 基本契約書を特定しておきましょう。

甲は、乙に対し、以下の内容で派遣労働者を派遣する。

業務内容	労働者派遣法施行令第4条〇号に該当する業務
就業場所	事業所の名称： 所在地：
直接の指揮命令者	乙代表取締役　〇〇〇〇
派遣期間	平成〇年〇月〇日から平成〇年〇月〇日まで
休　日	☐　土曜日、日曜日、国民の祝日 ☐　毎週　　　曜日
就業期間	始業時刻（　　時　　分） 終業時刻（　　時　　分） 休憩時間（　　　　分間） 延長勤務　☐あり　　☐なし 延長可能な日数：〇日 延長可能な時間数：〇時間
派遣労働者の人数	〇〇人
派遣料金 （消費税込）	派遣労働者の就業時間1時間あたり〇〇円 時間外勤務については1時間あたり〇〇円 以上の合計額とする。
特約事項	

> 具体的に記載しましょう。

> いわゆる派遣26業務の何号業務かを記載しましょう。

> 休憩時間を除き、1日について8時間を超えないようにしましょう。

> トラブル防止のため、消費税についても記載しておきましょう。

　本契約締結の証として、本契約書2通を作成し、甲乙相互に署名・捺印のうえ、各1通を保有することとする。

平成〇年〇月〇日

甲

STEP2 労働者派遣基本契約書の特徴

　労働者派遣基本契約書は、派遣会社である派遣元と派遣社員の受入先である派遣先が締結する契約です。
　派遣先は派遣社員が必要となったときに、随時個別契約を締結することで派遣社員を受け入れることになります。
　労働者派遣契約では、「労働者派遣事業の適正な運営の確保及び派遣労働者の就業条件の整備等に関する法律」（以下「労働者派遣法」といいます。）及び同法施行規則により一定の事項を契約書に記載するよう義務付けられています。そのため、労働者派遣契約を締結する際には、これらの事項の記載漏れがないように注意しなければなりません。

■収入印紙

　労働者派遣基本契約書は、課税文書ではないので収入印紙を貼付する必要はありません。

■タイトル

　契約書のタイトルは、その契約の内容を一目で把握させるために設けられています。
　記載例では「労働者派遣基本契約書」としましたが、以下のような記載でも構いません。タイトルは通常法的意味を有しないので、特に神経質になる必要はありません。

「労働者派遣契約書」
「派遣基本契約書」
「労働者派遣に関する契約書」

■前文　　　　　　　　　　　　　　　　　　　　　　　重要度★★★

　前文は、契約当事者の特定、契約内容の特定等のために設けられています。
　なお、労働者派遣契約においては、「般○○—○○—○○○○」という厚生労働大臣の許可番号等の記載が法律により要求されています（労働者派遣

法第26条4項、同法施行規則第21条4項)。この記載は、契約書末尾の当事者欄に記載しても構いません(その他の詳細については38頁参照)。

■第1条(派遣契約) 重要度★★★

労働者派遣基本契約が成立したことを明らかにする条項です。

労働者派遣基本契約の根本となる条項ですので、そのまま記載しておきましょう。

なお、具体的な労働者派遣は個別契約の締結を通じて行うことになります。

■第2条(適用範囲) 重要度★★

労働者派遣基本契約がどの個別契約に適用されるのかを明らかにした規定です。

本契約書例では、労働者派遣基本契約と個別契約の優先適用の関係につき、個別契約を優先させています。もっとも、労働者派遣基本契約書が締結された後に個別契約が締結されることになるため、個別契約の内容が労働者派遣基本契約書と異なる場合、個別契約によって労働者派遣基本契約書の内容を変更したものと考えるのが自然でしょう。その意味では、本契約書例の記載は注意的な規定となります。

これとは逆に、労働者派遣基本契約書を個別契約よりも優先させる場合には、以下の規定を設ける必要があります。

(2) 個別契約の内容が、本契約と異なるときは、本契約が優先される。

■第3条(個別契約) 重要度★★★

本契約書例では、基本契約を締結したうえで、必要に応じて個別契約を締結する形式を採用しています。

そのため、具体的に労働者を派遣する際には、別途個別契約書を締結する必要があります。

■第4条(派遣料金) 重要度★★★

本契約書例では、派遣料金の算定方法を個別契約に委ねています。

もっとも、一律の算定方法を用いるのであれば、以下のように基本契約書に派遣料金の算定方法を定めることもできます。

第○条（派遣料金）
(1) 派遣料金は以下の各号の合計額とする（消費税込）。
①派遣労働者１人の就業時間１時間あたり○○円
②派遣労働者１人の時間外勤務については１時間あたり○○円
(2) 乙は、前項により算定された当月分の派遣料金を甲に対し、毎月末日までに、下記振込口座に振り込んで支払う（振込手数料は乙負担）。
○銀行○支店
普通預金
口座番号　○○○○○○
口座名義　○○○○○○
(3) 乙は、甲に対し、速やかに第１項の派遣料金の算定根拠を書面により通知しなければならない。

■第５条（派遣労働者の確保）　　　　　　　　　　重要度★★

この条項は、派遣労働者が派遣先において適切に業務遂行を行うために、派遣先に一定の義務を課した規定です。

派遣先としては、派遣労働者が派遣料金に見合った業務遂行を行うかにつき関心があります。そのため、本契約書例のように、派遣労働者につき一定の保障を与えた方が良いでしょう。

派遣先を有利にするためには

本契約書例の第２項では、「派遣労働者が業務遂行にあたり著しく不適当と認める場合」に派遣労働者の変更を認めています。

しかし、実際には著しく不適当か否かは明確に判断できず、当事者間で意見の相違が生じる可能性があります。

そのため、派遣先としては、以下のように派遣労働者を変更できる場合をできる限り明確化した方が有利になります。

(2) 乙は、派遣労働者が別紙に定める時間数に対するノルマを達成できないときは、派遣労働者を変更することができる。

■第6条（業務指揮） 重要度★

　この条項は、派遣先が個別契約に定める就業条件等に従い、派遣労働者に対し指揮命令を行いうることが記載されています。

　労働者派遣契約を締結する以上、派遣労働者が派遣先の指揮監督に従うことは明らかであり、また個別契約に違反することができないことも明らかですので、この条項は注意的な効果を期待して設けられています。

　但し、個別契約に記載されている、派遣労働者に対し直接指揮命令を行う者は、法定の記載事項ですので注意しましょう（労働者派遣法第26条1項3号）。

■第7条（安全及び衛生） 重要度★★★

　派遣労働者の安全及び衛生に関する事項は、法定の記載事項ですので必ず記載するようにしましょう（労働者派遣法第26条1項6号）。

　本契約書例では、派遣先の一般的な注意義務のみを記載しましたが、以下のように具体的に記載できるようでしたら、具体的に記載した方が良いでしょう。

第○条（安全及び衛生）

　乙は、派遣労働者の就業につき、以下の各号に配慮し、生命、身体の安全及び衛生に配慮する義務を負う。

①ＯＡ機器の操作は連続して1時間以上にならないよう注意する

②・・・

■第8条（便宜供与） 重要度★★★

　この条項は、派遣労働者保護のため、派遣先の施設の利用の可否の事実を事前に明らかにしています。

　この便宜供与の内容及び方法は、法定の記載事項ですので注意しましょう（労働者派遣法第26条1項10号、同法施行規則第22条3号）。

■第9条(苦情処理) 重要度★★★

　苦情処理に関する事項は、法定の記載事項です(労働者派遣法第26条1項7号)。そのため、必ず記載するように注意しましょう。

　苦情処理に対する対処方法として、派遣元及び派遣先の担当者を事前に定めておき、その連絡先まで記載しておいた方が良いでしょう。

■第10条(責任者) 重要度★★★

　派遣元及び派遣先の責任者に関する事項は、法定の記載事項です(労働者派遣法第26条1項10号、同法施行規則第22条1号)。そのため、必ず記載するように注意しましょう。

　なお、これらの責任者の連絡先まで記載しておいた方が良いでしょう。

■第11条(費用) 重要度★★

　この条項は、派遣先において生じる費用の負担者を定めています。

　一般的には、派遣労働者が業務遂行のために必要とされた費用については、派遣先が負担することとされています。

■第12条(守秘義務) ➡72頁参照 重要度★

■第13条(解除及び期限の利益喪失) 重要度★★★

　本契約書例の第1項及び第4項については45頁参照。

　労働者派遣契約の解除にあたり、派遣労働者の雇用の安定を図るために必要な措置に関する事項は、法定の記載事項です(労働者派遣法第26条1項8号)。この具体的な記載は、本契約書例の第2項及び第3項となります。

■第14条(損害賠償責任) ➡49頁参照 重要度★

■第15条(遅延損害金) ➡50頁参照 重要度★★

■第16条(契約期間) ➡72頁参照 重要度★★★

■第17条(反社会的勢力の排除) ➡51頁参照 重要度★★

■**第18条（協議解決）** ➡ 51頁参照　　　　　　　　　　　重要度★

■**第19条（合意管轄）** ➡ 51頁参照　　　　　　　　　　　重要度★★

■**後文** ➡ 52頁参照　　　　　　　　　　　　　　　　　　重要度★★

■**個別契約書**　　　　　　　　　　　　　　　　　　　　重要度★★★

　個別契約書に記載されている事項の多くは、法定の記載事項です。
　そのため、個別契約書に記載された事項については、漏れなく記載するようにしましょう（特約事項を除く）。

■**（業務内容）**　　　　　　　　　　　　　　　　　　　重要度★★★

　業務内容は、法定の記載事項です（労働者派遣法第26条1項1号）。業務内容は、派遣を行う際の重要な判断材料となりますので、できる限り明確に記載した方が良いでしょう。
　また、労働者派遣法施行令第4条に記載された26業務のうち、派遣先の業務内容が該当する号数も法定の記載事項です（労働者派遣法施行規則第21条2項）。

■**（就業場所）**　　　　　　　　　　　　　　　　　　　重要度★★★

　派遣労働者が労働に従事する事業所の名称や就業場所は、法定の記載事項です（労働者派遣法第26条1項2号）。
　所在地については、住所等で特定するようにしましょう。

■**（直接の指揮命令者）**　　　　　　　　　　　　　　　重要度★★★

　派遣労働者に対する直接の指揮命令者に関する事項は、法定の記載事項です（労働者派遣法第26条1項3号）。
　そのため、直接の指揮命令者の役職や氏名等について記載しましょう。

■**（派遣期間・休日）**　　　　　　　　　　　　　　　　重要度★★★

　派遣期間及び派遣就業をする日は、法定の記載事項です（労働者派遣法第26条1項4号）。

派遣期間の上限については、法改正が頻繁に行われる箇所であるため、労働局に問い合わせを行い確認した方が良いでしょう。

■（就業期間）　　　　　　　　　　　　　　　　　重要度★★★

派遣就業の開始及び終了時刻、休憩時間は、法定の記載事項です（労働者派遣法第26条1項5号）。

■（派遣労働者の人数）　　　　　　　　　　　　　重要度★★★

派遣労働者の人数は法定の記載事項です（労働者派遣法施行規則第21条1項）。そのため、個別契約書に記載しておいた方が良いでしょう。

なお、派遣労働者の氏名や社会保険等の被保険者資格取得状況は、法定の通知事項であるため、別途、派遣先に通知しておくべきです（労働者派遣法第35条）。

■（派遣料金）　　　　　　　　　　　　　　　　　重要度★★★

派遣料金は、当事者間の最大の関心事といえるでしょう。

そのため、誤解を生じさせるおそれがないか、誤記が存在しないかにつき十分に注意しましょう。

本契約書例では、派遣労働者の時給を基準に派遣料金を算出しています。

この他、以下のように個別契約成立時に一定の派遣料金が生じるという規定も可能です。

派遣料金 （消費税込）	個別契約成立時に派遣労働者1人あたり〇〇円 派遣労働者の就業時間1時間あたり〇〇円 時間外勤務については1時間あたり〇〇円 以上の合計額とする。

STEP3 役に立つその他の条項

> **第○条（通知義務）** 重要度★
>
> 甲及び乙は、次の各号のいずれか一つに該当するときは、相手方に対し、あらかじめその旨を書面により通知しなければならない。
> ①法人の名称又は商号の変更
> ②振込先指定口座の変更
> ③代表者の変更
> ④本店、主たる事業所の所在地又は住所の変更

基本契約書を作成し、継続的な取引を行うときには、その間に法人の所在地や振込口座が変更されることがあります。

このような事実を把握していないと、郵送物が届かない、送金ができないなどの不都合が生じる可能性があります。

そのため、一定の事項については、通知義務を設けておく方が良いでしょう。

> **第○条（権利の譲渡禁止等）** 重要度★
>
> 甲及び乙は、あらかじめ相手方の書面による承諾を得ないで、本契約に基づく権利、義務又は財産の全部又は一部を第三者に譲渡し、承継させ又は担保に供してはならない。

債権が譲渡され、見ず知らずの者から請求を受けることになれば、法律関係が複雑化してしまうおそれがあります。そのため、権利の譲渡禁止等を定めておいても良いでしょう。

> **第○条（試用期間）** 重要度★
>
> (1) 契約期間開始日から3ヶ月間は試用期間とする。
> (2) 乙が丙を派遣社員として不適格と判断したときは、乙は、試用期間の途中又は満了時に本契約を解除することができる。

一定の期間、派遣される労働者の就労状況を見てみたいと判断したときに

は、試用期間を設けても良いでしょう。

　労働者派遣契約が解除されても、派遣元と労働者との雇用契約までもが解除されるわけではないので、雇用契約の試用期間の場合と比べて、容易に解除することができます。

> 第○条（連帯保証人）　　　　　　　　　　　　　　　　　重要度★
> 　丙は、乙の連帯保証人として、本契約により生ずる乙の甲に対する一切の債務の弁済につき、連帯して保証する。

　代金の支払につき、連帯保証人を設定すれば、代金支払の確実性が増すため、派遣元に有利に働きます（87頁参照）。

> 第○条（準拠法）　　　　　　　　　　　　　　　　　　　重要度★
> 　本契約は日本法に準拠し、同法によって解釈されるものとする。

　契約当事者が日本国外の者であるときは、日本法に準拠する旨の規定をしておくべきです。

　海外の法律が適用されるとすれば、契約書が有効に機能しないおそれがあるとともに、トラブルが発生したときに海外の法律に精通した弁護士を探す手間が生じてしまうからです。

15 事業譲渡契約書の作成

STEP1 スピードチェック重要ポイント

事業譲渡契約書

収入印紙

(譲渡人)○○○○（以下「甲」という。）と(譲受人)○○○○（以下「乙」という。）は、甲の事業を乙に譲渡するにつき、以下のとおり事業譲渡契約（以下「本契約」という。）を締結する。

> この時点で略語に置き換えた方が良いでしょう。

第1条　（基本的事項）　　　　　　　　　重要度★★★

> 事業譲渡に関する基本的事項が規定されています。

甲は、乙に対し、事業の一部（以下「本件事業」という。）を以下の本契約の条件に従い譲渡し、乙はこれを譲り受ける。

①譲渡対象　　○○の製造に関する事業

②譲渡物件　　**別紙譲渡物件目録のとおり（以下「本件物件」という。）**

> 譲渡物件は多数にわたるため、別紙に記載すべきでしょう。

③譲渡価格　　金○○○○万円

譲渡価格は、譲渡期日前日の終了時における本件事業に関する資産の総額から負債の総額を控除した額である。譲渡期日から10日以内に、甲又は乙から相手方に対し、譲渡価格が実態と相違する旨の異議がなされたときは、○○監査法人にて譲渡価格の査定を行うこととする。査定に関する費用は異議を申し立てた者の負担とする。

> あらかじめ査定する者を定めておいた方が良いでしょう。

④譲渡期日　　平成○年○月○日

⑤引渡期日　　譲渡期日と同日

⑥支払期限　　譲渡期日と同日

⑦支払方法　　以下の口座に銀行振込（振込手数料は乙負担）

> トラブル防止のため振込手数料の負担者についても記載しましょう。

○銀行○支店
　　　　　　　　普通預金
　　　　　　　　口座番号　○○○○○○
　　　　　　　　口座名義　○○○○○○

第2条　（引渡等）　　　　　　　　　　　　【重要度★★】

(1)　甲は、引渡期日に、本件物件を**本件物件所在地**において引き渡す。

(2)　本件物件のうち、譲渡の対抗要件等のために通知、登記、登録又は相手方の承諾等の手続を要する物件については、譲渡期日後、速やかに甲乙協力して行う。

(3)　**引渡及び対抗要件具備に要する費用は甲の負担とする。**

第3条　（従業員）　　　　　　　　　　　　【重要度★★】

(1)　譲渡期日に本件事業に従事する甲の従業員は、全て乙に承継される。

(2)　前項の従業員に関する契約関係及びその取り扱いについては、譲渡期日までに、甲乙協議のうえ定める。

第4条　（譲渡条件）　　　　　　　　　　　【重要度★★★】

甲及び乙は、以下の各号の条件を満たす義務を負い、これらの条件が全て満たされたときに本事業譲渡が成立するものとする。

①甲が譲渡期日までに本契約の締結及び履行につき、株主総会及び取締役会の承認を得ること

②乙が譲渡期日までに本契約の締結及び履行につき、取締役会の承認を得ること

③「私的独占の禁止及び公正取引の確保に関する法律」所定の届出及び同法所定の期間を経過すること

④本契約につき、関係官庁の承認が必要な場合は、その承認を得ること

引渡等、対抗要件に関する規定も忘れずに記載しましょう。

引渡場所も事前に明確にしておくべきです。

費用の負担者についても定めておいた方が良いでしょう。

従業員の処遇も定めておいた方が良いでしょう。

株主総会や取締役会の決議は、事業譲渡の成立条件となります。

第5条　（表明・保証）　　　　　　　　　　　　重要度★★

(1) 甲は、乙に対し、以下の事項を表明し保証する。

① 本件事業に、別紙譲渡物件目録記載の資産、契約、その他甲が譲渡前に営んでいた事業と同様の事業を営むことが可能な資産、契約等が含まれていること

② 甲の本契約締結日における財務諸表が完全かつ正確に作成されていること

③ 甲の本契約締結日における財務諸表に記載されていない簿外債務等が存在しないこと

④ 本契約締結日から譲渡期日までの間に、保証行為その他の通常の商取引以外の行為により、財務内容に変更を加えないこと

⑤ 本契約締結日において、甲に関する民事訴訟、民事執行、民事保全又は民事再生等の法的手続又は公租公課の滞納処分等の強制徴収手続が現に存在せず、また甲の知る限り今後発生するおそれがないこと

(2) 前項の表明及び保証に甲の違反が存在したときは、乙は甲に対し書面により通知を行い、違反の程度に応じて、本契約の全部又は一部の解除を行うことができる。この場合でも乙の甲に対する損害賠償請求を妨げない。

> 財務諸表等の記載に基づき譲渡価格を定めているため、それらの正確性については保証させるべきでしょう。

第6条　（善管注意義務）　　　　　　　　　　　重要度★

(1) 甲は、本件物件の引渡が完了するまで、善良なる管理者の注意をもって本件物件の管理運営を行わなければならない。

(2) 甲は、乙の事前の書面による承諾なしに、本件物件に重大な変更を加えてはならない。

> 本契約締結日から譲渡期日まで間があるため、善管注意義務が課されていることを注意的に規定しても良いでしょう。

第7条　（競業避止義務）　　　　　　　　　　　重要度★★

甲は、譲渡期日後30年間は、乙の事前の書面による承諾なしに、本件事業と同一の事業を行うことができない。

> 譲渡人が競業行為を行うと譲受人が不測の損害を被るため、規定しておいた方が良いでしょう。

第8条　（守秘義務）　　　　　　　　　　　　重要度★★

(1) 甲及び乙は、本契約期間中はもとより終了後も、本契約に基づき相手方から開示された情報を守秘し、第三者に開示して

> 事業譲渡契約では、相手方の企業秘密を知ることになるため、守秘義務を課しておいた方が良いでしょう。

> 本契約終了後にも効力が存続することも規定すべきでしょう。

はならない。但し、本契約の履行のため、公認会計士又は弁護士等の専門家に開示することは、この限りでない。

(2) 前項の守秘義務は以下のいずれかに該当する場合には適用しない。

①公知の事実又は当事者の責めに帰すべき事由によらずして公知となった事実

②第三者から適法に取得した事実

③開示の時点で保有していた事実

④法令、政府機関、裁判所の命令により開示が義務付けられた事実

> デューデリジェンス（財務等の調査）を行うことを考慮して例外を設けておいた方が良いでしょう。

第9条　（解除）　重要度★★

甲が本契約に違反することにより、乙が1ヶ月以上、本件事業を開始できないときは、乙は甲に対して通知を行い、本契約を解除することができる。この場合でも乙の甲に対する損害賠償請求を妨げない。

> 一定の場合には事業譲渡契約の解除を認めるべきでしょう。

第10条（損害賠償責任）　重要度★

甲又は乙は、解除、解約又は本契約に違反することにより、相手方に損害を与えたときは、その損害の全て（弁護士費用及びその他の実費を含む）を賠償しなければならない。

> 賠償額を予定すれば、民法等の賠償規定を超えた賠償額を得ることができます。

第11条（反社会的勢力の排除）

(1) 甲及び乙は、自己又は自己の役員が、暴力団、暴力団関係企業、総会屋もしくはこれらに準ずる者又はその構成員（以下これらを「反社会的勢力」という。）に該当しないこと、及び次の各号のいずれにも該当しないことを表明し、かつ将来にわたっても該当しないことを相互に確約する。

①反社会的勢力に自己の名義を利用させること

②反社会的勢力が経営に実質的に支配していると認められる関係を有すること

(2) 甲又は乙は、前項の一つにでも違反することが判明したときは、何らの催告を要せず、本契約を解除することができる。

> 各都道府県の暴力団排除条例により、事業者には暴力団関係者との契約を解除できる規定を規定する努力義務が課せられています。

(3) 本条の規定により本契約が解除された場合には、解除された者は、解除により生じる損害について、その相手方に対し一切の請求を行わない。

第 12 条（協議解決） 重要度★

本契約に定めのない事項、又は本契約の解釈について疑義が生じたときは、甲乙誠意をもって協議のうえ解決する。

第 13 条（合意管轄） 重要度★★

甲及び乙は、本契約に関し裁判上の紛争が生じたときは、訴訟額に応じ、東京簡易裁判所又は東京地方裁判所を専属的合意管轄裁判所とすることに合意する。

　本契約締結の証として、本契約書2通を作成し、甲乙相互に署名又は記名・捺印のうえ、各1通を保有することとする。

平成〇年〇月〇日

　　　　　　　　　　　　　　甲

　　　　　　　　　　　　　　　　　　　㊞

　　　　　　　　　　　　　　乙

　　　　　　　　　　　　　　　　　　　㊞

事業譲渡契約書の作成

STEP2 事業譲渡契約書の特徴

　事業譲渡とは、一定の事業目的のために一体として機能する財産の全部又は一部を譲渡することをいいます。

　事業譲渡は、合併と異なり事業の一部だけを譲渡の対象とすることができるため、特定の部門や財産を譲渡する際に用いられます。

　事業譲渡は、会社の財産関係を大きく変化させるため、法令により厳格な手続が要求されています。譲渡会社では、取締役会の承認決議（取締役会設置会社に限る）及び株主総会の特別決議が必要となります（会社法第362条4項1号、467条1項1号及び2号、309条2項11号）。譲受会社では、事業の一部の譲渡の場合、取締役会の承認決議で足りますが、事業の全部の譲渡の場合には株主総会の特別決議が必要となります（会社法第467条1項3号、309条2項11号）。

■収入印紙

　事業譲渡契約書には、以下の要領に従って収入印紙を貼付しなければなりません。

記載された契約金額が	
1万円未満のもの	非課税
1万円以上10万円以下のもの	200円
10万円を超え50万円以下のもの	400円
50万円を超え100万円以下のもの	1000円
100万円を超え500万円以下のもの	2000円
500万円を超え1000万円以下のもの	1万円
1000万円を超え5000万円以下のもの	2万円
5000万円を超え1億円以下のもの	6万円
1億円を超え5億円以下のもの	10万円
5億円を超え10億円以下のもの	20万円
10億円を超え50億円以下のもの	40万円
50億円を超えるもの	60万円
契約金額の記載がないもの	200円

■ **タイトル**

　契約書のタイトルは、その契約の内容を一目で把握させるために設けられています。

　記載例では「事業譲渡契約書」としましたが、以下のような記載でも構いません。タイトルは通常法的意味を有しないので、特に神経質になる必要はありません。

「○○部門譲渡契約書」
「譲渡契約書」

■ **前文**　　　　　　　　　　　　　　　　　　　　　　　　重要度★★

　前文は、契約当事者の特定、契約内容の特定等のために設けられています（詳細については38頁参照）。

■ **第1条（基本的事項）**　　　　　　　　　　　　　　　　重要度★★★

　この条項は、事業譲渡の基本的かつ重要な事項をまとめて記載しています。

　契約書によっては、これらの事項が別々の条項で規定されていることもありますが、契約書の冒頭にまとめておいた方が、契約内容が一目瞭然となります。

■ **（譲渡対象）**　　　　　　　　　　　　　　　　　　　　重要度★★★

　譲渡物件等の範囲を特定するために、譲渡対象となる事業の名称を明らかにしています。

■ **（譲渡物件）**　　　　　　　　　　　　　　　　　　　　重要度★★★

　事業の一部を譲渡することになるので、譲渡の対象となるものは、資産のみならず、負債、ノウハウ、契約関係などにも及びます。

　後日のトラブルを防止するため、別紙等を用いて、できる限り譲渡物件を特定すべきでしょう。

> 別紙譲渡物件目録
> 　以下の資産、負債及び契約関係のうち、譲渡期日に存在するもの。
> ・資産の部
> 　　○○○
> 　　○○○
> ・負債の部
> 　　○○○
> 　　○○○
> ・契約関係
> 　　平成○年○月○日付○○との○○契約書
> 　　平成○年○月○日付○○との○○契約書

■（譲渡価格）　　　　　　　　　　　　　　　重要度★★★

　譲渡価格は、事業譲渡の対価として、譲受人が譲渡人に支払う金銭を意味します。

　譲渡価格を一定の金額に固定する方法も考えられます。しかし、本契約書を締結してから譲渡期日までの間も事業が継続して遂行され、資産や負債の額が変動していることからすれば、譲渡価格に柔軟性を持たせても良いでしょう。

　本契約書例では譲渡価格を一定金額に固定しつつ、異議がある場合には、特定の監査法人に査定を依頼するという方法を採用しています。もっともこの場合、異議が濫用されないように、査定に関する費用は異議を申し立てた者の負担としておくべきでしょう。

■（譲渡期日）　　　　　　　　　　　　　　　重要度★★★

　実際に事業譲渡が行われる日を意味します。

　契約締結日と譲渡期日が離れていると、契約締結日には予期し得なかった問題が生じうるので、できる限り契約締結日と譲渡期日の間は空けないようにした方が良いでしょう。

■（引渡期日）　　　　　　　　　　　　　　　重要度★★★

　引渡は、原則として動産の所有権移転の対抗要件となります。

この場合の対抗要件とは、所有権移転の効果を第三者に主張できるようになるための条件を意味します。

譲渡期日と引渡期日は同日にしておいた方が良いでしょう。

■（支払期限） 重要度★★★

本契約書例では、譲渡期日に代金を一括払いすることとされています。

もっとも、譲渡価格が高額化し、一括払いが難しいときには、以下のように分割払いの約定をすることが考えられます。

> 支払期限　　平成〇年〇月から平成〇年〇月まで、毎月末日限り各金〇万円

■（支払方法） 重要度★★

代金の支払方法は、銀行振込か小切手によることが多いでしょう。銀行振込の場合には、振込手数料についても定めておいた方がトラブル防止に役立ちます。

■第2条（引渡等） 重要度★★

この条項は、譲渡対象物の引渡及び対抗要件について定めています。

対抗要件とは、所有権移転の効果や、債権譲渡の効果等を第三者に主張できるようになるための条件をいいます。

動産の所有権移転の対抗要件は、原則として引渡であり、不動産の所有権移転の対抗要件は登記です。債権譲渡の対抗要件は確定日付ある通知等であり、契約上の当事者の地位の移転については、契約の相手方の承諾が必要となります。

これらの手続には手間がかかりますので、引渡期日前から事前準備を行っておいた方が良いでしょう。

譲渡人を有利にするためには

引渡場所が譲渡人に有利な場所であり、引渡費用及び対抗要件具備のための費用を譲受人の負担とできれば、譲渡人に有利になります。

本契約書例では、引渡場所が本件物件所在地ですので、この点は譲渡人に

有利です。

しかし、引渡費用及び対抗要件具備のための費用が譲渡人の負担とされていますので、この点を以下のように変更すれば有利になります。

第○条（引渡等）
(1) 甲は、引渡期日に、本件物件を本件物件所在地において引き渡す。
(2) 本件物件のうち、譲渡の対抗要件等のために通知、登記、登録又は相手方の承諾等の手続を要する物件については、譲渡期日後、速やかに甲乙協力して行う。
(3) 引渡及び対抗要件具備に要する費用は乙の負担とする。

譲受人を有利にするためには

譲渡人の場合とは逆に、引渡場所を譲受人に有利な場所とし、引渡費用及び対抗要件具備のための費用を譲渡人の負担とできれば、譲受人に有利になります。

本契約書例では、以下のように引渡場所を変更することにより、譲受人に有利にすることが考えられます。

第○条（引渡等）
(1) 甲は、引渡期日に、本件物件を乙の本店所在地において引き渡す。
(2) 本件物件のうち、譲渡の対抗要件等のために通知、登記、登録又は相手方の承諾等の手続を要する物件については、譲渡期日後、速やかに甲乙協力して行う。
(3) 引渡及び対抗要件具備に要する費用は甲の負担とする。

■第3条（従業員）　　　重要度★★

この条項は、事業譲渡に伴い、譲渡される事業に従事していた従業員の取り扱いについて定めています。

事業譲渡が行われたときに、当然にその事業に関する従業員の雇用関係が移転するかについては争いのあるところです。もっとも、原則として労働者の個別の承諾を得る必要があると考えるべきです（民法第625条1項）。

契約当事者としては、従業員に対し事業譲渡の内容を説明し、譲渡期日ま

でに従業員の承諾を得ておくべきでしょう。

　本契約書例では、この点を「甲乙協議のうえ定める」としていますが、従業員の承継方法等につき、既に甲乙間で取り決めがなされているときには、以下のように具体的な記載を行っても良いでしょう。

第○条（従業員）
(1) 乙は、本件事業に従事する甲の従業員を転籍の方法により引き継ぐこととする。
(2) 乙は、甲の従業員に対し、本件事業の譲渡期日を停止条件とする雇用契約の申込を行い、甲は、従業員がこの申込を承諾するよう協力する。
(3) 前項に基づき乙と雇用契約を締結した従業員の勤続年数は、乙において通算する。

■第4条（譲渡条件）　　　　　　　　　　　　　重要度★★★

　この条項は、本件事業譲渡の成立要件を定めています。

　譲渡会社では、取締役会の承認決議（取締役会設置会社に限る）及び株主総会の特別決議が必要となります（会社法第362条4項1号、467条1項1号及び2号、309条2項11号）。

　また、譲受会社では、事業の一部の譲渡の場合、取締役会の承認決議が必要となります。そして、事業の全部の譲渡の場合には株主総会の特別決議が必要となります（会社法第467条1項3号、309条2項11号）。

　本件では、事業の一部の譲渡を想定していますので、譲渡人の株主総会及び取締役会決議、譲受人の取締役会決議が必要となります。

　また、一定の規模の事業譲渡の場合には「私的独占の禁止及び公正取引の確保に関する法律」（独占禁止法）第16条2項に基づき、あらかじめ公正取引委員会に事業譲渡に関する計画を届け出なければならないとされています。

　その他、銀行など業種によっては特別法により、事業譲渡に際して届出や許可が必要なことがありますので注意が必要です。

■第5条（表明・保証）　　　　　　　　　　　　重要度★★

　この条項は、譲渡人が一定事項について表明・保証を行い、その表明・保

証に違反が存在するときには解除等をなしうると定めています。

　譲受人としては、譲渡人の財務諸表や事業に関する報告を信頼して、事業譲渡の決定や譲渡価格の査定を行ったのですから、その前提に誤りがあっては困ります。そのため、一定の重要事項については、譲渡人に正確性の表明及び保証を行わせる必要があります。

　その他の表明・保証事項として、以下のようなものも考えられます。

> ・甲は、本件事業に関するノウハウ又は営業秘密につき、第三者に対し何らの使用許諾を行っていないこと
> ・本件事業の譲渡に伴い乙に引き継がれる従業員に関し、雇用に関する紛争が存在せず、甲の知る限りそのおそれがないこと

■第6条（善管注意義務）　　重要度★

　この条項は、譲渡人に善良なる管理者の注意義務（善管注意義務）を課す規定です。

　本契約締結日から譲渡期日までの間に、譲渡対象物品が毀損される、又は不当に転売されてしまうと、譲受人が損失を被ることになりかねません。そのため、譲渡人に善管注意義務が課されていることを明示しておいても良いでしょう。

■第7条（競業避止義務）　　重要度★★

　この条項は、譲渡人の競業避止義務について定めています。

　事業を譲渡した後、譲渡人が譲渡した事業と同一の事業を開始することになれば、譲受人との間で顧客の奪い合いなどが生じることになり、譲受人の利益が不当に害されることになります。

　そのため、譲受人が譲渡した事業と同一の事業を行わないよう、競業避止義務を課しておいた方が良いでしょう。

　なお、会社法第21条1項においても、譲渡人に対し一定地域における競業避止義務が定められています。

譲渡人を有利にするためには

　譲渡人が事業譲渡の後も、譲渡した事業と同一の事業を行いたいと考える

ときには、以下のような条項を設ければ、譲渡人に有利になります。

> **第○条（競業避止義務）**
> 　甲は、乙に対して、本事業譲渡にかかわらず、会社法第21条第1項の譲渡会社に対する競業避止義務を負わないものとする。

■第8条（守秘義務）　　　　　　　　　　　　　　　重要度★★

　事業譲渡は、会社の財産関係を大きく変化させ、外部に与える影響が大きいため、通常、準備段階では内密に行われることになります。そのため、守秘義務条項を加えるか、別途秘密保持契約（180頁参照）を締結した方が良いでしょう。

　なお、事業譲渡に伴い、資産状況や契約関係のチェックを外部の専門家に行わせる必要が生じるため、公認会計士や弁護士等の専門家に情報を開示することがあることを記載しておいた方がよいでしょう（その他の詳細は72頁参照）。

■第9条（解除）　　　　　　　　　　　　　　　　　重要度★★

　譲渡人が契約どおりに譲渡対象物の所有権移転や許認可の取得を行わなかったことにより、譲り受けた事業が機能しないときには、解除を認めるべきでしょう。

　もっとも、許認可の取得期間の延長等の理由により、予想外の遅れが生じることも考えられます。このような場合に、すぐに事業譲渡を解除できるとすれば、多大な混乱を引き起こすことが予測されます。

　そのため、解除が認められる場合については、ある程度限定しておき、損害が発生したときには損害賠償請求で調整を図っても良いでしょう。

　本契約書例では、1ヶ月以上事業を開始できないことを条件として解除を認めています。

■第10条（損害賠償責任）　→49頁参照　　　　　　　重要度★

■第11条（反社会的勢力の排除）　→51頁参照　　　　重要度★★

事業譲渡契約書の作成

■第12条（協議解決） ➡ 51頁参照　　　　　　　　　重要度★

■第13条（合意管轄） ➡ 51頁参照　　　　　　　　　重要度★★

■後文 ➡ 52頁参照　　　　　　　　　　　　　　　　重要度★★

STEP3　役に立つその他の条項

第○条（準拠法）　　　　　　　　　　　　　　　　　重要度★
　本契約は日本法に準拠し、同法によって解釈されるものとする。

　契約当事者が日本国外の者であるときは、日本法に準拠する旨の規定をしておくべきです。
　海外の法律が適用されるとすれば、契約書が有効に機能しないおそれがあるとともに、トラブルが発生したときに海外の法律に精通した弁護士を探す手間が生じてしまうからです。

16 合併契約書の作成

STEP1 スピードチェック重要ポイント

```
収入印紙
40000
円
```

合併契約書

(存続会社)○○○○(以下「甲」という。)と(消滅会社)○○○○(以下「乙」という。)は、以下のとおり合併契約(以下「本契約」という。)を締結する。

> この時点で略語に置き換えた方が良いでしょう。

第1条 （合併） 　　　　　　　　　　　重要度★★★

甲及び乙は、以下の規定に従い合併し、甲は存続し、乙は吸収され消滅する。

甲の商号　　○○株式会社
甲の住所　　○○○○
乙の商号　　○○株式会社
乙の住所　　○○○○

> 当事者の商号及び住所は、法定の記載事項です。必ず記載するようにしましょう。

第2条 （合併期日） 　　　　　　　　　重要度★★★

合併の効力発生日は、平成○年○月○日とする。但し、合併手続の進行状況に応じて、甲乙協議のうえ、書面をもって変更することができる。

> 合併の効力発生日は、法定の記載事項です。必ず記載するようにしましょう。

第3条 （合併承認総会等） 　　　　　　重要度★★

(1) 甲及び乙は、以下の期日にそれぞれ臨時株主総会を開催し、本契約承認及びその他本契約遂行に必要な事項について決議を行うこととする。但し、合併手続の進行状況に応じて、甲乙協議のうえ、書面をもって変更することができる。

甲：平成○年○月○日
乙：平成○年○月○日

> 合併では、原則として当事会社双方の株主総会の特別決議が必要となります。重要事項ですので、総会期日については記載しておいた方が良いでしょう。

(2) 前項の甲及び乙の株主総会においていずれかの承認が得られなかった場合、又は法令に規定された関係官庁の承認を得られなかった場合には、本契約は効力を生じない。この場合でも損害賠償請求を妨げない。

第4条 （発行株式等） **重要度★★★**

(1) 甲は、合併に際して普通株式○○万株を発行し、株式総数を○○万株とする。

(2) 甲は、合併期日の乙の株主名簿に記載された株主に対し、乙の株式○株につき甲の株式○株の割合をもって、甲の株式を配当交付する。

> 乙の株式の代わりに甲の株式を交付するときは、交付する株式数又はその株式数の算定方法を記載しなければなりません。

第5条 （合併資本金等） **重要度★★★**

合併により増加する資本金等の額は以下のとおりとする。
①資本金　　　　金○○万円
②資本準備金　　金○○万円
③利益準備金　　金○○万円
④任意積立金及びその他の留保利益　金○○万円

> 乙の株式の代わりに甲の株式を交付するときは、存続会社の資本金及び準備金の額を記載しなければなりません。

第6条 （定款変更） **重要度★★**

甲は、合併承認株主総会により、甲の定款を別紙のとおり変更する。

> 定款の変更点については、あらかじめ定めておいた方がトラブル防止につながるでしょう。

第7条 （取締役等） **重要度★**

合併に際して以下の者が、新たな甲の取締役及び監査役として選任される。
取締役○○○○
取締役○○○○
取締役○○○○
監査役○○○○

> 存続会社の取締役等についても、事前に定めておいた方がトラブル防止に役立ちます。

第8条 （退職金） **重要度★**

甲は、合併後に引き続き甲の取締役又は監査役に選任されない

> 選任されない者の退職金については、あらかじめ定めておいた方が、その者の承認を得やすいでしょう。

乙の取締役又は監査役に対し、合併承認総会の承認を得た上、退職金を支給する。退職金額は、甲乙協議のうえ決定する。

第9条（従業員） 重要度★

(1) 合併期日における乙の従業員は、全て甲の従業員として引き続き雇用するものとする。

(2) 前項の従業員に関する契約関係及びその条件等については、合併期日までに甲乙協議のうえ定める。

> 従業員は自動的に存続会社に承継されますが、雇用条件については事前に定めておいた方が良いでしょう。

第10条（会社財産の承継） 重要度★

甲は、乙の平成〇年〇月〇日の貸借対照表その他同日現在の計算に基づき、これに合併期日までの増減を考慮して乙が作成した計算書により、合併期日における資産及び負債の状況を明確に把握したうえ、一切の資産及び負債その他の権利義務を合併期日に承継する。

> 会社財産も自動的に存続会社に承継されますが、いつの時点の資料をもとに算定したのか明らかにしておいても良いでしょう。

第11条（善管注意義務） 重要度★

(1) 乙は、合併期日まで、善良なる管理者の注意をもって乙の全ての財産を管理運営しなければならない。

(2) 乙は、甲の事前の書面による承諾なしに、乙の財産に重大な変更を加えてはならない。

> 本契約締結日から合併期日まで間があるため、善管注意義務が課されていることを注意的に規定しても良いでしょう。

第12条（守秘義務） 重要度★★

(1) 甲及び乙は、本契約期間中はもとより終了後も、本契約に基づき相手方から開示された情報を守秘し、第三者に開示してはならない。但し、本契約の履行のため、公認会計士又は弁護士等の専門家に開示することは、この限りでない。

(2) 前項の守秘義務は以下のいずれかに該当する場合には適用しない。

①公知の事実又は当事者の責めに帰すべき事由によらずして公知となった事実

②第三者から適法に取得した事実

③開示の時点で保有していた事実

> 合併では、相手方の企業秘密を知ることになるため、守秘義務を課しておいた方が良いでしょう。

> 本契約終了後にも効力が存続することも規定すべきでしょう。

> デューデリジェンス（財務等の調査）を行うことを考慮して例外を設けておいた方が良いでしょう。

④法令、政府機関、裁判所の命令により開示が義務付けられた事実

第13条（表明・保証） 重要度★★

(1) 乙は、甲に対し、以下の事項を表明し保証する。
①乙の本契約締結日における財務諸表が完全かつ正確に作成されていること
②乙の本契約締結日における財務諸表に記載されていない簿外債務等が存在しないこと
③本契約締結日から合併期日までの間に、保証行為その他の通常の商取引以外の行為により、財務内容に変更を加えないこと
④本契約締結日において、乙に関する民事訴訟、民事執行、民事保全、民事再生等の法的手続又は公租公課の滞納処分等の強制徴収手続が現に存在せず、また乙の知る限り今後発生するおそれがないこと

> 財務諸表等の記載に基づき合併対価等を定めているため、それらの正確性については保証させるべきでしょう。

(2) 前項の表明及び保証に、本契約の基礎を欠くほどの重大な乙の違反が存在したときは、甲は乙に対し書面により通知を行い、本契約を解除することができる。この場合でも甲の乙に対する損害賠償請求を妨げない。

第14条（損害賠償責任） 重要度★

甲又は乙は、解除、解約又は本契約に違反することにより、相手方に損害を与えたときは、その損害の全て（弁護士費用及びその他の実費を含む）を賠償しなければならない。

> 賠償額を予定すれば、民法等の賠償規定を超えた賠償額を得ることができます。

第15条（反社会的勢力の排除） 重要度★★

(1) 甲及び乙は、自己又は自己の役員が、暴力団、暴力団関係企業、総会屋もしくはこれらに準ずる者又はその構成員（以下これらを「反社会的勢力」という。）に該当しないこと、及び次の各号のいずれにも該当しないことを表明し、かつ将来にわたっても該当しないことを相互に確約する。
①反社会的勢力に自己の名義を利用させること
②反社会的勢力が経営に実質的に支配していると認められる関

> 各都道府県の暴力団排除条例により、事業者には暴力団関係者との契約を解除できる規定を規定する努力義務が課せられています。

係を有すること

(2) 甲又は乙は、前項の一つにでも違反することが判明したときは、何らの催告を要せず、本契約を解除することができる。

(3) 本条の規定により本契約が解除された場合には、解除された者は、解除により生じる損害について、その相手方に対し一切の請求を行わない。

第 16 条（協議解決） 重要度★

本契約に定めのない事項、又は本契約の解釈について疑義が生じたときは、甲乙誠意をもって協議のうえ解決する。

> 法的には存在しなくても良い条項ですが、紛争回避に役立つこともあるので設けておいても良いでしょう。

第 17 条（合意管轄） 重要度★★

甲及び乙は、本契約に関し裁判上の紛争が生じたときは、訴訟額に応じ、東京簡易裁判所又は東京地方裁判所を専属的合意管轄裁判所とすることに合意する。

> 訴訟の際に役立ちますので、自己に有利な管轄の裁判所を設定しておきましょう。

> 専属的という文言を入れるようにしましょう。

本契約締結の証として、本契約書2通を作成し、甲乙相互に署名又は記名・捺印のうえ、各1通を保有することとする。

平成○年○月○日

甲

㊞

乙

㊞

> 契約書作成日は、契約の要素にもなりますので、忘れずに必ず記載しましょう。

STEP2　合併契約書の特徴

　合併とは、2つ以上の会社が契約により1つの会社に合同することを意味します。

　合併には、吸収合併（会社が他の会社とする合併であって、合併により消滅する会社の権利義務の全部を合併後存続する会社に承継させるもの）と新設合併（2以上の会社がする合併であって、合併により消滅する会社の権利義務の全部を合併により設立する会社に承継させるもの）があります。

　実務上は、税務上の問題や許認可及び上場資格の再取得の問題等の理由により、対等な合併であっても、通常は吸収合併の手続が用いられています。そのため、本契約書例でも吸収合併を前提としています。

　合併は会社の構造的な変更であり、多数の債権者や株主等に影響を与えることになるため、原則として株主総会の特別決議が必要となり、債権者保護手続も行わなければなりません。

　また、合併の当事会社は、合併の効力発生日から6ヶ月を経過するまで、合併契約書等を本店に備え置き、株主や会社債権者に開示しなければなりません。そのため、合併契約書を作成する際にも、株主や会社債権者の存在を意識して作成する必要があります。

　また、合併契約書には必要的記載事項が法定されています（会社法第749条、751条、753条又は755条）。そのため、合併契約書を作成する際には、この法定記載事項を漏らさずに記載するよう注意が必要となります。

■収入印紙

　合併契約書には、4万円の収入印紙を貼付する必要があります。

■タイトル

　契約書のタイトルは、その契約の内容を一目で把握させるために設けられています。

　記載例では「合併契約書」としましたが、以下のような記載でも構いません。タイトルは通常法的意味を有しないので、特に神経質になる必要はありません。

「吸収合併契約書」
「○○株式会社合併契約書」

■前文 　重要度★★

前文は、契約当事者の特定、契約内容の特定等のために設けられています（詳細については38頁参照）。

■第1条（合併） 　重要度★★★

この条項は、合併を行うことと合併当事者の商号及び住所を明らかにしています。

存続会社と消滅会社の商号及び住所は法定の記載事項です（会社法第749条1項1号）。そのため、必ず記載するように注意しましょう。

なお、対等合併であっても吸収合併の手続によることが通常です。その際に、対等合併であることを強調する場合には、以下のような条項を用いると良いでしょう。

第○条（合併）
甲及び乙は、以下の規定に従い対等な立場で合併する。但し、便宜上、甲を存続会社とし、乙を消滅会社とする。
甲の商号　　○○株式会社
甲の住所　　○○○○
乙の商号　　○○株式会社
乙の住所　　○○○○

■第2条（合併期日） 　重要度★★★

吸収合併がその効力を生ずる日は、法定の記載事項です（会社法第749条1項6号）。

効力発生日を基準として、様々な法律関係の移行がなされることになるため、十分に検討したうえ定めるべきでしょう。

■第3条（合併承認総会等） 　重要度★★

この条項は、合併における合併承認総会の日程と、これらの承認や関係官

庁の承認が得られなかった場合に合併の効力が生じないことを定めています。

合併を行うためには、原則として存続会社も消滅会社も合併契約における株主総会決議を経る必要があります（会社法第783条1項、795条1項）。そして、この株主総会決議は特別決議によることとされています（会社法第309条2項12号）。

合併承認総会決議の期日等は、法定の記載事項ではありませんが、合併における重要事項ですから、その日程を記載しておいた方が良いでしょう。

また、合併の基本的要素となる関係官庁の承認等については、できる限り特定して記載しておいた方が良いでしょう。その場合の記載方法は、以下のようになります。

---

(2) 前項の甲及び乙の株主総会においていずれかの承認が得られなかった場合、又は以下の各号のいずれかに該当する場合には、本契約は効力を生じない。この場合でも損害賠償請求を妨げない。
①○○省の○○の許可が認められなかった場合
②・・・

■第4条（発行株式等） 重要度★★★

この条項は、存続会社が発行する株式の数と消滅会社の株主に対して交付される甲の株式数について定めています。

存続会社が消滅会社の株主に対して、消滅会社の株式に代わるものとして、存続会社の株式を交付するときは、交付する株式数又はその株式数の算定方法を記載しなければなりません（会社法第749条1項2号イ）。

本契約書例では、「乙の株式○株につき甲の株式○株の割合をもって」というように、株式数の算定方法が記載されています。

これとは異なり、交付する株式数を記載するときには、以下のようになります。

第○条（発行株式等）
甲が合併に際して乙の株主に交付する、乙の株式に代わる甲の株式総数は、○○○○万株とする。

■第5条(合併資本金等)　　　　　　　　　　　重要度★★★

　存続会社が消滅会社の株主に対して、消滅会社の株式に代わるものとして、存続会社の株式を交付するときは、存続会社の資本金及び準備金の額を記載しなければなりません(会社法第749条1項2号イ)。

■第6条(定款変更)　　　　　　　　　　　　重要度★★

　合併によって、存続会社の商号が変化することや、事業の範囲が変更することが考えられます。
　これらの事項については、トラブル防止のため、事前に協議したうえ合併契約書に記載しておいた方が良いでしょう。
　定款変更に関する別紙の記載方法は、以下のようになります。

別紙
　(1)　第〇条を以下のとおり改める。
　「第〇条　当会社の商号は〇〇株式会社とする。」
　(2)　第〇条を以下のとおり改める。
　「第〇条　当会社は、本店を〇〇に置く。」
　(3)　第〇条を以下のとおり改める。
　「第〇条　当会社は次の事業を営むことができる。
　①〇〇の輸出入及び売買
　②〇〇の仲介及び管理
　③・・・・」

■第7条(取締役等)　　　　　　　　　　　　重要度★

　存続会社の取締役や監査役は、法定の記載事項ではありません。
　もっとも、トラブル防止のため、事前に協議したうえ合併契約書に記載しておいても良いでしょう。

■第8条(退職金)　　　　　　　　　　　　　重要度★

　存続会社において引き続き役員等として選任されない者の退職金は、法定の記載事項ではありません。
　もっとも、取締役会等においてこれらの者の承認を得るために、合併契約

書に記載しておいても良いでしょう。具体的な金額が定まっているときには、その旨の記載を行っても構いません。

■第9条（従業員） 重要度★

この条項は、消滅会社の従業員の処遇について定めています。

もっとも、存続会社は消滅会社の権利義務を包括的に承継するため（会社法第750条1項）、本条項が存在しなくても消滅会社の従業員は、存続会社の従業員となります。そのため、本条項は従業員間の混乱を防止するための注意的な意味を有しています。

合併契約書作成時までに従業員の引継ぎに関して確定している事項があるときには、以下のように具体的な記載を行っても良いでしょう。

第○条（従業員）
(1) 合併期日における乙の従業員は、全て甲の従業員として引き続き雇用するものとする。
(2) <u>前項において勤続年数は乙の勤続年数を通算することとし</u>、その条件等については、合併期日までに甲乙協議のうえ定める。

■第10条（会社財産の承継） 重要度★

この条項は、合併により消滅会社の財産が存続会社に承継されることを定めています。

もっとも、存続会社は消滅会社の権利義務を包括的に承継するため（会社法第750条1項）、本条項が存在しなくても消滅会社の財産は自動的に承継されます。

そのため、本条項は記載しなくても構いませんが、どのような資料に基づき消滅会社の財産を算定したのかを明らかにするため、記載しておいても良いでしょう。

■第11条（善管注意義務） 重要度★

この条項は、消滅会社に善良なる管理者の注意義務（善管注意義務）を課す規定です。

本契約締結日から合併期日までの間に、乙の財産が毀損される、又は不当

に転売されてしまうと、存続会社が損失を被ることになりかねません。そのため、消滅会社に善管注意義務が課されていることを明示しておいても良いでしょう。

■第 12 条（守秘義務） ➡ 72 頁参照　　　　　　　　　重要度★★

■第 13 条（表明・保証）　　　　　　　　　　　　　　重要度★★

　この条項は、消滅会社が一定事項について表明・保証を行い、その表明・保証に、本契約の基礎を欠くほどの違反が存在するときには解除をなしうると定めています。

　存続会社としては、消滅会社の財務諸表や事業に関する報告を信頼して、吸収合併の決定や株式交付割合の査定を行ったのですから、その前提に誤りがあっては困ります。

　そのため、一定の重要事項については、消滅会社に正確性の表明及び保証を行わせる必要があります。

■第 14 条（損害賠償責任） ➡ 49 頁参照　　　　　　　重要度★

■第 15 条（反社会的勢力の排除） ➡ 51 頁参照　　　　重要度★★

■第 16 条（協議解決） ➡ 51 頁参照　　　　　　　　　重要度★

■第 17 条（合意管轄） ➡ 51 頁参照　　　　　　　　　重要度★★

■後文 ➡ 52 頁参照　　　　　　　　　　　　　　　　　重要度★★

合併契約書の作成

STEP3 役に立つその他の条項

> 第○条（事情変更）　　　　　　　　　　　　　　　重要度★
> 　本契約締結日から合併期日までの間に天災地変その他の事由により、甲又は乙の資産又は経営状態に重要な変動が生じたときは、甲乙協議のうえ、書面により本契約を変更し又は解除することができる。

　合併の前提を崩すほどの事情が生じたときに、当事者の協議により、合併契約自体を変更又は解除することができることを規定した条項です。
　当事者の合意があれば、原則として契約内容を変更できますので、本条項は注意的な意味のみを有しますが、念のために記載しておいても良いでしょう。

> 第○条（準拠法）　　　　　　　　　　　　　　　　重要度★
> 　本契約は日本法に準拠し、同法によって解釈されるものとする。

　契約当事者が日本国外の者であるときは、日本法に準拠する旨の規定をしておくべきです。
　海外の法律が適用されるとすれば、契約書が有効に機能しないおそれがあるとともに、トラブルが発生したときに海外の法律に精通した弁護士を探す手間が生じてしまうからです。

17 株式譲渡契約書の作成

STEP1 スピードチェック重要ポイント

株式譲渡契約書(正式契約)

（売主）●●●●（以下「甲」という。）と（買主）●●●●（以下「乙」という。）は、●●●●（以下「丙」という。）の株式（以下「本件株式」という。）の譲渡に関し、以下のとおり契約を締結する（以下「本契約」という。）。

> 買収される会社を前文で略語に置き換えています。

第1条　（株式の譲渡）　重要度★★★

本契約に定める条項に従い、平成●年●月●日又は甲乙間で別途定める日（以下「譲渡決済日」という。）をもって、甲は、本件株式を乙に譲渡し、乙はこれを甲から譲り受ける（以下、本契約に基づく本件株式の譲渡を、「本件株式譲渡」という。）。

> 株式譲渡契約の基本的内容を定めています。

第2条　（本件株式）　重要度★★★

本契約に基づいて甲から乙に譲渡される本件株式は以下のとおりとする。
①発行者：株式会社●●●●
②種類：普通株式
③株数：●●株

> 譲渡対象となる株式を特定しています。

第3条　（譲渡価額及び支払方法）　重要度★★★

(1) 本件株式の譲渡価額は、金●●円とする（以下「本件対価」という。）。
(2) 乙は、譲渡決済日までに、本件対価を甲指定の銀行口座に銀行振込の方法で支払う。

> 株式の譲渡対価を定めています。

第4条 （株券の引渡）　　　　　　　　　重要度★★★

甲は、乙による本件対価全額の支払いと同時に、乙に対し、本件株式を表象するすべての株券を引き渡す。

> 株券発行会社では、有効に株式譲渡を行うために株券の交付を行わなければなりません。なお、株券不発行会社の場合には、この条項は不要となります。

第5条 （甲による表明及び保証）　　　　　重要度★★★

(1) 甲は、乙に対し、本契約締結日及び譲渡決済日において、甲について以下のとおり表明及び保証する。

①甲は、日本法の下で適法に設立され、有効に存続している法人であり、またその財産を所有しかつ現在行っている事業を遂行するために必要な権利能力及び行為能力を有している。

②甲は、本契約の締結及び履行に関し、会社法、定款、取締役会規則、その他甲の会社規則に従った必要な社内手続をすべて履行している。

③本契約は、甲の適法、有効かつ法的な拘束力のある義務を構成し、甲に対しその条項に従った強制執行が可能である。

④本契約の締結及び履行は、ⅰ甲を当事者とし又はその資産を拘束する契約に本契約の締結及び履行に重大な悪影響を与える態様では違反せず、ⅱいかなる適用法令にも本契約の締結及び履行に重大な悪影響を与える態様では違反せず、かつⅲ甲に対する又はこれを拘束する判決、命令又は決定にも違反しない。

> 株式の売主が真実として表明保証する事項を記載しています。

(2) 甲は、乙に対し、本契約締結日及び譲渡決済日において、本件株式について以下のとおり表明及び保証する。

①甲は、本件株式のすべてを適法に所有しており、ほかに本件株式に関し所有権等いかなる権利を主張する者も存在しない。本件株式には担保権、譲渡の約束等のいかなる制限又は負担も付いておらず、甲は、乙に対して本件株式を譲渡する権限を有している。ただし、丙の定款第●条に定める株式譲渡制限を除く。

②丙が発行する株式はすべて普通株式であり、その発行済株式総数は本契約締結日現在●●株であって、甲は、発行済株式総数のうち●●株を所有している。

③丙について、本件株式以外には、株主及びその資本構成に変動を及ぼす新株予約権、その他いかなる証券又は権利も甲又は

第二者に対して設定又は付与されていない。

(3) 甲は、乙に対し、本契約締結日及び譲渡決済日において、丙について以下のとおり表明及び保証する（以下「丙に関する表明保証事項」という。）。なお、本項において「甲の知る限り」という用語が使用される場合、別紙1に記載する丙の役員の認識も含まれるものとする。

①丙は、日本法の下で適法に設立され、有効に存続している法人であり、またその財産を所有しかつ現在行っている事業を遂行するために必要な権利能力及び行為能力を有している。

②丙は、現在営んでいる業務を現在の態様にて行うに当たって別紙2記載のとおりの必要なすべての許認可の取得を行っており、これらの許認可は有効に存続していて、効力の停止、失効又は取消等はない。

③丙は、破産、民事再生手続開始、会社更生手続開始等のいかなる倒産手続の申立ても行っていないし、甲の知る限り、そのような申立ては丙に対してなされていない。

④乙に交付済みの平成●年3月31日（以下「基準日」という。）現在の丙の貸借対照表、損益計算書及びその他の計算書類は、一般に公正妥当と認められている会計原則に従って作成されており、丙の通常の期中に作成されるものと同等の程度で正確なものであり、基準日現在の丙の資産及び負債を適切に表している。また基準日以降丙の資産及び負債は、丙の通常の事業の遂行に伴う変動を除き、大きな変動をしていない。

⑤丙は、譲渡決済日現在、期限切れ等出荷に値しない棚卸資産を、合理的な範囲を超えて過大には保有していない。

⑥丙は、譲渡決済日現在、その支払遅延が丙の事業の運営に重大な悪影響を与えない少額の債務を除き、弁済期限の到来した債務をすべて支払済みであり、いかなる債権者に対しても支払遅延を行っていない。

⑦丙は、他のいかなる会社の債務の保証もしていない。

⑧丙は、事業運営に重大な影響を及ぼす恐れのあるような法律、規則、命令等の違反を行っていない。

⑨丙は、私的独占の禁止及び公正取引の確保に関する法律（以

下「独占禁止法」という。）の違反、とりわけ再販価格維持行為又は再販価格維持を目的とするその他の行為で不公正な取引方法として独占禁止法上違法とされる行為で、それによって丙の事業運営に重大な影響を及ぼす恐れのあるような行為は一切行っていない。

⑩丙は、本契約書締結日以前に納付期限が到来した、丙に課せられた法人税その他の公租公課につき適法かつ適正な申告を行っており、その支払を完了している。

⑪丙を当事者とする、又は丙の資産に関する訴訟、仲裁、その他の司法上又は行政上の手続は、係属しておらず、また、甲の知る限りそれ以前の紛争で丙の事業に重大な影響を及ぼすものは存在しない。その他、丙を当事者とする、又は丙の資産に関する判決、仲裁判断、その他の司法上又は行政上の判断、決定、命令等で丙の事業に重大な影響を及ぼすものは存在しない。

⑫丙は、別紙3に記載されている特許権・商標権につき特許権者・商標権者より使用許諾を得ている。甲は、譲渡決済日において、自己の有する別紙4記載の商標について、丙へ譲渡する旨の譲渡契約を締結済みであり、かつ、甲から丙への商標権の移転登録を申請済みである。

⑬甲の知る限り、丙の商品について、丙の責めに帰すべき「欠陥」（当該商品が通常有すべき安全性を欠いていること。）の指摘を受けていない。

⑭甲の知る限り、丙は、環境関連法に基づいて遵守すべきすべての義務を遵守している。

第6条 （乙による表明及び保証） 重要度★

乙は、甲に対し、本契約締結日及び譲渡決済日において、乙について以下のとおり表明及び保証する。

①乙は、日本法の下で適法に設立され、有効に存続している法人であり、またその財産を所有しかつ現在行っている事業を遂行するために必要な権利能力及び行為能力を有している。

②乙は、本契約の締結及び履行に関し、会社法、定款、取締役

> 株式の買主が真実として表明保証する事項を記載しています。

会規則、その他乙の会社規則に従った必要な社内手続をすべて履行している。

③本契約は、乙の適法、有効かつ法的な拘束力のある義務を構成し、乙に対しその条項に従った強制執行が可能である。

④本契約の締結及び履行は、ⅰ乙の定款、取締役会規則、その他の会社規則に違反せず、ⅱ乙を当事者とし又はその資産を拘束する契約に本契約の締結及び履行に重大な悪影響を与える態様では違反せず、ⅲいかなる適用法令にも本契約の締結及び履行に重大な悪影響を与える態様では違反せず、かつ乙に対する又はこれを拘束する判決、命令又は決定にも違反しない。

> 譲渡代金支払いの前提条件を記載しています。

第7条　（甲の義務）　　　重要度★★★

(1)　甲は、丙の経営につき、以下の義務を負担する。

①甲は、本契約締結以降譲渡決済日までの間、丙の経営に関して、従前どおりの関与度合いで指導・監督し、かつ従前どおりの関与度合いで丙の現経営陣に引き続き従前どおりの経営を行わせしめるものとする。

②甲は、本契約締結以降譲渡決済日までの間に、丙の取締役、監査役から辞任届を提出させる。

③甲は、丙に関し、通常の業務執行の範囲を超える事項、又は重要な財産の処分その他丙の財務内容、資産内容及び運営状況に重大な影響を及ぼすべき事項に関しては、本契約締結日までに既に乙に開示又は説明済みの事項を除き、予め乙の承認を得ない限りこれを行わせないようにするものとする。

(2)　甲は、本件株式譲渡についての行政手続及び第三者への通知・承諾につき、以下の義務を負担する。

①甲は、譲渡決済日までに、丙の取締役会をして、本件株式の甲から乙への譲渡を承認する決議を行わせ、その取締役会議事録の写しを乙に交付するものとする。

②甲は、本件株式の譲渡に関し、法令により要求されている行政上の許認可にかかる手続を、譲渡決済日までにすべて完了するものとする。

③甲は、本件株式の譲渡に関し、第三者との契約上要求されて

いる通知の実施及び承諾の取得を、譲渡決済日までに完了するよう合理的な努力をするものとする。

(3) 甲は、商品供給の確保につき、以下の義務を負担する。甲は、P社が平成●年●月●日付商品供給契約に基づいて丙に供給している商品の供給について、乙が丙の株式を取得してもこれを継続する旨の文書によるP社の同意を譲渡決済日までに取得し、これを乙に提示する。

> 既に締結された契約書に買収等が行われた場合に解除されうる条項があるときに、買収等が実施されても解除権を行使しない旨の同意書を事前に取得するための条項です。

第8条 （乙の義務） 重要度★

(1) 乙は、甲及び丙が「甲の義務」に規定する事項を実行することについて全面的に協力するものとする。

(2) 乙は、譲渡決済日以降、丙をして譲渡決済日現在の丙の貸借対照表（以下「決済貸借対照表」という。）及び平成●●年4月1日から譲渡決済日までの貸借対照表以外の財務諸表（従来丙が作成していたものに限る。以下「その他の財務諸表」という。）を作成させる義務を負い、譲渡決済日から30日以内に決済貸借対照表及びその他の財務諸表の作成を完了したうえ、甲に提出する。

(3) 乙は、譲渡決済日以降の合理的な期間中、丙の本年度の決算資料の提供等、甲が経営管理上又は本件株式譲渡に関連して合理的に必要とする丙に関する情報・資料の提供等につき、丙に協力させる義務を負う。

> 株式譲渡の前提条件を記載しています。

第9条 （丙の役員及び従業員の処遇） 重要度★★

(1) 乙は、甲より丙に出向している別紙1記載の役員が譲渡決済日以降も丙において経営陣として雇用されるよう、丙から当該役員に合理的な雇用条件を提示させるものとする。

(2) 乙は、譲渡決済日時点における丙の従業員が、譲渡決済日以降も継続して雇用されるよう最大限努力するものとする。

(3) 甲は、丙の従業員の雇用継続に関し、丙をして、譲渡決済日までに丙の従業員と乙との面談の場を設定させるものとする。

(4) 甲は、譲渡決済日後3年間、丙の従業員につき、甲、甲の

> 買収後の役員や従業員の処遇を定めた条項です。

子会社又は関連会社への就業を勧誘してはならない。

売主が株式を譲渡するための条件です。

第 10 条（甲の履行の前提条件） 重要度★

甲は、譲渡決済日の時点において次の前提条件が成就していることを条件として、本件株式にかかる株券の引渡を履行する。
①「乙による表明及び保証」が譲渡決済日において真実かつ正確であること。
②「乙の義務」及び「丙の役員及び従業員の処遇」に定める乙の義務を履行したこと。

買主が代金を支払うための条件です。

第 11 条（乙の履行の前提条件） 重要度★★★

乙は、譲渡決済日の時点において次の前提条件が成就していることを条件として、本件対価の支払を履行する。
①「甲による表明及び保証」が譲渡決済日において真実かつ正確であること。
②「甲の義務」及び「丙の役員及び従業員の処遇」に定める甲の義務を履行したこと。

株式譲渡実施後に契約違反等が判明した場合の賠償内容を定める規定です。

第 12 条（損害賠償と減額請求） 重要度★★★

(1) 甲に、「甲による表明及び保証」に定める表明及び保証の違反又はその他本契約の違反があった場合には、乙は甲に対して、譲渡決済日から 2 年以内に限り、当該違反により被った損害の賠償を請求することができる。ただし、公租公課に関する表明及び保証の違反の場合は、乙は甲に対して、譲渡決済日から 7 年以内に限り、当該違反により被った損害の賠償を請求することができる。

(2) 乙に、「乙による表明及び保証」に定める表明及び保証の違反又はその他本契約の違反があった場合には、甲は乙に対して、譲渡決済日から 2 年以内に限り、当該違反により被った損害の賠償を請求することができる。

(3) 各当事者の、本条に基づく損害賠償請求及び本件対価の減額請求は以下の制限に服する。
①一件の違反につき 100 万円を下まわる額については損害賠

償ないし減額を求めることはできない。

②甲に、丙に関する表明保証事項に関する違反があった場合の損害賠償と本件減額請求額の合計金額は、本件対価（ただし本件減額請求前のもの）を上限とする。

第 13 条（契約の解除） 重要度★★

甲に、「甲による表明及び保証」に定める表明及び保証の違反又はその他本契約の違反があり、それが乙に重大な悪影響を及ぼす場合には、乙は、譲渡決済日後 1 年間に限り本契約を解除することができる。

> 買収は広範囲に利害関係が生じるため、本契約解除を制限する旨の規定が設けられることがあります。

第 14 条（秘密保持） 重要度★★

(1) 乙は、本件株式譲渡並びに本契約の締結及び履行に関して甲又はその代理人から乙又はその代理人に対して開示された情報については、甲乙間で締結した平成●年●月●日付秘密保持契約に基づく秘密保持義務の対象となることを確認する。

(2) 甲及び乙は、本件株式の譲渡及び本契約の締結の事実（交渉経緯を含む。）及びその内容については、譲渡決済日の前後を問わず、その秘密を保持し、相手方の事前の書面による承諾のない限り、第三者に開示・漏洩しないものとする。

> 通常、デューデリジェンスを実施する前に詳細な秘密保持契約を締結することが一般的であるところ、その内容を踏襲する内容となっています。

第 15 条（反社会的勢力の排除） 重要度★★

(1) 甲及び乙は、自己又は自己の役員が、暴力団、暴力団関係企業、総会屋もしくはこれらに準ずる者又はその構成員（以下これらを「反社会的勢力」という。）に該当しないこと、及び次の各号のいずれにも該当しないことを表明し、かつ将来にわたっても該当しないことを相互に確約する。
①反社会的勢力に自己の名義を利用させること
②反社会的勢力が経営に実質的に支配していると認められる関係を有すること

(2) 甲又は乙は、前項の一つにでも違反することが判明したときは、何らの催告を要せず、本契約を解除することができる。

(3) 本条の規定により本契約が解除された場合には、解除され

> 各都道府県の暴力団排除条例により、事業者には暴力団関係者との契約を解除できる規定を規定する努力義務が課せられています。

法的には存在しなくても良い条項ですが、紛争回避に役立つこともあるので設けておいても良いでしょう。	た者は、解除により生じる損害について、その相手方に対し一切の請求を行わない。

第16条（協議解決） 　　　　　　　　　　　　　重要度★

本契約に定めのない事項、又は本契約の解釈について疑義が生じたときは、甲乙誠意をもって協議のうえ解決する。 |
| 訴訟の際に役立ちますので、自己に有利な管轄の裁判所を設定しておきましょう。

専属的という文言を入れるようにしましょう。 | 第17条（合意管轄） 　　　　　　　　　　　　　重要度★★

甲及び乙は、本契約に関し裁判上の紛争が生じたときは、訴額等に応じ、東京簡易裁判所又は東京地方裁判所を専属的合意管轄裁判所とすることに合意する。

本契約締結の証として、本契約書2通を作成し、甲乙相互に署名又は記名・捺印のうえ、各1通を保有することとする。 |
| 契約書作成日は、契約の要素にもなりますので、忘れずに必ず記載しましょう。 | 平成〇年〇月〇日

　　　　　　　　　　　　　　　　甲

　　　　　　　　　　　　　　　　　　　　　　　　㊞

　　　　　　　　　　　　　　　　乙

　　　　　　　　　　　　　　　　　　　　　　　　㊞ |

STEP2 株式譲渡契約書の特徴

　M&A契約というと合併をイメージするかもしれませんが、実際に我が国の多くのM&Aは株式譲渡により行われています。

　合併は、官報公告や債権者保護手続など、手続が煩雑で時間がかかるのに対し、株式譲渡の場合には、原則として株式譲渡契約の取り交わしによって完結するため、比較的簡便だからです。また、合併を行う場合、利害関係者の意思とは無関係に負債や契約が法人間で移転するのに対し、株式譲渡では、負債や契約はもとの法人に帰属したままで、その所有者である株主が変わるだけだからです。

　ただ、株式譲渡契約は、会社を丸ごと譲渡する契約であるため、高額な取引になることが一般的です。また、継続的な取引ではなく、1回限りの取引になることが通常であり、契約当事者間に信頼関係が築けないことも一般的です。そのため、後日紛争に至る可能性が高い契約ですので、十分注意して契約書を作成する必要があります。

■収入印紙

　株式譲渡契約は、課税文書に該当しないため、印紙の貼付は不要となります。

■タイトル

　契約書のタイトルは、その契約の内容を一目で把握させるために設けられています。

　記載例では「株式譲渡契約書」としましたが、以下のような記載でも構いません。タイトルは通常法的意味を有しないので、特に神経質になる必要はありません。

「M&A契約書」
「買収契約書」
「会社売買契約書」

■**前文**

前文は、契約当事者の特定、契約内容の特定等のために設けられています（詳細については38頁参照）。

■**第1条（株式の譲渡）**　　　　　　　　　　　　　　　　　重要度★★★

株式譲渡契約は、株式の売買契約です。そのことを端的に示した条項が、この株式の譲渡という条項になります。

この条項では、譲渡決済日を確定日付又は甲乙間で別途定める日としています。株式譲渡契約では、譲渡決済に至るまでの前提条件を予定どおり達成できないことも往々にして見られるため、柔軟に対応するために別途定めた日という内容も加えています。

前提条件を達成することが確実であり、特に不確定な譲渡決済日を定める必要がない場合には、以下のように確定日付のみ記載しても構いません。

> 本契約に定める条項に従い、平成●年●月●日（以下「譲渡決済日」という。）をもって、甲は、本件株式を乙に譲渡し、乙はこれを甲から譲り受ける（以下、本契約に基づく本件株式の譲渡を、「本件株式譲渡」という。）。

■**第2条（本件株式）**　　　　　　　　　　　　　　　　　重要度★★★

譲渡対象とされる株式の特定が行われています。株式が普通株式ではなく、種類株式である場合などには、その旨の記載を行います。

■**第3条（譲渡価額及び支払方法）**　　　　　　　　　　　重要度★★★

株式の対価額が記載されています。この条項では、譲渡決済日に一括で対価を支払うこととされています。

買主を有利にするためには

株券の引換と同時に全額の決済が行われることが通常ですが、対価を分割払いで行うこともあります。分割払いを行っている期間に表明保証違反などの賠償事由が明らかとなった場合、残額から賠償金を控除するという対応が可能になるため、買主に有利になります。

(2) 乙は、以下の内容に従い分割して、本件対価を甲指定の銀行口座に銀行振込の方法で支払う。
①譲渡決済日　　　・・・本件対価の半額
②平成●年●月●日・・・本件対価の残額

　この場合、本件対価全額の支払いがなくても、すべての株券の引渡が行われる必要がありますので（株券発行会社の場合）、第4条を以下のように修正する必要があります。

第4条（株券の引渡）
　甲は、譲渡決済日に、乙に対し、本件株式を表象するすべての株券を引き渡す。

■第4条（株券の引渡）　　　　　　　　　　　　　　　重要度★★★
　この条項は、対象会社が株券発行会社である場合にのみ設ける必要がある規定です。対象会社が株券不発行会社の場合には、規定する必要はありません。
　株券発行会社では、会社法128条1項本文により、株券を譲渡しなければ株式譲渡の効力は認められません。

会社法128条1項
　株券発行会社の株式の譲渡は、当該株式に係る株券を交付しなければ、その効力を生じない。ただし、自己株式の処分による株式の譲渡については、この限りでない。

　そのため、株式譲渡契約を締結する際には、過去に遡って商業登記簿謄本を確認し、株券発行会社であった期間がないか調べる必要があります。そのうえで、株券発行会社であった期間に行われた株式譲渡について、株券の譲渡が行われていたのかを確認する必要があります。仮に株券の譲渡が行われていない箇所が見つかった場合には、その欠陥を補正する手続を行わなければなりません。

■第 5 条（甲による表明及び保証）　　　　　　重要度★★★

　株式譲渡に際し、売主が事実に相違ないとして表明保証する条項です。この条項に違反することは、通常譲渡決済日までに明らかになることはありません。ただ、後日表明保証違反が明らかとなった場合には、損害賠償の根拠となるため、買主は、売主にできる限り表明保証してもらうよう努める必要があります。

■第 6 条（乙による表明及び保証）　　　　　　重要度★

　株式譲渡に際し、買主が事実に相違にとして表明保証する条項です。ただ、通常株式譲渡によるリスクのほとんどは、買主が負担することになります。売主としては、譲渡対価を金銭で得てしまえば、リスクの大半から解放されるからです。
　そのため、買主の表明保証よりも、売主の表明保証の方が圧倒的に重要になります。

■第 7 条（甲の義務）　　　　　　　　　　　　重要度★★★

　譲渡決済日までに履行できる内容が規定され、この義務を履行した場合に限り、（乙の履行の前提条件）を満たすことになり、代金決済が行われることになります。
　買主としては、譲渡対価の支払を担保として、売主に様々な義務を履行させる機会となりますので、可能な限りデューデリジェンスで判明した補正すべき事項をこの条項に規定しておくべきでしょう。

買主を有利にするためには

　デューデリジェンスの結果により、様々な内容が規定されることが想定されますが、未払の簿外債務が判明した場合の一例を記載します。

> 甲は、Q社との間で締結した平成●年●月●日付取引基本契約に基づき負担している未払債務金●●万円を甲の負担により支払わなければならない。

■第 8 条（乙の義務）　　　　　　　　　　　　重要度★

　株式譲渡契約締結から譲渡決済日までに行っておくべき買主の義務を規定

する条項です。(売主の義務)よりも重要度はかなり低くなります。

■第9条(丙の役員及び従業員の処遇)　　重要度★★

　対象会社の従業員や役員の処遇を定める規定です。(甲の義務)や(乙の義務)の内容として記載しても構いません。

買主を有利にするためには

　譲渡決済日までに一定の職員をリストラしておくことを代金支払いの条件とすることで、リストラのリスクを売主に負担させることが可能になります。このような場合には、以下のような条項を加筆します。

> 甲は、丙の従業員●●●●及び●●●●から譲渡決済日までに退職届を取得し、乙に交付しなければならない。

■第10条(甲の履行の前提条件)　　重要度★

　売主が株式譲渡を行う前提条件を規定しています。通常は、買主に課された義務等を履行することは難しくないため、それほど重要な規定ではありません。

■第11条(乙の履行の前提条件)　　重要度★★★

　買主が代金支払を行う前提条件を規定しています。買主が代金支払を行ってしまうと、リスクの大半は買主に移転します。後日、買主が売主に損害賠償請求を行ったとしても、満足に回収できる保証はないからです。
　そのため、履行の前提条件が適切に果たされているかについては、慎重に検討を行う必要があります。

■第12条(損害賠償と減額請求)　　重要度★★★

　売主の表明保証条項違反等が後日判明した場合に、損害賠償を行う際の規定となります。ただ、賠償額が多額に及ぶ可能性があること、少額な賠償請求を繰り返されると煩雑であることなどから、一定の上限や下限を設けることが認められます。
　損害賠償の上限や下限を設ける規定を削除することにより、売主又は買主

に有利になります。

■**第 13 条（契約の解除）**　　　　　　　　　　　　　　重要度★★

　株式譲渡契約が締結され、買収が実施されることになると、会社を巡り数多くの取引が行われることになります。そのため、契約違反等により株式譲渡契約が解除になると、多大な利害関係の調整に追われることになりかねません。
　そこで、一般的な株式譲渡契約では、軽微な内容による契約解除を認めず、また解除できる期間についても一定の制限を設けることが通常です。

■**第 14 条（秘密保持）**　　　　　　　　　　　　　　　重要度★★

　通常の場合、株式譲渡契約を締結する前段階に行われるデューデリジェンスの際に、厳格な秘密保持契約を締結しています。そのため、その際に締結された秘密保持契約を踏襲するものとして、秘密保持の規定を設けています。
　従前締結された秘密保持契約に、株式譲渡契約も含めて秘密の範囲であることが明記されている場合には、この条項をあえて規定する必要はありません。

■**第 15 条（反社会的勢力の排除）**　→ 51 頁参照　　　重要度★★

■**第 16 条（協議解決）**　→ 51 頁参照　　　　　　　　重要度★

■**第 17 条（合意管轄）**　→ 51 頁参照　　　　　　　　重要度★★

■**後文**　→ 52 頁参照

STEP3　役に立つその他の条項

第○条（競業禁止）　　　　　　　　　　　　　　　　　重要度★
　甲は、譲渡決済日から 3 年間、日本において、丙が現在行っている事業と同一若しくは類似する営業を行わず、また、甲の子会社又は関連会社に行わ

> せないものとする。ただし、丙が現在行っている事業と同一若しくは類似する営業を本契約締結日の時点で行っている甲の子会社若しくは関連会社（これらの子会社若しくは関連会社を含む。）が行う営業を除く。

　株式を売却した者が、売却した会社と類似する事業を行う場合、売却した会社の事業価値が損なわれるおそれがあります。このような事態を防ぐために、一定期間の競業を禁止する規定を設けておいてもよいでしょう。

> 第○条　　　　　　　　　　　　　　　　　　　　　　　　重要度★
> 　本契約は、本件株式譲渡に関連する当事者間のすべての合意を構成するものであり、本件株式譲渡に関連する従前の合意、了解事項、交渉及び協議に取って代わるものであり、かかる従前の合意等はすべて失効するものとする。

　株式譲渡契約書のようなM&A契約では、契約締結に至るプロセスで基本合意書等の書面を取り交わすことが往々にして見られます。これらの書面による拘束力を免れ、統一的な取り決めを行うことを明確にするため、完全合意であることを示す条項を入れることがあります。

> 第○条（準拠法）　　　　　　　　　　　　　　　　　　　重要度★
> 　本契約は日本法に準拠し、同法によって解釈されるものとする。

　契約当事者が日本国外の物であるときは、日本法に準拠する旨の規定をしておくべきです。
　海外の法律が適用されるとすれば、契約書が有効に機能しないおそれがあるとともに、トラブルが発生したときに海外の法律に精通した弁護士を探す手間が生じてしまうからです。

著者略歴

横張　清威（よこはり　きよたけ）

昭和51年、東京都葛飾区生まれ。平成12年、明治大学法学部卒業。平成13年、旧司法試験合格。平成15年、みらい総合法律事務所入所。平成19年、同事務所パートナー就任。平成24年、公認会計士試験合格、監査法人アヴァンティア入所（非常勤）。契約書作成チェック、個人情報保護法、労働問題など、企業が切望する法務分野で幅広く活躍中。自己の保身をはかることのない徹底的な攻めの業務スタンスやスピーディーなレスポンスが、多数の顧問会社に高く評価されている。社長・法務部・士業などを対象とした契約書作成チェックに関するセミナーも随時開催中（詳細は「横張清威」でインターネット検索）。
主な著書（共著）・監修書として『交通事故被害者のための損害賠償交渉術』（同文舘出版）、『社長！個人情報、その取り扱いはキケンです。』（あさ出版）、『すぐに使える！　会社が得する人事書式＆労働契約書』（九天社）などがある。

最新版　ビジネス契約書の見方・つくり方・結び方

平成31年3月14日　初版発行

著　者 —— 横張清威

発行者 —— 中島治久

発行所 —— 同文舘出版株式会社

　　　　東京都千代田区神田神保町1-41　〒101-0051
　　　　電話　営業 03 (3294) 1801　編集 03 (3294) 1802
　　　　振替 00100-8-42935

©K.Yokohari　ISBN978-4-495-57782-7
印刷／製本：日経印刷　Printed in Japan 2019

JCOPY ＜出版者著作権管理機構　委託出版物＞

本書の無断複製は著作権法上での例外を除き禁じられています。複製される場合は、そのつど事前に、出版者著作権管理機構（電話 03-5244-5088、FAX 03-5244-5089、e-mail: info@jcopy.or.jp）の許諾を得てください。